天津社会科学院天津历史文化研究中心课题

行與思

大运河文化带考察报告

主　编　任云兰　　副主编　任吉东

天津社会科学院出版社

图书在版编目（CIP）数据

行与思 ： 大运河文化带考察报告 / 任云兰主编. -- 天津 ： 天津社会科学院出版社，2020.3
ISBN 978-7-5563-0619-0

Ⅰ. ①行… Ⅱ. ①任… Ⅲ. ①大运河—文化研究—研究报告 Ⅳ. ①K928.42

中国版本图书馆 CIP 数据核字(2020)第 001715 号

行与思 ： 大运河文化带考察报告
XING YU SI : DAYUNHE WENHUADAI KAOCHA BAOGAO

出版发行：天津社会科学院出版社
出 版 人：张博
地　　址：天津市南开区迎水道 7 号
邮　　编：300191
电话/传真：（022）23360165（总编室）
（022）23075303（发行科）
网　　址：www.tass-tj.org.cn
印　　刷：北京盛通印刷股份有限公司

开　　本：787×1092　毫米　1/16
印　　张：20
字　　数：330 千字
版　　次：2020 年 3 月第 1 版　2020 年 3 月第 1 次印刷
定　　价：78.00 元

2013 年静海九宣闸考察

2013 年苏州访谈

2014 年徒步实地考察京杭大运河会通河临清段

2014 年与聊城大学运河学研究中心研究人员座谈

2014 年在山东德州四女寺水利枢纽考察

2015 年在淮安考察

2018 年在北辰区考察

2018 年在河北沧州访谈

2018 年在西青区调研

2018 年在西青区与杨柳青年画传承人座谈

2019 年 6 月 1 日“大运河历史文化遗产资源与运河文化带建设”研讨会合影

2019 年在武清调研

目　　录

第三篇　思考与建议篇

第四篇　心得与游记篇

第五篇　报道与综述篇

行走运河　传承历史

靳方华

享誉国内外的京杭大运河是中华民族改造自然、利用自然、改天换地的杰作，与万里长城、坎儿井并称为中国古代三大工程，与长城同是中华民族文化的象征。作为世界上最长的古代运河，京杭大运河是中国古代劳动人民创造的一项伟大工程，是祖先留给我们的珍贵物质和精神财富，是活着的、流动的重要人类遗产。在两千多年的历史发展进程中，京杭大运河为中国政治统一、经济发展、社会进步和文化繁荣做出了重要贡献，不仅显示了中国古代水利航运的先进工程技术，留下了丰富的历史文化遗存，而且对中国南北地区之间的经济、文化发展与交流，特别是对沿线地区工农业经济的发展起了巨大作用，并孕育催生了一座座璀璨明珠般的名城古镇。

天津就是一座运河载来的城市，因水而生、临水而建、由水而生。“杨柳青青沟水流，莺儿调舌弄娇柔。桃花记得题诗客，斜倚春风笑不休。”这是金代诗人元好问在《故地重游》中描绘的京杭大运河流经杨柳青时的景象。大运河天津段全长 195.5 千米（包括运河故道），南起静海区九宣闸，北至武清区木厂闸，流经武清、北辰、河北、红桥、南开、西青和静海 7 个区，纵贯天津西部，以三岔河口为界分为南、北两段，其中三岔河口以北段为北运河，以南段为南运河。一部天津运河史，同时也是一部天津城市史、文化史、社会史。大运河是一条河，更是一种制度、一个知识体系和一种生活方式，也是中华民族动态文化遗产的典型代表之一。

习近平总书记高度重视大运河文化保护传承利用工作，曾先后提出“保护大运河是运河沿线所有地区的共同责任”,明确指出“大运河是祖先留给我们的宝贵遗产,是流动的文化,要统筹保护好、传承好、利用好。”历届天津市委市政府都极为重视运河遗产的保护工作。十八大以来,天津市委市政府更是严格贯彻落实习总书记的指示精神,专门成立了天津市大运河文化带建设规划编制领导小组,市委市政府领导更是多次赴运河沿线考察指导,提出要“全面深入梳理大运河天津段遗址遗迹、历史文脉、产业布局、生态环境,高质量高标准编制规划,按照科学分类、专业分级的要求做好保护工作”,要求保护传承利用优秀文化遗产,稳步推进大运河文化带建设。

天津社会科学院作为天津市委市政府的思想库、智囊团,按照中央关于构建中国特色哲学社会科学的指示精神和天津市委对天津社会科学院的定位要求,在习近平新时代中国特色社会主义思想指引下,以智库建设为中心,努力建设全国一流社科院和综合性高端智库。历史研究所作为天津社会科学院的重要一员,长期以来,一直致力于大运河文化研究,先后历经七年之久,行程上千公里,足迹遍布运河沿岸,“读万卷书行万里路”,很好地诠释了科研工作“五实行动”的内涵,在此基础上,将调研成果汇编成书付梓发行,为今后进一步研究挖掘大运河文化资源打下坚实基础。

该书的出版不仅仅是一种学术的汇报,也是历史所各位学人心路的总结,不仅仅是对大运河从南至北行程的归纳,更是大运河文化带特色的呈现。综观全书,既有专业严谨的学术论文,也有真知灼见的调研报告,更有饱含情感的驿路体味,既照顾到了专业性,又兼顾可读性,特色突出、受众广泛,必将推动大运河知识的普及、大运河文化的宣传、大运河建设的深入。通过此书,让更多的人了解运河、认知运河、建设运河,共同参与到这项利国利民的千秋伟业中,让大运河文化带成为新时代中国的文化地标、生态长廊,成为展示中华民族昨天、今天和明天的灿烂文化韵味特质的“活态遗产”。

“千里之行始于足下”,大运河文化带建设如火如荼,正是发挥科研工作者用武之地,希望历史所全体研究人员以该书作为研究大运河文化带建设的新起点,运用习近平新时代中国特色社会主义思想的理论和科学严谨的方法,开拓大运河文化研究的新领域,取得新成绩,达到新高度,为创建一流社科院添砖加瓦。

序 言

本书是天津社会科学院历史研究所科研人员的集体研究成果。从2013年开始历时七载，历史研究所科研人员沿着京杭大运河，考察了浙江省杭州，江苏省扬州、苏州和淮安，山东省聊城、临清、德州、枣庄和济宁，河北省衡水和沧州等运河城市，以及天津大运河途经的静海、西青、红桥、南开、河北、北辰和武清7个区。在此过程中，我们通过召开座谈会和实地考察走访等形式，完成了大运河沿线城镇文化带的调查研究。

众所周知，京杭大运河是世界上开凿最早、规模最大、线路最长、使用最久、延续时间最长且目前仍在使用的人工河道，它曾是我国历史上南粮北运、商旅交通、军资调配和水利灌溉的生命线。它是一条政治之河、经济之河、文化之河、交通之河、水利之河和生态之河，在中国乃至世界历史上具有举足轻重的地位。天津素有“运河载来的城市”之称，天津城市的形成和发展与大运河息息相关，因而，深入开展大运河调查研究，对于进一步挖掘大运河的历史文化遗产资源，加强大运河历史文化遗产资源的传承保护利用工作具有十分重要而深远的历史与现实意义。鉴于此，我们选择大运河开展深入调查研究。

2014年6月22日中国大运河在第38届世界遗产委员会会议上被列入《世界遗产名录》，成为我国第46个列入《世界遗产名录》的项目。这不仅表明大运河历史文化遗产获得世界认可，而且表明大运河历史文化遗产的保护传承利用步入全新阶段。大运河申遗成功后如何认真借鉴大运河沿线兄弟省市保护传承利用的成功经验，进一步做好天津大运河的保护传承利用工作又成为我们思考的问题。带着这些问题,我们继续围绕大运河开展调查研究。

2017 年 6 月习近平总书记强调指出“大运河是祖先留给我们的宝贵遗产,是流动的文化,要统筹保护好、传承好、利用好”。2019 年 2 月,中央出台《大运河文化保护传承利用规划纲要》,明确提出要深入挖掘和丰富大运河文化内涵,充分展现大运河遗存承载的文化,活化大运河流淌伴生的文化,弘扬大运河历史凝练的文化,突出大运河的历史脉络和当代价值,以此统领大运河文化保护传承利用工作。此后,中央又出台《长城、大运河、长征国家文化公园建设方案》。党中央审时度势、高瞻远瞩作出的重大国家战略部署和顶层设计为我们继续做好大运河保护传承利用调研工作指明了方向,增强了信心。

在数年的大运河调查研究工作中,我们始终围绕大运河逐步展开,主要包括与运河有关的历史文化遗存,考察了扬州东关街,苏州平江历史街区,杭州桥西历史街区、中国京杭大运河博物馆、运河工业三馆(中国刀剑剪博物馆、中国扇博物馆、中国伞博物馆)、拱宸桥、塘栖古镇和广济桥,聊城古城、聊城运河博物馆、张秋镇段水闸,临清运河钞关旧址、古码头和临清博物馆,德州四女寺古镇,淮安博物馆,枣庄和济宁港务局,济宁南旺分水枢纽,衡水故城县郑家口运河码头和景县华家口夯土险工,沧州博物馆、沧州文庙和捷地闸等与运河相关的历史文化遗存。

在天津,我们重点考察了静海的九宣闸及由李鸿章撰写的《南运减河靳官屯闸记》石碑、独流木桥、静海老火车站和陈官屯运河文化博物馆,西青的杨柳青古镇、杨柳青博物馆、杨柳青年画馆、杨柳青民俗文化馆和杨柳青木版年画,红桥的西沽、西于庄、吕祖堂、清真寺、芥园水厂旧址、北洋大学旧址和三条石历史博物馆,三岔河口,北辰区的桃花寺旧址和北仓,武清的河西务、东西仓村、老米店村、郊野公园、筐儿港水利枢纽、运河景观长廊及武清区博物馆等运河相关文化遗存。

在调研考察过程中,我们先后与以下单位进行了座谈:扬州市建设局古城保护办公室、古城保护处、扬州历史文化名城研究院、《中国名城》杂志社、苏州市文广局、杭州师范大学城市学研究所、杭州国际城市学研究中心、世界遗产保护杭州研究中心、杭州师范大学人文学院历史系、杭州市京杭运河(杭州段)综合保护委员会、聊城大学运河学研究院、聊城市政协、临清市政协文史委、淮阴师范学院、淮安博物馆、枣庄和济宁港务局等单位。在天津,我们先后走访了静海区史志办、文化局、文保所、天津市天立独流老醋股份有限公司、西青区文旅局、北辰区宣传部和政协文史委、武清区和红桥区文旅局等单位。

在调研考察过程中,我们将如下几方面列为调研方向与关注的重点:运河的兴衰与明清以来北方经济中心的转移,运河与沿线城镇的发展,运河与沿线城镇商贸的发展,运河沿线城镇特色产业,天津与大运河山东段城镇之间的经济关系,运河沿线城镇水环境的变迁及其整治,交通体系变动对大运河沿线城镇历史文化遗存保护与利用的影响,历史文化街区的保护与利用,博物馆对大运河沿线城镇历史文化遗存的保护和展示,城市非物质文化遗产的保护和利用,运河沿线城市的申遗情况及后申遗时代运河沿线城镇历史文化遗产资源保护等。

全书共分调研报告、观察与研究、思考与建议、心得与游记以及报道与综述五篇,囊括了调研报告、研究论文、对策建议、研究心得、考察游记、新闻报道和会议综述。

在此调研成果即将付梓之际,我们对在调研考察中给予帮助的有关单位领导、同仁表示诚挚的感谢。让我们以大运河为纽带,搭建起学术交流和文化往来的桥梁,共同促进大运河文化带和大运河国家文化公园的建设,让大运河再一次成为文化之河、经济之河、生态之河、中华文明之河。

任云兰
2019 年 12 月

第一篇　调研报告篇

运河沿线城市历史文化遗存及申遗工作调研报告(2013年)

2013年3—4月,为落实中央关于“转作风正学风改文风,提升宣传思想文化工作水平”的指示精神,结合历史所的重点学科科研计划,天津社会科学院历史研究所研究人员对天津市静海县①运河沿线城镇、江苏省扬州市、苏州市和浙江省杭州市等运河沿线城市与运河有关的历史文化遗存进行了考察,并深入了解这些城镇在大运河申报世界文化遗产方面的规划及实施情况。

我们此次调研主要设定了两个目标:

一是通过实地考察深入认识运河城镇历史文化遗存保护与经济社会发展的关系。中国当前正在加速推进的工业化和城市化进程不仅吞噬着数量庞大的村庄和市镇,而且对城市历史文化遗存形成了前所未有的冲击。作为中国传统时期沟通南北的交通大动脉,运河沿线曾是中国经济最发达的地区之一,由此留下了极为丰富的历史文化遗存,其中又有相当一部分历史文化遗存分布在北起北京、南至杭州的广大运河沿线城市。面对工业化、城市化的冲击,如何更合理地保护和利用这些城市中的历史文化遗存,对于处理好保护传统文化与加快现代化建设之间、发展经济与繁荣文化之间的关系,无疑具有十分重要的启示意义。

二是为本所重点学科培育新的学科增长点,即为运河沿线城镇史研究奠定一定基础。本所的重点学科“华北区域城市史”成立近十年来,全所科研人员在

① 2015年,撤销静海县,改为静海区。

商会与经济社团研究、城市社会经济研究、空间与环境研究、城市文化研究等方面发表了一系列学术成果,取得了一定的成绩。但是,面对快速变化的社会与日新月异的学术前沿课题,我们需要不断更新研究方法,扩大研究视野,尤其是应该加强大城市与周边市镇关系的研究,加强华北城市与江南城市的比较研究,以此充实华北区域城市史研究的内容,扩大我们的研究范围。

杭州运河依然繁忙

此次调研主要采取了座谈会、走访和实地考察相结合,调动所有感官了解我们想知道的情况。在调研期间,我们与各地学者及政府部门相关人员进行了交流,主要有静海县史志办、静海县文化局、静海县文保所、位于静海县的天津市天立独流老醋股份有限公司、扬州市建设局古城保护办公室、古城保护处、扬州历史文化名城研究院、《中国名城》杂志社、苏州市文广局、杭州师范大学城市学研究所、杭州国际城市学研究中心、世界遗产保护杭州研究中心、杭州师范大学人文学院历史系、杭州市京杭运河(杭州段)综合保护委员会等单位。通过交流,我们获得了大量第一手资料。这些资料和信息大体可以归纳为:运河沿线城镇水环境的变迁及其整治,交通体系变动对大运河沿线城镇历史文化遗存保护与利用的影响,运河与城市商业发展,城市历史文化街区的保护、开发与利用,博物馆对大运河沿线城镇历史文化遗存的保护和展示,城市非物质文化遗产的保护和利用,以及运河沿线城市的申遗情况等七个主要问题。

一、在运河沿线城镇水环境的变迁及其整治方面,我们重点考察了天津静海境内的南运河段、扬州市老城东关古渡附近古运河段、苏州市运河文化公园到寒山寺附近的运河段、杭州市武林门码头到拱宸桥附近的运河段、杭州市塘栖镇的运河段。

在对这些河段的考察中,我们有几个突出的印象:第一,水量与运输功能问题。北方水量极少甚至干涸,而南方水量尚充足。从文献资料中,我们的印象是,天津静海境内在漕运盛行时,不仅水量充足,运粮船只、运货船只甚至客船穿

苏州运河段运货船(寒山寺附近,独立货船)

梭河面,一派繁忙景象。如今,天津境内运河沿岸一些河段由于缺乏水源而干涸、废弃,有些区段被破坏性地变成了农田或道路,有些河段因为工业发展和年久失修而残破,并存在水质污染问题。如果不是南水北调、引黄济津工程使南运河部分河道恢复引水功能,则河道干涸状况会更加严重。就静海境内的运河看,运输功能已经完全丧失。而南方运河运输功能尚存,河道依然繁忙,不过运送的物资以建材类为主,客运功能也仅限于短途旅游。

第二,河岸保护问题。从历史资料来看,静海境内的南运河,为保护两岸堤坝,种植了许多柳树,形成了"长堤翠柳"的景色,但到 19 世纪中叶漕运逐渐废弛后,"堤工保护松懈,树木减少,时断时续,金堤千里绿树万重亦想象焉耳。"而在江南运河段,由于其运输功能尚存,所以河岸仍然被精心保护,我们现在仍可以看到运河两岸婀娜多姿的翠柳,尤其是在阳春三月,让人联想到"万条垂下绿丝绦"的美景。

杭州运河段杨柳依依

第三,水体保护问题。静海境内的南运河不仅水量少,水体环境也很糟糕。即使在水量充足的南方,有些地方水体保护水平也有待提高。扬州市清代运河由于黄河水的灌入,常常淤塞。中华人民共和国成立前,由于沿河居民将垃圾等污物倒入运河,导致运河水质污染。20 世纪 70 年代,市区所建工厂大部分分布在运河两岸和居民稠密区,古运河和大运河每天都接纳未经任何处理的农药、化工、制药、化肥、印染、皮革、肉联、电镀、造纸等工业废水 3 万吨。枯水季节,古运河水呈深褐色,并发出臭气。此类情况并非扬州所独有。在苏州、杭州等地也不同程度地存在着,由此严重地影响了城市内的水体环境和沿河历史文化遗存的

苏州运河段一派春意

美感。近年随着各城市旅游战略的实施以及申遗工作的推动，运河沿线城市水体保护有了很大的改善，如扬州抓住“保护水资源、改善水环境、建设水景观、弘扬水文化”四个关键，斥资数亿，实施古运河综合整治工程。苏州市斥资 170 亿，实施“两河一江”（环古城河、大运河苏州段和胥江）综合整治工程，包括环古城河提升、运河环境综合整治、胥江环境综合整治、古城区河道水质提升、京杭大运河苏州市区段“四改三”及大运河申报世界文化遗产环境整治六项工程。旨在把“两河一江”真正建成生态的河、文化的河、繁荣的河、美丽的河。杭州市从 2000 年开始，提出了运河（杭州段）“截污、清淤、驳坎、配水、绿化、保护、造景、管理”的八位一体的改造治理方针，决定对运河（杭州段）进行综合整治，并于 2003 年，专门成立了杭州市京杭运河（杭州段）综合整治与保护开发指挥部，2007 年更名为杭州市京杭运河（杭州段）综合保护委员会，在运河沿线城区建立分指挥部，按照“统一领导、市区联动，政府主导、市场运作，坚持标准、自求平衡”的体制对运河（杭州段）进行综合整治与保护开发。将运河沿岸污染严重的工厂、企业搬迁置换，改造成公园、沿河景观带、旅游文化街区等。

苏州平江路步行街（河道，街边建筑，街道）

二、在交通体系变动对大运河沿线城镇历史文化遗存保护与利用的影响方面，我们着重考察了与运河航运密切相关的河道、桥梁、渡口、码头、水闸等相关设施。我们能够清楚地看到，大运河天津段与江南段扬州、苏州、杭州等河段的交通类设施的现状差别较大。天津段由于运河已完全退出历史舞台，河道中已无船只通行，桥梁数量大量减少，石拱桥并不多见，渡口和码头等也已难见其本来面貌；扬州、苏州、杭州等河段由于运河原有功能尚未完全丧失，因此部分河段仍有货船和游船通行，运河上仍有大量的石拱桥，渡口和码头的功能虽已退化或丧失，但仍然部分地保持着原来的历史面貌。但就总体而言，无论是天津段，还是其他三段，运河沿线的交通类设施均已大量减少，其中一部分已成为重要的历史文化遗产。形成这种局面的一个十分重要的原因，在于交通体系的变动，特别是铁路、公路等现代交通方式对运河航运形成巨大冲击，由此导致运河在交通体系中的地位迅速下降。在近代交通方式兴起以前，运河是纵贯南北的交通大动脉，为数众多的桥梁、码头和渡口，在很大程度上是运河与其他交通方式的联结点。随着海运、铁路、公路、高速公路、高速铁路的迅速发展和现代化桥梁的大量兴建，运河航运及其附属交通设施的地位直线下降。静海段漕船在清末以后的减少，与津浦铁路的通车密切相关；杨柳青段多数渡口和码头的废弃，与公路桥梁的建设密不可分；扬州作为漕运中心地位的动摇和“南樯北辕”地位的丧失，很大程度上是由于海运、铁路、公路运输的迅速兴起；扬州东关古渡原有功能的丧失，也是城市公路交通发展的必然结果。

苏州运河上新建的桥梁

扬州东关街三把刀

三、在运河与城镇商业文化变迁方面，我们在考察中深刻地感受到，扬州、苏州、杭州在对运河文化的开发与利用中，通过注入运河人的历史记忆与共同情感，进而开发该区域的商业价值。

四、在城市历史文化街区的保护、开发与利用方面，扬州的东关街，苏州的平江历史街区和杭州的桥西历史街区、塘栖古镇水北历史街区等给我们留下了十分深刻的印象。扬州东关街具有1200余年的历史，拥有比较完整的明清建筑群以及“鱼骨状”街巷体系，是扬州城里最具代表性和保存最为完好的历史街区，保持和沿袭了明清时期的传统风貌特色。

苏州平江老街

苏州平江历史街区是苏州现存最典型、最完整的古城历史文化保护区，至今还保持着路河并行的双棋盘城市格局，小桥、流水、人家以及幽深古巷的江南水城特色，具有深厚的文化底蕴，聚集着极为丰富的历史遗迹和人文景观。杭州的拱宸桥西历史街区通过改造，成为集居住、商业、创意产业和文化旅游为一体的历史街区。塘栖古镇水北历史街区的历史建筑时间跨度长达500多年，既有明代的广济桥、清代的大宅深院，也有民国初年建造的小洋楼、建国后营建的民宅。这里的开发注重传统生活方式的保存，传统的商户吸引了众多游客购买传统商品。这些历史街区之所以能够以这样的面貌呈现在世人面前，与当地政府主管部门能够正确看待其价值，注意聆听专家学者的建议，进行合理开发有密切的关系，如扬州东关街自古以来就是商业街区，店铺林立。如今积极引进具有地方特色的商铺，保留各个时段具有代表性的商业建筑，由此很好地给我们呈现出了一幅商业街区多彩而具有层次感的历史画面。

扬州东关街(骨街部分)

扬州东关街东关门楼

杭州桥西街景组图

五、在博物馆对大运河沿线城镇历史文化遗存的保护和展示方面，我们对扬州博物馆、苏州博物馆以及杭州的京杭大运河博物馆和运河工业三馆（中国刀剑剪博物馆、中国扇博物馆、中国伞博物馆）等在历史文化遗产的保护、展示、宣传和利用等方面具有独特作用的博物馆也进行了详细考察。其中，中国京杭大运河博物馆是唯一一座以多角度收藏、保护、研究运河文化资料，反映和展现大运河自然风貌与历史文化主题的大型专题博物馆。运河工业三馆则依托杭州、运河古老历史文化，在保护与利用工业遗产的基础上，结合运河综保工程的实施，传承杭州城优势手工艺，将发达的手工业文明，在运河工业遗产的基础上向世人展示。将工业遗存用于建设中国刀剪剑、伞、扇博物馆既填补了运河城市在运河工业类国家级博物馆方面的空白，更是保护、利用、展示工业遗存与运河历史文化遗产的一大创新之举。

中国刀剪剑博物馆

中国扇博物馆

六、我们还对扬州、苏州、杭州等运河沿线城镇的非物质文化遗产的保护和利用情况进行了调查，我们关注到，在非物质文化遗产的传承中，民间的力量不可忽视。在扬州市东关街，我们看到了一个私人自建园林。位于167号的这家主人在自家庭院里精心打造了一座20平方米左右的“袖珍园林”。粉墙黛瓦，花木扶疏，小桥流水，假山怪石，几乎囊括了苏式园林的全部要素，可谓“麻雀虽小，五脏俱全”。据介绍这个私人园林是该市民自行筹资，自行设计规划，历经十多年时间修成的。对于自建园林，扬州政府表现出了一种比较宽容、宽松的态度。据有关部门人员介绍，一开始他们也对自建园林有过疑虑，但是后来逐渐解放了思想，在要求自建园林者不侵犯他人权益和隐私的情况下允许其自行设计规划，给予了较大的自由发展的空间，为江南地区园林文化传统的传承提供了一种比较良好的政策环境，保护了民众自觉参与传统文化传承工作的热情，培养了民众在传统文化传承与创新中的主体意识，从而能够对古典园林文化在扬州的弘扬和发展起到较好的推动作用。此外，像各种反映本地特色的剧种如扬剧、苏州评弹、杭州评话在民间力量的推动下，在一些历史文化街区重新找到了自己的舞台。

中国扇博物馆（展品）

扬州私人建造园林（东关街祥庐）

杭州桥西街老开心茶馆（原中心集施茶材会公所）

七、除上述六个方面外，我们还对扬州、苏州、杭州等运河沿线城市的申报世界文化遗产情况进行了调研。运河申遗是一个自上而下的国家文化工程，首先由全国政协提案提出，由文化部、国家文物局牵头，组织运河沿线8省35个地级市参加，为此已经做了四年的工作，2013年9月接受国际古迹遗址理事会专家组考评，2014年正式向联合国教科文组织申报。

在实地考察和与当地学者及相关政府部门工作人员的交流中，我们对此次调研设定的两个主要目标有了更深刻的认识：

一方面，大运河申遗是当前中国加速推进工业化和城市化的大背景下，处理运河城镇历史文化遗产保护与经济社会发展之间关系的一项重要举措。天津、扬州、苏州、杭州等城镇已为此做了大量的工作。扬州市政府加强了对东关街历史街区的保护和利用，强调在以人为本和最大限度发挥历史文化遗产原有功能的前提下逐步进行开发和利用。苏州市相关部门借助申遗之机，将整个苏州古城纳入申遗范围。杭州市则提出了“统一领导、市区联动、政府主导、市场运作”的原则，以及“还河于民”“申报世遗”“打造世界级旅游产品”三大目标和“保护第一、生态优先、拓展旅游、以人为本、综合治理”五大理念。这表明，无论是扬州、苏州、还是杭州，其申报世界文化遗产的目的，并不仅仅在于单纯的对大运河进行保护，而是进一步追求经济效益和社会效益并重，以此协调和解决历史文化遗产保护与发展社会经济之间的矛盾。哪个城市搭上了申遗这辆车，哪个城市就能从中获益。

另一方面，作为中国曾经最为重要的南北交通大动脉，大运河航运的发展带来了一大批城镇的繁荣。在由运河时代进入铁路时代、公路时代以至于高铁时代的过程中，这些城镇发生了怎样的变迁，今后发展中又将面临什么样的问题，无疑是一个值得研究的重要课题。在交流中，我们有两点比较深刻的体会：一是关于运河沿线城镇发展史的研究，尤其是整体性的研究和南北比较的研究尚不多见；二是相关研究与现实需要关系密切，杭州师范大学城市学研究所、杭州国际城市学研究中心、世界遗产保护杭州研究中心等机构所进行的研究，绝大多数都是以现实需求为出发点的。

基于以上的观察和思考，我们对天津的申遗工作和我们所的学科定位有两方面的体会：

第一，关于运河申遗工作。我们认为，扬州、苏州、杭州等城镇在大运河历史文化遗产保护和申报世界文化遗产过程中的一些经验，值得天津借鉴。与上述城市相比，目前天津的申遗工作还存在着一些差距，主要是调查研究不够深入，缺乏系统性和协调性，缺乏在保护遗产的前提下打造运河文化的认识，对于如何坚持“保护为主、抢救第一、合理利用、加强管理”的方针，把大运河申遗保护与发展经济、改善民生结合起来，形成天津文化发展的品牌意识均缺乏深刻的认识，也未能将之有效地纳入到全市经济社会发展总体规划，经费投入上也未见大的举措。因此，我们建议今后天津应努力抓好三个方面的工作：一是提高认识，强化领导；二是做深做实调查和保护工作。各部门组织若干个工作小组，深入调查大运河重点河段本体和沿线遗存，考察其周边环境，务必要保证遗产真实性和开发利用的可操作性；并召集社区、社团、民间企业和热心民众充分讨论，尽快制定出多种文化体制共同进行保护和开发利用的方案。三是多方协调，统一规划，形成颇具天津特色的运河文化带。在市领导小组的统一规划下，将运河文化纳入文化发展战略，各区县根据新形势的要求和各自特点，在运河保护规划的原则内适度恢复运河沿线景观，建立一批具有特色的遗迹保护点、公园、纪念馆、博物馆等,形成系统的各具特色的园区,在整体上建构有机联系的运河风情文化带。

杭州塘栖镇评元茶馆

第二,关于学科建设方面。我们认为,应将运河沿线城镇史研究培育为本所重点学科“华北区域城市史”的一个新的增长点。理由有三点:一是本所重点学科长期以来坚持以天津城市史和华北区域城市史研究为主攻方向,虽然在研究方法上强调整体性研究和比较研究,但由于对江南等区域城市缺乏深入研究,因此难以真正做到南北比较研究。由于大运河纵贯南北,其沿线城市中既有华北城市,又有江南城市,这就为比较研究的开展提供了基础;二是明清以来,特别是近代以来,随着海运、铁路、公路、高铁等现代交通方式的迅速发展以及国内外政治经济形势的变化,运河沿线城镇在中国城市史上的地位发生了翻天覆地的变化,对此进行研究,无疑将有助于丰富中国城市史研究的内容;三是社科院作为为现实社会经济发展服务的研究机构,其工作重点应更贴近于社会现实,而既有的关于运河沿线城镇的研究,又多以社会现实需求为主要出发点,因此,以服务申遗工作为契机,开展运河沿线城镇史研究,将使本所的研究工作更贴近社会需求,更好地发挥为现实服务的职责。

杭州塘栖镇评元茶馆

大运河北段沿线城镇历史文化遗存及经济旅游价值调研报告(2014年)

2014年4—5月,我所科研人员对大运河北段天津杨村、河西务以及山东聊城、临清、德州段(以下简称北段)等运河沿线城市与运河有关的历史文化遗存进行了考察。

由于此次考察是2013年3—4月考察的延续,因此在调研中,一方面,我们的出发点仍是落实中央关于"转作风正学风改文风,提升宣传思想文化工作水平"的指示精神及制定历史所重点学科发展规划;我们的基本目标是,通过实地考察深入认识运河城镇历史文化遗存保护与经济社会发展的关系,寻找运河沿线城镇史研究的切入点和突破口,为本所重点学科培育新的学科增长点。另一方面,从与前次调研形成比较、突出侧重点的认识出发,将城镇历史文化遗存的经济旅游价值及天津与聊城、临清、德州等城镇之间关系等作为此次重点内容。

在考察中,我们仍然主要采取了座谈会、走访和实地考察相结合,调动所有感官了解我们想知道的情况。在此次调研中,我们主要考察了与大运河关系密切的聊城古城、山陕会馆,运河张秋镇段水闸,临清运河河道、码头,德州四女寺古镇,天津杨村、河西务段水闸、码头等遗存和设施,参观了聊城运河博物馆、临清博物馆以及与运河相关历史文化保存单位,与聊城大学运河学研究院、聊城市政协、临清市政协文史委等单位进行了交流。通过调研,形成了运河沿线城镇特色产业、运河山东段北部地区商贸的开发与利用、运河沿线古镇的开发与保护、运河的兴衰与明清以来北方经济中心的转移、天津与大运河山东段城镇之间的经济关系等几个重要问题。

一、在运河沿线城镇特色产业方面,我们在 2013 年的调研及后续考察中,已经着重考察了独流老醋、杨柳青年画等。此次调研,我们又重点调查和了解了张秋木版年画、临清贡砖等几种特色产业。通过这两次考察,我们了解到,独流老醋始创于明永乐年间,是清康熙年间宫廷御用贡品,与山西陈醋、镇江米醋并称为中国传统三大名醋。目前拥有资金 1 亿元,年产 3 万吨,是仅次于镇江米醋的中国第二大制醋企业。在产品制造工艺上,实现微机控制和生物发酵,将现代科技与传统技艺相结合,实现了技术创新;在产品种类方面,不断革新,拥有不同市场地位的多种类产品,提高产品市场价值;在产品质量控制方面,与时俱进,与世界卫生组织建议标准基本吻合,且为国家地理标志产品。

独流老醋厂新式生产设备

天津杨柳青年画起源于明代,最初颜色和表现内容较为单一。1415 年南运河开通后,南北物资交流畅通,明万历年间(1573—1620)出现套色木刻,颜色使用也多样化,形成现在杨柳青木版年画的雏形。清乾隆时期,杨柳青年画达到繁荣鼎盛,作坊规模、表现形式、销售市场等均达到较高水平。杨柳青年画于 1949 年之后呈现衰落迹象。目前,天津杨柳青年画在制作技艺上,部分使用胶版印刷代替木版印刷,也由此引发争论——传统艺术品是坚持手工创作还是机械式生产;在市场方面,杨柳青年画已经脱离其最初作为"平民消费品"的定位,成为小众消费的"艺术品";杨柳青年画,现作为艺术品,在创造技法和质量方面,仍存在许多争论。

独流老醋传统发酵工艺

临清贡砖晚至明代，已经在技术上较为成熟，清时为皇家营造御用，被称为“贡砖”，少量亦用于民间建筑。临清贡砖烧制时间之长、数量之多、质量之优，为其他砖石所不及。临清贡砖成名原因主要有三：第一，得益于临清本地运河的淤积泥土和水质；第二，承运河交通之便利，运输成本较低；第三，加工技艺高超。临清贡砖在清末民初转衰，并一度绝迹于市场，1996 年恢复生产后，着手确立品牌和生产基地，其产品的市场定位主要在于古建筑的修复中使用，因此市场较为狭小。目前，已经开始在部分程序中使用机械，代替手工劳动，也在着手开发不同的砖类品种，但并未突破“砖”的形式和内容。它试图尝试这样一种发展路线：集项目传承、生产销售、文化展览、生态旅游于一体的文化遗产胜地。2008 年临清贡砖烧制技艺列入第二批国家级非物质文化遗产名录。

临清市博物馆收藏的临清贡砖

通过考察，我们认识到，以上产业均已有数百年的历史，均具有鲜明的地域特色，均面临着由传统向现代转型等难题。为了使这些传统特色产业在现代社会得到传承并继续体现其价值，相关部门已经做了大量工作。我们在实地考察的基础上，认为还可以从以下几个方面进行强化：一是加强对这些特色产业发展历史的研究，充分挖掘这些特色产业在历史长河中积淀而成的经济价值和文化底蕴；二是加强对这些特色产业相关的遗存的保护力度；三是对这些特色产业的传统工艺与现代化的生产方式进行比较研究，以利于这些特色产业的保护和发展。四

大运河阳谷县会通河部分河道现状

是充分挖掘这些特色产业的文化内涵。五是将这些特色产业的传承与当地旅游发展相结合。

二、在运河山东段北部地区商贸的开发与利用方面，我们在考察中了解到，明清时期的聊城地区（包括聊城、临清、张秋等地）和德州地区依托优良的地理位置迅速成为当时的地区性商业中心。可以说，历史上聊城地区和德州地区的商贸繁荣是与运河结合在一起的。因此，其商贸发展也极具“运河”特色。目前运河山东段北部地区商业开发面临着诸多问题：一是运河区位优势丧失，主要体现为丧失通航能力；二是运河沿线老城缺乏商贸发展活力，日益没落。如聊城老城内居民完全搬迁出去，失去原住居民生活气息和传统居民生活形态，重新修建仿明清建筑，招商引资，开发旅游，但新入住商户与城内整体环境缺少融合感，新建仿古建筑形在神不存；三是环境污染严重，特别是郊区运河段水质污染严重。

整修后的京杭大运河会通临清河段依然有生活垃圾的污染

为此，我们建议从以下几个方面着手来促进运河沿线城镇商贸发展：首先，运河商贸开发应以运河自身文化价值开发为前提；其次，以运河为依托带动周边地区商贸发展；第三，应根据沿河地带具体情况具体开发；第四，开发运河商贸价值不应过度商业化。

大运河阳谷县会通河上下闸

从光岳楼上俯瞰聊城老城

三、在运河古镇的开发与保护方面，在2013年的调研中，我们着重考察了天津静海独流镇、杭州塘栖镇，其后又考察了杨柳青等镇。此次调研，我们又着重考察了四女寺、杨村、河西务等古镇。通过调研，我们深刻感受到，这些同处运河沿线的古镇，其现状及保护开发过程中所面临的问题存在显著的差别。其中，塘栖镇可以作为江南古镇的典型代表。由于地处江南水乡，运河河水较为充沛，塘栖古镇还保留着大量明清时期的古建筑群落，并有游船可经由杭州武林门码头直达塘栖镇，使得游客们能够在旅游中体验运河和千年古镇的独特魅力。然而，与江南水乡古镇相比，天津段和山东段古镇由于运河航运终止，商业衰势明显，使古镇的保护和开发面临着巨大的困难。下面以我们重点考察的德州四女寺镇为例，对此予以说明。

四女寺古镇位于德州武城县境内，是一个运河名镇。该镇始建于西汉时期，明代以后，成为卫运河上的重要码头，常年商贾云集，非常繁华。历朝官府设漕运、盐铁、税收、商业等多个管理机构于此，故有“恩县衙门在寺上”之说。四女寺在西汉年间曾名安乐镇，后因四女孝亲的故事而更名为四女寺。四女寺有“九河汇流”之胜,历史上建筑如林,气势雄伟,景物宏盛。在千年的历史沿革中,四女寺一度成为闻名遐迩的运河沿岸经济文化重镇,素有“德化之乡”和“北方都江堰”之誉。1956 年国家撤销恩县建置,四女寺所属乡村分别划归周边的平原、武城、夏津三县,四女寺被划入武城县域。四女寺位于运河、減河、岔河三条河流交叉处,有得天独厚的自然条件。运河衰落后,四女寺镇也随之没落,再不见往日繁华,只有透过旧时古迹以及史书上的记载可窥当时情景。

四女寺水利枢纽

“四女寺”地名的由来,源于一个流传千古、美丽感人的民间传说。现存最早的相关文献记载,是清代康熙初年黄静所撰的《山东四女祠记》。其中的记载与我们调研时,当地村民的描述形成互证:当地一家村民生养了四个女儿,都争着在家里孝养双亲,并各栽一棵槐树以表心愿。为了把出嫁的机会留给别的姐妹,就约定“槐枯则嫁,槐茂则留”。于是,四女都在背地里用热水浇烫其他姐妹所植的槐树。不料,越是用开水浇烫槐树,槐树越是长得茂盛……最后,四个女儿决定都留下来,一同奉养双亲。一代又一代的当地百姓被这个故事所感动,于是建了“四女祠”,塑了四女仙姑的神像供奉在里面。在这个美丽传说中,四女的可景仰之处,最突出的是孝敬父母,其次是善待乡邻,亦即儒家“孝”与“仁”的品节;同时,其间也包含着“孝养父母,男女一样”的现代美好伦理观。于是,四女寺就有了“德化之乡”的美称。

在考察中,我们了解到,作为运河沿岸的古镇,四女寺镇拥有优美的水域风光和丰厚的运河文化、礼孝文化积淀,被中国传统文化促进会授予中华传统美德教育基地、中华孝德文化之乡，有着独特的旅游开发和文化教育价值。为使这些资源得到充分利用，近年来，德州市和武城县政府在加快文化风景区建设方面已经做了不少工作。2008 年和 2009 年，武城县分别下发“武城县委、武城县人民政府关于成立四女寺风景区建设工作委员会的通知”（武委〔2008〕95 号）和“武城县人民政府关于进一步加快四女寺风景区建设的意见”（武政发〔2009〕21 号）。正在建设中的四女寺风景区主要分为以下几区：

始建于 1958 年的四女寺水利枢纽，为国家重点文物保护单位

第一区以孝女祠与四女寺古街为主。孝女祠主要是由孝女坛和供奉四孝女的四座殿阁组成，孝女殿在三层高台上。高台下是弘扬四女孝文化的场所，主要功能定位为孝文化传播。四女寺古街是展示四女寺及武城民俗文化与乡土风情的窗口，各种传统建筑风格的店铺将在素朴淡雅中再现四女寺村往昔的繁华景象，主要功能定位是观光餐饮。2013 年四女寺运河古镇风景区以佛光寺、四女祠为主要内容的一期工程已全面竣工，对外开放。第二区为四女寺水利枢纽、漳卫南运河管理处公园及岔河北岸区域，规划为运河水利文化博物馆、运河故道公园和岔河水景长廊等。运河故道森林公园以水蕴、民风民俗作为总体创意，形成人、水、环境的紧密结合，集中展现武城运河文化和地域文化的底蕴。运河水利文化博物馆整体陈列以“运河推动历史，运河改变生活”为主题，旨在全方位、多角度地收藏、保护与研究运河文化，反映与展示运河的古老历史、自然风貌和民俗风

位于临清老街市内被商业区和居民区包围的清真女寺

情。岔河水景长廊分为生态涵养、娱乐休闲和生态展示三个区段。

我们认为,德州市和武城县政府所做的工作对四女寺古镇的保护与开发非常重要,但我们也感觉到,今后应进一步加强以下几个方面的工作:一是加强现有伊斯兰文化遗产的保护。四女寺村是一个回族村,该村中部建有一座清真寺。此寺外墙涂抹青灰色水泥;大门朝北,内壁为白色石灰涂抹、房脊略高出水平面并装饰有两条简化龙形雕塑,顶部覆盖黄色琉璃瓦、东西两侧突起并装饰有六个微型兽状雕塑。调研期间,我们能感受到这座清真寺建筑工艺的精巧。为此,我们建议当地政府要协助回族村民保护好这座堪称物质文化双遗产的清真寺以及寺内的老皂角树。二是保护四女寺镇村落群体。四女寺村镇既具有北方农村建筑的共性,又富含个性。政府有必要在当前和今后一定时期内的统筹城乡发展工作中,在辖区内精心选择、认真保护若干个具有较好基础的具有一定典型性和历史文化价值的村落。而其中古旧建筑,特别是具有历史意义的文物保护问题尤其不容忽视。此外,对于原有村落中的门墩、砧石、棒槌、手工织布机、锅灶、年画、剪纸、乡土儿童玩具等携带着地域历史文化信息的各种载体,也应该有选择地加以保护、收藏。

四、关于运河兴衰与明清以来北方经济中心转移的关系,考察中,我们了解到,在大运河的变迁过程中,临清的衰落与天津的兴起是北方经济中心转移的集中体现。中国历史上,运河的开凿虽然最早可以追溯到春秋战国时期,但南北大运河的贯通则是隋代才开始的。而其对北方运河沿岸城镇经济、文化和社会产生较大影响则是明代以后。这是因为隋唐时期,都城分别在洛阳和长安,此时的运河虽然承担了从江南向京师运输漕粮的功能,但这时南北经济差距尚不明显,对江南财赋的依赖不像后来那么明显,而且大的水利工程和运输线路主要在黄河以南,因此对沿岸北方经济的带动作用还很小。这时的临清,虽然地处运河沿岸,但经济并没有因南北运河的贯通而有大的发展,天津更是尚未建城。

元朝建立后,定都北京,又开凿了会通河,临清、天津的地位开始提升,其中临清“受两河之水,合流北放,千一百七十里抵大通河,距京师百六十里”,遂有“河漕之喉”之称,这时,天津虽然还未建城,但元朝政府在直沽设置“临清万户府”,说明天津的地位也有了较大提升。但是由于有元一代运河时通时塞,因此元朝漕运仍以海运为主，加之元朝统一全国后国祚仅维持了不足百年，所以这时临清、天津的地位虽然有了很大提升，但仍没有成长为有一定辐射能力的经济重镇。

明代靖难之役后，明成祖朱棣于永乐十九年（1421）迁都北京，漕粮北运成为北京政权赖以维持的重要经济保障，由此也是一项重要的政治任务。此前，明成祖还于永乐十三年（1415）罢海运。从此以后，每年数百万石的漕粮运输都仰给于运河，从这时开始，运河才逐渐真正成为我国南北物质、文化和政治交流的大动脉。这时的临清由于地处“河漕之喉”，遂成为南北物资的中转站，成为北方最繁华的商业城市，其中临清钞关年征收船料商税银就达八万余两，居全国八大钞关之首，占全国课税额的四分之一，由此可以看出临清的经济地位，临清因此成为北方经济中心。这时的天津虽然地位不如临清，但自此也开始以运河而繁荣。临清的北方经济中心地位一直持续到清前期。

保持传统生活方式的临清老街居民

清中叶以后，由于运河沿岸水利连年失修，运输功能大为下降。道光四年（1824）以后，清政府开始海运河运并用，到咸丰年间，全部改为海运，临清由此走向衰落，地位大不如昔。而天津由于地处河（包括运河和海河）海之利，因此经济地位日益提升，逐渐取代临清成为北方经济中心。开埠通商后，天津的地位更是得到极大提升，这时临清只能自称“小天津”而甘居天津之后了。近代铁路兴起后，临清进一步衰落，而天津又成为北方重要的交通枢纽。因此，天津自明代建城以来，始终得交通之便，因此兴起后持续繁荣，直到今天，依然是北方的经济中心。

保持着传统生活摆设的临清古民居

当前，中国的发展进入一个新的阶段，亟须在北方地区培育一个像长三角、珠三角那样能带动区域发展的经济引擎，从而缩小南北差距，实现中国的可持续发展，京津冀一体化即是党和国家顺应这一要求而提出的国家发展战略。在这一战略中，天津必须进一步强化北方经济中心的地位和对区域发展的带动作用，为此需要借鉴历史的经验教训，注重交通在城市发展中的作用，加强交通建设，改善交通环境，尤其应重视以下三个方面的工作：一是传统农业社会，河运、海运是主要的交通方式。近代以来，铁路、航空又相继称为更为现代化的交通方式，而我们今天所处的信息社会，交通方式应当是网络化、立体化的，应当更为便捷。二是在京津冀一体化进程中，天津既要通过高铁、高速公路加强与周边地区的经贸联系，又要改善市内的交通环境，同时，还要进一步发展航空业，这不仅是分流北京压力的需要，也是发挥天津作为北方经济中心对周边地区带动作用的需要。有了便捷的交通网络，自然会吸引物流和人流，从而更好地发挥经济发展的引擎作用。三是天津周边地区的城市，包括山东西北部的德州、临清和聊城等，应在以京津为中心的城镇体系中明确各自的定位，充分利用在地缘上接近滨海新区的优势，加强与天津在经济文化上的交流与合作。

五、在天津与运河沿线城镇经济关系方面，在2013年制定调研方案时，我们便将此问题列入其中，但由于所调查的扬州、苏州、杭州等城市均位于运河南段，在地理上距天津较远，因此这几个城市与天津之间的经济关系并不密切。在此次调研中，由于所考察的德州、临清、聊城在地理位置上距天津较近，因此天津与这几个城镇之间的经济文化关系，便成为我们的一个关注点。经过考察，我们发现了两个重要事实：一方面，这几个城市在制定发展战略时，并未将与天津及以天津、北京为中心的京津冀地区之间的关系作为重点来进行考量；另一方面，在天津开埠后的一个时期内，天津与德州、临清、聊城之间均有较为密切的经济文化交流。这就促使我们对天津与这几个城镇之间的经济文化关系进行一个比较系统的梳理,以便为这些城市制定发展战略时提供一些参考。

临清老城

在经济交流方面,我们将商品流通作为考察重点。近代以前,天津与这几个城镇之间的商品流通以粮食为大宗。1860 年开埠后天津成为德州、临清、聊城等城镇“所仰给之大市场”。1868 年前后,天津已是临清、聊城消费品的重要供给地。1907 年前,临清所产的部分麦子,德州、临清两地所产棉花亦运销天津,由天津输入的砂糖则销往临清、济宁等地。1908 年前,天津与德州、聊城等城镇间商品流通的种类和数量又有所增长。

1912 年津浦铁路全线通车后,天津与德州、临清、聊城、济宁等城镇间的商品流通出现了一些新变化。德州一方面借助津浦铁路和大运河与天津保持着密切的商品流通,另一方面又通过津浦、胶济铁路加强了与济南、青岛这两个城市之间的商品流通。1920 年前,由德州运往天津的大宗货物为棉花、牛羊皮、羊毛、杂谷、牛骨、油脂等。当时,德州与天津之间的商品流通占有明显的优势。德州与济南之间的商品流通所占比重很小。

到 1927 年前,经德州运出的大宗货物有小麦、杂粮、棉花、花生、花生油、麻油、牛羊皮、羊毛、牛骨、鸡蛋等,运入的大宗货物为布匹、煤油、纸烟、木材、瓷器等。此时德州的对外商业关系,仍以天津最为密切。

到 1934 年前,德州输出货物以油、粮、棉花等为大宗;输入货物以棉纱、面粉、大米、煤炭、煤油、卷烟、布匹、火柴等为大宗。其中运往天津或由天津运来者仍占最大比例,具体情形为:天津占 40%;济南占 20%;浦口占 10%;其他占 30%。

临清老街——考棚街

就1912—1934年间天津与德州间的经济关系的整体状况而言，有两个比较明显的特点：一方面，天津仍是德州最重要的商品输出和输入地。另一方面，与清末以前相比，天津开始面临济南、青岛的有力竞争，与德州间的经济关系已有所弱化。这一趋势，在天津与临清、天津与聊城间的经济关系中，也有不同程度的体现。

1934年以后，尤其是1937年以后，天津与这几个城镇之间的经济关系的弱化趋势更为明显。以在天津与德州、天津与临清间商品流通中占有重要地位的棉花为例，“山东方面当时不但没有来源，而且济南还向天津来办货，所以并无极大支配力。”新中国成立之后，德州、临清和聊城的商业贸易对象不仅延续了此前趋势，而且有更进一步的发展。最终，济南和青岛取代天津，成为德州、临清、聊城等城镇最重要的商业贸易对象。

在过去的一百多年中，天津与德州、临清、聊城之间的经济关系，逐渐由占据绝对的主导地位，发展到被济南和青岛取代。导致这一变化的主要原因有以下几个方面：

首先，天津之所以在清末民初的德州、临清、聊城等城镇对外商业贸易中居于主导地位，是由于青岛直到1898年才开埠，济南直到1904年才通火车，1912年后才形成铁路枢纽，并由政治中心向政治中心兼工商业中心转变。因此，在1860年以后的数十年中，天津成为德州、临清、聊城等地最重要的农产品输出港和外国进口工业品的供给地。

其次，在天津开埠以来的百余年中，天津与德州、临清、聊城以及济南、青岛之间的交通状况有了巨大的改变。在晚清时期，尽管大运河一度中断，但天津与德州、临清、聊城间的交通，仍以水路为主。清末民初，随着胶济、津浦铁路的通车、德州、济宁、济南、青岛等均成为铁路沿线城镇，且德州、临清、聊城的地理位置距离济南较近，因此部分商品流通开始转向济南并由青岛出入。

第三，随着交通状况的改变，济南开始由政治中心向政治中心兼工商业中心转变，青岛则迅速崛起为华北地区仅次于天津的通商口岸和港口城市，并开始通过胶济、津浦铁路将其腹地扩大至山东、河南等省，与天津形成竞争态势，从而削弱了天津与德州、临清、聊城等城镇间的经济联系。

最后，在行政区划上，德州、临清、聊城与济南、青岛同属山东省管辖，其经济关系由此更趋向于本省境内的济南和青岛，而与天津渐行渐远。

尽管在过去的百余年中，天津与德州、临清、聊城间的经济关系已渐行渐远，但我们在考察中仍然能够找到体现两者之间经济关系的证据。因此，我们认为，无论是从历史的角度，还是从现实的角度，天津与德州、临清、聊城等城镇都应重视彼此之间的经济关系。

临清竹竿巷

临清古民居建筑

首先,对于天津而言,由于定位为北方经济中心,而德州、临清、聊城所在的山东省又是北方的一部分,因此,天津可以通过发展与德州、临清、聊城等城镇之间的经济关系,增强其经济辐射能力,从而强化和巩固北方经济中心的地位。

临清竹竿巷

其次,对于德州、临清、聊城等城镇而言,由于在地理位置上处于冀鲁豫三省交界,在历史上又曾与天津有较为密切的经济联系,因此可以更好地利用地缘优势,向北加强与天津间的经济文化交流,以更好地利用天津滨海新区建设带来的机遇,加快自身的社会经济发展。

再次,由于曾经同处运河沿线,天津与德州、临清、聊城之间也有不少值得双方学习和借鉴之处。典型者如杨柳青镇有年画,聊城张秋镇也出产年画,彼此之间,完全可以通过经济文化交流达到相互学习,相互借鉴,以使这些特色产业得到更好的传承和发展。

总之,由于有了 2013 年对扬州、苏州、杭州进行调研的基础,我们此次调研时,更加注重南北方的比较,更加注重不同城市之间的比较,更加突出调研对天津的借鉴意义。在调研及与各地学者的交流中,我们有三点深刻体会:其一,大运河作为一项重要的历史文化遗产,具有重要的经济开发价值,在漫长的历史长河中,大运河沿线城镇在其兴起和发展过程中,也形成了一些独具特色的产业,如天津杨柳青的年画、独流醋等。如能使这些特色产业得到更好的传承和发展,无疑将是体现大运河经济价值的一种很好的方式。其二,大运河具有重要的旅游开发意义。由于轮船航运、铁路等现代交通方式的兴起,大运河尤其是华北段的交通功能已经几乎丧失殆尽,而其旅游价值反而凸现出来。如能借大运河申遗之机,将旅游开发与大运河保护有机结合起来,将有助于大运河更好地发挥其功能。其三,大运河沿线各级政府部门和各地学术界在对大运河的开发利用和保护方面做了大量的工作,但与南方相比,北方仍具有较大的差距。尤其是关于大运河的诸多研究尚未充分展开。这就为我们学术研究机构提供了广阔的用武之地。

在 2013 年的调研报告中,我们曾对天津的申遗工作和我们所的学科定位进行了初步的思考和阐述,指出作为社会科学院下属的历史学研究机构,要使研究工作更加贴近现实,大运河相关研究是一个很好的切入点。在这里,我们从具体操作的层面,就如何利用大运河申遗之机提出自己的一些设想。我们认为,作为华北区域城市史学科的一个新的学科增长点,运河沿线城镇史研究可以从宏观和微观两个层面具体展开。其中宏观层面应注重从南北比较的角度,着重探讨大运河水系变迁与沿线城镇环境、交通、工商业布局、社会结构、社会文化、城镇体系之间的关系。微观层面则可以具体开展运河沿线城镇特色产业、社会群体、城镇空间结构、城镇关系、古镇发展等方面的研究。

“后申遗”时代运河历史文化资源的保护、开发和利用（2015年）

我们此次的运河考察是2013年3—4月、2014年4—5月两次运河沿岸城镇考察的延续。在调研中，我们严格遵守八项规定，深入贯彻落实理论联系实际的方针，紧紧围绕历史所重点学科建设，通过实地考察江苏淮安，山东枣庄、济宁等运河沿岸城镇，探讨后申遗时代运河历史文化资源的保护、开发和利用问题，总结各地在运河沿线历史文化街区、交通水利设施、古镇等在保护、开发与利用等方面的经验教训，以期能够为天津在“后申遗”阶段各项工作的开展提供一定的借鉴和启示，同时也为我们历史所重点学科培育新的学科增长点，即开展京杭大运河兴衰与天津城市发展、京杭大运河沿线城镇发展研究等，提供一些前期的准备工作。

此次调研，我们仍然采取了座谈会、走访和实地考察相结合的方法，主要考察了与大运河关系密切的淮安、枣庄、济宁、天津西沽等地的运河遗迹、博物馆以及各地对运河文化资源的保护、开发和利用情况，先后与淮阴学院、淮安博物馆以及枣庄和济宁港务局的专家和实际工作者进行了深入交流，并请淮安市博物馆的专家、枣庄港务局前局长、济宁港务局办公室主任以及济宁博物馆、南旺分水枢纽博物馆的领导为我们分别讲述了淮安段运河、台儿庄段运河和济宁南旺分水枢纽的情况，几位领导还就各自的运河遗迹以及运河资源的开发和利用情况向我们做了详细的介绍。在这次调研中，我们从大运河“申遗”成功这一重大变化出发，结合调研人员自身特点，重点关注了以下几个问题。

一、运河沿岸城市历史街区的开发

随着京杭大运河申遗的成功，位于运河沿岸城市的历史街区开发与利用，也进入一个新的阶段。如何借助申遗成功所带来的文化效应，推动历史街区的开发与利用，对于运河沿岸城市未来的定位与发展都将发挥重要的作用。我们本次所考察的三个城市中，淮安的历史文化街区河下古镇和枣庄的台儿庄古城历史街区，早在申遗之时就已经进行了开发与利用，在申遗成功后，两座城市又都开始进行新的开发和规划。

河下古镇位于江苏省淮安市淮安区西北隅，明清时期，这里是淮北盐集散地，是淮安重要的商埠，商业非常繁盛，有“扬州千载繁华景，移至西湖嘴上头”之美誉。这里明清两代出过 67 名进士、123 名举人、12 名翰林，有“进士之乡”的美称。正是因为拥有如此丰厚的历史，2002 年国家建设部将其评定为全国 30 家重要保护历史街区之一。河下古镇有六大特色：文化重镇，军事重镇，盐商重镇，中医重镇（山阳医学的发源地），美食重镇（淮扬菜的发源地），还有佛学文化。经过全力打造，河下古镇“一河二街五景”已初具规模。加之具有优越的地理位置，交通便利，食宿方便，极大地促进了旅游业的兴盛。

河下古镇

尽管有着如此深厚的历史底蕴，但是由于在管理和规划方面存在的不足，古镇的整修过于商业化，缺乏对历史遗存的有效保护，有些历史建筑变成了新建或者充满现代的建筑材料，破坏了历史感。此外，只是修复了面对古街的门面房，而对于建筑内部的装饰和修复还比较缺乏。我们在参观和考察之时，不时能透过临街店铺看到内部的杂乱。更为重要的是缺乏特色，尽管有所谓六大特色，但由于泛泛开发，反而容易给人一种散乱的感觉。而且内部缺乏较为专业的展览与介绍。显得商业气息过于浓厚，而文化承载稍显不足。

台儿庄古城——天后宫

明清时期，台儿庄是运河沿岸重要的商品集散地，各地商人云集于此，从而发展成为一座重要的商埠城市。城内至今还保留有长达3千米的古运河河道及明清繁华时期的街巷、码头等遗址，被专家誉为“京杭运河仅存的遗产村庄”。全面抗战爆发后，1938年的台儿庄战役，使这座繁华古城化为废墟，遭到严重破坏。此后虽然屡有重建动议，终因种种原因而搁浅。直到2008年台儿庄大战胜利七十周年之际才正式开始古城重建工作。2013年8月古城全面竣工，并正式对外开放。台儿庄古城规划面积2平方千米，包括11个功能分区、8大景区和29个景点，按照“大战故地、运河古城、江北水乡、时尚生活”的定位，遵循“留古、复古、扬古、用古”的理念，将保存下来的大战遗址、古城墙、古码头、古民居、古街巷、古商埠、古庙宇、古会馆等历史遗产科学地进行修复。它集“运河文化”和“大战文化”为一城，融“齐鲁豪情”和“江南韵致”为一域，是极具人文魅力的旅游目的地，是沿运独有、世界知名的旅游休闲度假区。古城框架以运河为文化轴线，设计了关帝庙景区、西门安澜景区、纤夫村景区、运河街市景区、板桥—花门楼景区、水街商市景区、清真寺—九龙口景区、湿地公园等八大景区。分别对应九水汇川、台城旧志、土村绿荫、庙汪浮玉、柳岸卧虹、古柏望月、运河街市、杰阁凌波等运河古城八景，规划建设了参将署、泰山行宫、兰陵书院等29个景点。将北方大院、鲁南民居、徽派建筑、水乡建筑、闽南建筑、欧式建筑、宗教建筑、客家建筑等八大建筑风格有机结合，建设以徽派建筑风格为主的繁荣街，以欧式建筑为主的丁字街，以水乡建筑为主的水街、水巷，以晋商民居为主的关帝庙景区。尽管台儿庄古城是拆除了部分旧街区重建，但是由于技术精湛，而且旧材料与新材料的搭配非常均衡，使人感到古城的整体格局非常具有传统古韵的风格。可以说台儿庄古城是古城遗址保护和开发得到很好平衡的一个范例。

台儿庄古城

天津是九河交汇之地，也是京杭大运河的流经之地。天津境内大运河全长约 195.5 千米（包括运河故道，下同），此次进入遗产区的是南北运河天津三岔河口段，全长 71 千米，其中北运河部分自武清区筐儿港减河与北运河连接处至三岔河口，长 48 千米；南运河部分自三岔河口至西青区杨柳青镇镇区，长 23 千米。共涉及 28 处运河遗存。遗产区面积 975 公顷，缓冲区面积 2493 公顷。北运河、南运河天津三岔河口段是北方城区运河典型段落之一，位于南运河、北运河与海河的交接处，是古代河海漕转运的节点，见证了漕运发展的历史。在申遗阶段，天津已经做了一些工作，相继整修了一些运河景观。

从淮安河下古镇、台儿庄古城的保护与开发利用来看，天津在后申遗时代仍然大有可为，需要做的事情还有很多。譬如武清北运河郊野公园的修建不能仅仅只是满足于休闲旅游，而更应该重建一些重要的运河沿岸特色建筑。而在市区除了发展海河旅游、运河游船外，在天子津渡、三岔河口等大运河的重要节点，应该建立反映运河天津段历史与今生的博物馆。在南北运河市区段，还可以考虑开发运河沿岸商业街区，展现当年三岔河口的繁荣景象。总之，作为昔日京杭大运河到达北京前的重要节点，我们应该大力挖掘天津的运河历史文化遗存，广泛宣传，通过世界遗产京杭大运河来扩大天津的知名度，让世界和中国各地游客更多的了解天津，进而喜欢上天津。

二、京杭大运河沿线城镇交通水利设施的现代变迁

台儿庄古运河官家码头

前两次调研中，运河沿线城镇交通水利设施的变迁均为重点内容。为保持调研内容的延续性，本年度的调研，仍将交通水利设施作为一个重点。

所谓交通水利设施，包括河道、堤岸、码头、渡口、桥梁、水闸、船闸、港口、大型水利枢纽工程等，其中码头、水闸、船闸、港口、大型水利枢纽工程，又是我们此次关注的重点。

在码头方面，重点考察了淮安河下古镇码头、枣庄台儿庄古运河码头、济宁微山湖段码头等。其中，台儿庄运河古码头有天后码头、郁家码头、双巷码头和官家码头等。这些码头均曾在客货运输中发挥了重要作用。如天后码头最初为高家的私人码头。清朝咸丰年间台儿庄天后宫扩建后，由此登岸祭祀天后的船民络绎不绝，因此高家另建私人码头，将这处码头捐给公用。双巷码头初建于明朝万历年间，因正对着两个巷口而得名，曾是台儿庄进出货物最多的码头。时至今日，上述码头均已丧失了昔日的功能，成为相关景区的组成部分。而在另一部分河段，则出现了现代化码头取代传统码头的现象。在微山湖段，由于大运河穿湖而过，要想近距离观察运河，必须乘坐渡船，这使得我们有机会观察一座现代化的码头。与传统码头相比，这座码头不仅规模大，建有相应的现代化设施，而且没有传统码头的石阶。这一方面是由于当前的渡船多为大中型船只，需要更大的停泊空间；另一方面则是由于当前的渡船不仅渡人、渡货物，而且可以渡车，保持码头地面与船体相平，方便汽车等直达渡船。

在水闸和船闸方面，淮安的清江大闸、枣庄台儿庄的一座船闸和济宁一座尚在施工中的船闸进入了我们的视野。清江大闸建于明朝永乐年间，历经清代康熙、乾隆、嘉庆、道光各朝重修加固，至今保存完好。闸口宽约 7.33 米，由于地处京杭大运河南北咽喉地带，漕运必经之地，这里曾经出现过“每当运粮季节，万艘漕船和 12 万漕军帆樯衔尾，绵亘数里，蔚为壮观”的景象。如今则成为淮安一处著名的旅游景点。与清江大闸不同，台儿庄和济宁的两处船闸充满了现代气息。前者已经投入使用，可供十余只货船两两并排过闸，年通过能力可达 2500 万吨。后者尚在建设中，设计通过能力亦在数千万吨。

淮安清江闸

在前两次调查中，港口并未成为关注点。此次由于与港航部门接触较多，因此港口首次进入我们的视野。其中印象最深的是济宁港航局下属的跃进沟作业区。该港是当前京杭大运河通航部分北端最大的港口，也是一个颇具规模的现代化内河航运港口。据工作人员介绍，该港年吞吐能力达 600—800 万吨，已实现机械化传输和装卸，货物以煤炭为主，来自山东、河南等省，由公路运输等方式运至港口后，再装船运往江苏等地。若能实现铁路与港口联运，此作业区的腹地还将进一步扩大。

在上述交通水利设施变迁的过程中，传统遗址、遗存与现代设施并存以及由传统向现代变迁的特征十分突出。究其原因，主要有以下几个方面。

台儿庄运河船闸

首先,京杭大运河的中断和部分河段的复航,是形成上述特征的首要原因。大运河的开凿与通航,促进了沿线淮安、济宁、台儿庄等众多城镇的兴起。为适应运河航运和人员、货物运输的需要,码头、水闸、船闸以及南旺分水枢纽工程等交通水利设施应运而生。大运河的中断,尤其是部分河道的废弃,又使淮安的清江大闸、台儿庄古运河边的码头、济宁的南旺分水枢纽工程等,逐渐丧失原有功能,进入历史文化遗产之列。而部分河道的复航,又为现代化的码头和港口的建设提供了契机。尤其是此段运河与济宁以北河段相比,仍具有通航功能,而与徐州以南河段相比,水量又相对较少,由此使大规模的船闸建设必不可少。因此,此段运河的交通水利设施既有由传统向现代变迁的显著特征,又在多个方面不同于北方和南方的其他河段。

其次,现代化的交通工具,如铁路、公路的冲击,是部分河段的码头、渡口、水闸等丧失原有功能的重要原因。如枣庄的中兴煤矿公司曾在台儿庄运河北岸建筑专用码头,台儿庄至枣庄铁路通车后,码头货运业务曾一度急剧增长,但 1935 年台儿庄至赵敦铁路通车后,铁路运输相继代替了水运,码头装卸量相应减少,至 1938 年时被废弃。又如台儿庄城西门至南门的当典码头,四十万码头、郁家码头、骆家码头、双巷码头等十余个码头,在 1959 年韩庄运河改道后逐渐被弃用。

再次,京杭大运河"申遗",为部分河段传统码头、水闸、遗址、遗存等的修复、重建和保护,提供了契机,从而使人们能够在传统与现代的比较之中,体会和认识这些交通水利设施的变迁。

由此可见,大运河济宁至淮安段交通水利设施所体现出的由传统向现代变迁的特征,是多种因素共同作用的结果。因此,在大运河申遗成功之后的进一步保护、开发和利用过程中,也不应将码头、水闸、水利枢纽工程等孤立起来,而是要注重它们之间的有机联系，形成整体性的规划。在调研中，我们深刻地感受到，对大运河进行整体性、立体式的保护、开发与利用，是沿线城镇在大运河“申遗”成功后的一个重要的努力方向。如济宁市针对大运河申遗，提出了经济带、文化带、旅游带、风景带的“四带”建设思路，不仅注重大运河的经济功能和旅游功能，也重视对其文化内涵的发掘，同时重视对其风貌的保护与利用。又如枣庄市港航局船闸管理处在重视发挥现代化船闸的航运功能的同时，还注重对船闸附近地区的旅游资源的开发和利用，其中一个重要例证，便是对附近出土的防务碑这一文物的发掘与保护，使之与船闸有机联系起来，形成具有一定文化韵味的景区。在台儿庄，曾经的码头、水闸、官署等，也被融于整个景区之中，既让这些旧迹重新焕发了生机，又使景区添色不少。

在天津、临清、德州等京杭大运河的北部河段，由于水源缺乏等因素的影响，要使运河像济宁以南河段那样复航以发挥其航运功能，在短期之内，显然是不现实的。但南方城镇的保护、开发与利用的思路，又是值得借鉴的。在天津附近的杨柳青、河西务、唐官屯、独流等运河沿线城镇，还存留着诸如九宣闸、独流木桥等曾经的交通水利设施。在此前的调研中，我们感觉到，对这几处历史文化遗产的开发和利用，还比较孤立。因此，如何将这些设施与附近的河道、桥梁、碑铭、店铺、民居、街道、古树等其他旅游资源结合起来，形成以这些著名的历史文化遗产为中心的整体性和立体式的保护、开发与利用，是大运河申遗成功后，摆在天津各级相关部门面前的一个重大课题。

三、博物馆与运河资源的保护、开发和利用

京杭大运河申遗的启动及成功，促使人们去重新认识、发掘运河的历史和文化价值，并对与运河相关的各种资源进行整合、开发和利用。

在这种情况下，各地尤其是运河沿岸城镇纷纷加大了对于运河文化遗存的考古、发掘以及搜集、整理工作，并在此基础上建立了一批以运河为主题或与其相关的博物馆、展览馆。

前两次调研时，我们参观了杭州的京杭大运河博物馆、聊城的“中国运河博物馆”以及临清的钞关。这次考察，博物馆成为我们调研的一个主题。

（一）中国漕运历史博物馆

明清时期，朝廷在淮安设立漕运总督公署，以督查、催促漕运事宜，主管南粮北调等漕运工作。漕运总督公署是朝廷的派出机构，总督一般由勋爵大臣担任，权力显赫，不仅管理漕运，而且还兼巡抚。公署机构庞大，文官武校及各种官兵约两万多人，下辖储仓、造船厂等。2008 年，在对漕运总督部院遗址考古发掘的基础上，淮安市建设了漕运广场和中国漕运历史博物馆。其中漕运博物馆总建筑面积 6300 平方米，分地面主体两层。博物馆集中陈列了古代漕运工具及附属遗留物品，漕运总督府内工作与生活用品，曾经担任漕运总督及其他漕运官员的信函、书札，墨迹及生活用品，以及历代有关漕粮流通的记录、证券、量具、代用品。

（二）台儿庄古城内博物馆群

2008 年，枣庄市政府对台儿庄古城进行了重建。与全国其他许多古城镇不同，重建后的台儿庄古城没有千篇一律的商业店铺，而是形成一大批匠心独具的亭台楼阁，许多非物质文化遗产都在这里安家。建设者巧妙地将大运河和运河文化作为古城的精髓和主题，古城建在大运河上，大运河环绕整个古城。古城的打造，刻意营造运河文化氛围。其中，最大的亮点是围绕运河文化，建立了上百个大大小小、别具特色的专题博物馆、展览馆，其中国家级和省级博物馆各 3 个。择其要者简述如下。

1. 中国运河招幌博物馆。这是中国第一家以传统商业广告、商标文化为主题的专题博物馆。古城台儿庄位于京杭大运河中段，上承京津市井文化，下接苏杭商贸风情，南北商贾云集，招幌文化在此汇聚、交融，呈现出五彩缤纷的商业形态。该馆展陈面积 550 平方米，分序厅、坐贾门市招幌、行商市井招幌、传承华商精神四个展区，展陈民国前各式招幌 500 余件，招徕市声 60 余种，馆藏实物 300 余件，再现了古运河流域著名中华老字号、市井商贩贸易繁忙的场景，给游客以身临其境的感觉。

台儿庄中国运河招幌博物馆

2. 漕帮镖局博物馆。该馆占地1745平方米，建筑面积1176平方米，展出了与漕帮有关的图片、实物、文字、文章史料等；运河漕运的工具及附属遗留物品；漕运总督府、官衙府署使用过的工作与生活用品；有关运河漕帮漕粮流通的记录、证券、量具、代用品；有关漕帮、漕运的石刻，公文、奏章及其物品等。这些展品全面展示了京杭大运河帮会严密的组织形式和行为规范，水上镖局的起源、发展、组织特征及分布，镖船、镖器、镖局的行规和暗语、水镖的运行秘密，再现了台儿庄古城商业贸易的繁荣。

台儿庄运河奏疏展馆

3. 运河奏疏展馆。该展馆原为闸官署，即闸务官员办公的地方，为一层官式建筑，由门厅、西厢房、北大厅、东廊道组成，占地面积200平方米，始建于万历三十四年（1606），后经多次修缮和重建，古城重建时，在此设置台儿庄运河奏疏展馆，展示了与运河尤其是泇河相关的奏疏。此外还有在台庄闸旧址古运河北岸发掘出的乾隆时期的“重修台庄闸”碑、《台儿庄运河八闸图》以及“泇河三公”（明人舒应龙、刘东星、李化龙）的画像和反映他们开凿泇河、治理运河、管理漕运船闸的相关历史资料。

台儿庄中国运河税史馆

此外，还有中国运河税史馆、运河酒文化馆、度量衡展览馆、台儿庄大战故事馆、台儿庄大战遗物陈列馆、青楼文化展馆等。

台儿庄运河酒文化馆

度量衡展览馆

台儿庄大战遗物陈列馆

无论从总体的规划还是具体到每一个细节上，台儿庄古城都弥漫着运河文化的韵味，丝毫让人感觉不到重建的感觉，而且由于许多非物质文化遗产都在这里安家，因此台儿庄古城本身就是一个大博物馆。

台儿庄兰婷书寓

（三）南旺枢纽考古遗址公园及南旺分水枢纽博物馆

京杭大运河途经鲁西南，济宁汶上县南旺地段是一个制高点，俗称水脊。这段运河开挖后，因水浅难以通航，大大影响了漕运。明朝初期，宋礼、白英利用汶上县北境大汶河上的坎河口地势高于南旺，且水源丰富这一有利条件（坎河口高出南旺分水口千余米），在坎河口修筑戴村坝，截住大汶河之水，又从戴村坝至南旺分水口开挖一道四十余千米长的小汶河，这样引汶济运，从而使得南旺段运河有了足够的水源，这就是整个大运河上最具科技含量的工程——南旺分水坝枢纽，也是千里运河南北分水之咽喉。

南旺“引汶济运”水利工程，以漕运为中心，疏河济运、挖泉集流、蓄水济运、泄涨保运、增闸节流，科学地解决了引汶、分流、蓄水等重大复杂的技术和实践问题，从而保证了大运河畅通无阻，堪称世界水利史上的一大范例。

济宁南旺分水枢纽工程遗址

分水枢纽工程建成后，此处又兴建了龙王庙，至清代不断增建，渐渐形成了众庙集聚的建筑群，包括龙王庙大殿、戏楼、禹王殿、水明楼、宋公祠、白公祠、关帝庙、观音阁、莫公祠、文公祠、蚂蚱神庙及和尚禅室等。

济宁南旺分水枢纽工程龙王庙遗址

早在 2008 年，山东省文物考古研究所、中国文化遗产研究院就联合对汶上京杭大运河南旺分水枢纽及龙王庙古建筑群进行了系统的调查和发掘，发掘总面积达 4000 余平方米。在此基础上，济宁市决定建立南旺枢纽考古遗址公园，并建立南旺分水枢纽博物馆。该馆也是遗址公园的一个重要组成部分，博物馆以运河分水为主题，集收藏、研究、展览、展示于一体。除展出一些重要文物和图片外，还通过多媒体、三维动画等多种高科技手段，充分运用声、光、电等现代科技，融合运河历史文化，将南旺运河历史和运河文化生动地展现在世人面前。

除了南旺分水枢纽遗址公园和博物馆外，济宁市博物馆也十分注重与运河相关的历史遗迹、资料的搜集、整理和展览，并将其作为一个重要的主题。

各地以运河为主题的博物馆的创立，对于运河文化资源的保护和利用具有十分重要的意义，不仅可以唤起社会各界对运河文化遗产的关注，还可以使其成为旅游业的一个增长点。

（四）对天津运河资源开发和保护的启示与思考

在京杭大运河中，天津处于上达北京通州、下接江淮的枢纽地位，每年上万只漕船和数百万石漕粮由此经过，并且时常有大量漕粮在此截存，因此天津是明清漕运的枢纽所在，在明清漕运史上占有举足轻重的地位；同时漕运也对明清时期天津城市的发展产生了重要影响。

济宁南旺分水枢纽工程龙王庙建筑群

近几年来，天津市相关部门围绕申遗工作，在运河资源的保护和开发方面做了大量工作，但是总体上看，对于运河遗迹和运河资源的保护和开发缺乏系统性,缺乏对运河资源的整合,保护和开发的力度也有一定差距,尤其是在以运河及运河文化为中心的博物馆、展览馆方面,还有很大的欠缺。

在“后申遗”时代,如何进一步发掘运河文化资源,为天津城市的发展服务,应当引起我们关注和思考,通过这次考察,结合我市运河文化资源情况,就运河资源的保护、开发和利用提以下几点看法。

第一,建议在原天津市大运河保护和申遗工作领导小组的基础上,重新组建一个天津运河资源保护和开发领导小组,全面负责运河文化资源的开发、保护和利用。

第二,组织专家学者,对与天津有关的、包括运河遗迹和相关历史文献在内的运河文化资源进行一次彻底普查。

第三,规划重点包括抢救性发掘相关的运河遗迹,对相关的古建筑、遗址等进行修复,对一些消失的建筑进行重修,如船闸、粮仓、河西务钞关等,有些可以异地重建,如水西庄等。

第四,建立运河或漕运博物馆。将搜集的相关实物和文献资料进行整合,同时广泛向社会征集与天津运河、漕运有关的实物和资料,在此基础上建立漕运博物馆。同时,为避免与其他地方的博物馆雷同,可以结合天津的实际,走差异化的策略,如可以以漕运为切入点,将河运和海运有机结合,体现天津海、河、运交融的文化特色。

总之,必须将运河资源的保护、开发和利用作为一项系统工程,只有这样才能最大限度地发挥运河文化资源在天津文化和旅游业建设中的积极作用。

四、三年调研的总结与启示

自 2013 年开始,我们历史所连续三年对运河沿线城镇历史文化遗产的保护、开发与利用进行了调研,行程涉及杭州、苏州、扬州、淮安、枣庄、济宁、聊城、临清、德州以及天津附近的唐官屯、独流、杨柳青、河西务等运河沿线重要城镇。在此期间,随着大运河由“申遗阶段”,进入“后申遗”阶段,我们的关注点亦由“申遗”阶段各地在与运河相关的历史文化街区、交通水利设施、博物馆、水环境、特色产业等的保护、开发与利用方面做了哪些工作及其对天津的启示,转向“后申遗”阶段各地如何进一步开展工作,对天津又有哪些借鉴。

尽管在三次调研中,我们关注的重点有所变化。但所有的调研工作,都是围绕两大核心问题展开的。一是,各地关于大运河“申遗”及“申遗”成功后所做的各项工作,对天津有什么借鉴和启示?二是,各地关于大运河沿线城镇发展的研究取得了哪些重要进展?是否有助于我们所重点学科,即华北区域城市史的新的学科增长点的培育?由于三次调研的主题具有延续性且相对集中,我们的调研活动实现了预期的目标。通过调研,我们主要取得了三个方面的收获。一是对于运河沿岸城镇历史与现实的总体状况有了基本的了解,通过实地考察和对以运河为中心的南北城镇的比较,不但加深了我们对华北城镇变迁的认识,而且拓展了我们的学术视野,大家一致认为,运河沿岸城镇研究可以作为我们今后的一个时期的重点研究方向,可以成为我们重点学科建设的新的增长点。二是通过考察,我们比较系统地了解了申遗前后各地对运河遗迹发掘、保护和利用的状况,对于天津如何进一步加强运河资源的开发、利用和保护也有了比较深刻的认识。三是前两次调研后我们已经发表了一些调研成果。关于本次调研,我们也将陆续发表一些相关成果,并形成论点建议。

在三年调研中,我们取得的上述成果,一方面将有助于历史所重点学科的建设,另一方面,也促使我们进一步走出书斋,更加关注天津现实发展的需要,为我院的智库建设尽一份力量。

河北省大运河文化带调研报告(2018 年)

2018 年 7 月,历史所科研人员赴河北省运河沿线几个城市,采取了专家座谈、群众访谈与实地观察等方法,对衡水、沧州段大运河进行了调研。

一、顶层设计:河北省大运河文化带建设

大运河河北段是古代连通京津、东济沧海的丝绸之路、瓷器之路、茶叶之路和海盐之路,同时也是政务传达、军事运输、商贸物流、文化传播的重要通道,是京津冀协同发展的历史见证。在京津冀协同发展的大背景下和习近平总书记关于保护好、传承好、利用好大运河的重要指示下,作为历史上曾大力促进运河沿岸地区经济社会和文化发展的水上通道和连接北京、天津和河北区域的历史纽带,河北省大运河文化带建设不仅事关河北省自身发展,更与京津冀一体化发展紧密相关。

大运河河北段包括北运河、南运河、卫运河、卫河及古运河故道,全长 530 千米,流经廊坊、沧州、衡水、邢台、邯郸 5 市 17 个县,沟通海河和黄河两大水系。

北运河:北运河属海河流域海河支流,始建于隋代永济渠(北运河是永济渠的重要一段),为元以后京杭大运河的重要组成部分,北运河河北段自香河县安平镇鲁家务村西北入香河县境,沿香河、武清边界至五百户镇东双街村南出境,境内河道长 20.38 千米。

南运河:清代始称南运河。今南运河指京杭大运河从山东临清至天津三岔河口段。河北境内南运河起于四女寺枢纽,流经故城、景县、吴桥、东光、阜城、南皮、泊头市、沧县、沧州市区、青县等县市,止于天津市静海区独流镇的十一堡节制闸,长度为 253 千米。

卫运河:卫运河由古代清河、屯氏河、白沟、永济渠演变而来,起自邯郸市馆陶县徐万仓漳卫汇流处,沿今山东、河北两省边界,左岸流经河北省馆陶、临西、清河、故城等县,右岸流经山东省的冠县、临清、夏津、武城等县(市),现河道长为 157 千米。

卫河:卫河原为黄河古道,因春秋属卫地而得名。汉称白沟,隋唐称永济渠,又称御河,清代称卫河(卫漕)。源自山西省,流经河南、河北、山东三省,在河北省馆陶县徐万仓与漳河汇流。卫河河北段流经魏县和大名县,河道长约 61 千米。

古运河故道:又称为永济渠遗址。河北古运河故道约 40 多千米,分布在邯郸境内,共包括三处:魏县双井镇河南村古运河故道一处、大名县南部三铺村古运河故道一处、馆陶县路桥乡木官庄村东北方运河故道一处。

河北省境内大运河始于东汉末年,至中华人民共和国成立初,仍具有较强的通航能力。20 世纪六七十年代完全断航。总体来看,河北省段大运河的流向与河道基本没有改变,原生态遗迹较多,对运河的改建较少,以其样态真实、遗址类型齐全、价值较高在中国大运河中占有重要位置。在申遗过程中,大运河河北段扮演了重要角色。2014 年中国大运河成功申遗列入《世界遗产名录》,河北省南运河沧州—衡水段、连镇谢家坝、华家口险工“两点一段”位列其中。

以大运河申遗为契机,河北省开始开展大运河资源调查和保护利用等各项工作,在国内最早启动和完成了大运河资源的调查,也是较早完成大运河遗产保护规划的省份。积极完成了申遗河道保护及展示段工程,清理了遗产点段柴草杂物、生活垃圾,进行了维护、检修及铺设连镇段、吴桥段堤顶砖路,进一步改善了遗址及周边环境,并设立制作相关保护碑一百余个。2014 年建成开馆的沧州博物馆,在三楼专设《大运河北——河北省大运河文化展》专题展览。1700 多平方米的展厅,通过运河沿线出土文物、展板、沙盘模型、场景复原和多媒体等方式,展现河北段大运河遗产以及衍生的文化。

2017 年 2 月和 6 月,习近平总书记先后两次作出重要批示:保护大运河是运河沿线所有地区的共同责任;大运河是祖先留给我们的宝贵遗产,是流动的文化，要统筹保护好、传承好、利用好。这标志着大运河文化带建设拉开了序幕。通过在石家庄、衡水和沧州等地的考察调研，我们发现河北省大运河文化带建设主要围绕以下几方面展开：

第一，加强组织领导，综合统筹

为贯彻落实习近平总书记对大运河文化带建设的重要指示精神，保护好、传承好、利用好大运河，河北省委省政府非常重视大运河文化带的建设工作，把推动大运河文化带规划和建设写入《2018 年政府工作报告》。

加强组织领导，完善推动机制。建立大运河文化带建设联席会议制度，根据需要跨部门成立大运河联合治理、规划、建设相关专职工作小组。按照省长办公会议纪要要求，河北省文物局成立了河北段大运河文化带建设文物保护利用工作小组，负责做好大运河文化带建设中文物保护利用工作的协调、指导、监督、管理工作。

建立地域间协调联动机制与省际部门会商机制，主动加强与大运河沿线各省市特别是与北京和天津的对接沟通。2018 年 6 月，河北省政府与北京市政府、天津市政府分别签署了《进一步加强京冀协同发展合作框架协议》《进一步加强战略合作框架协议》。为有效推进框架协议重点事项的落实，并进一步下发《落实京冀〈进一步加强京冀协同发展合作框架协议〉重点事项任务分解方案（2018—2020 年）》《落实津冀〈进一步加强战略合作框架协议〉重点事项任务分解方案（2018—2020 年）》，京津冀三地将共同推进《京津冀大运河旅游观光带规划》编制和实施，挖掘大运河历史文化资源，整合旅游观光资源，实施大运河文化带保护，推进大运河沿线节点开发和特色产业发展，打造运河旅游“黄金走廊”。河北省文物局与山东省文物局就南运河沧州—衡水—德州段遗产区保护工作形成了省际部门会商机制。

第二，开展运河文化资源调查保护，制定总体发展规划

为了深入挖掘大运河文化内涵，加大研究保护力度，河北省组织开展了对大运河文化遗址、非遗资源、水资源、生态环境等现状进行彻底摸底调查。已发现大量属于运河的各类文化遗存，其中国家级非物质文化遗产 13 项、省级非物质文化遗产 65 项、市级非遗项目 100 项、县级非遗项目 349 项。为进一步摸清早期

运河遗址、白洋淀与大运河连通部分区域文物遗存状况，目前河北省文物局已安排邯郸市、邢台市进行永济渠遗址勘探试掘和大清河流域文物调查工作。为配合雄安新区规划建设，开展北运河连接通州河段及大清河流域河北段运河现状调查工作。此外，计划利用遥感等现代化技术，对河北段大运河及相关遗存进行信息数据采集，建立较为完备的数字化信息化数据库，纳入河北省文物数字化平台。

积极建立健全文物保护和河道管护长效机制，实施河北段大运河重点遗产保护展示工程。通过密切与水利、公安机关协作，加强大运河文物安全监管力度，并启动重点段落安全防护工程。其中，大运河文物本体、两岸地上文物遗存和重要遗址遗迹的考古和保护是重中之重。河北对列入遗产的"两点一段"，每月进行巡查、数据录入，上传中国世界文化遗产监测预警总平台，并每年完成监测年报。结合河北省大运河保护规划，细化大运河国保文物单位组成部分的单体保护展示方案，加大对有关遗址和文物遗迹的发掘和保护展示。计划在河北省运河流经里程最长的城市沧州市建造河北大运河博物馆，展示各类运河遗产、运河相关出土文物及大运河沿线非物质文化遗产。

编制大运河文化带发展与建设规划纲要。目前，河北省社科院社会学所与河北省发改委合作进行河北段大运河文化规划研究，规划文本已初步完成。河北省大运河文化带（河北段）文物保护利用总体方案也已完成初稿，捷地分洪设施、马厂炮台等保护规划编制也正在逐步推进。为实现大运河文化资源的跨区域保护和开发，与京津两市共同推进《京津冀大运河旅游观光带规划》编制和实施。

第三，上下联动，多层面推动大运河文化带建设

作为大运河的重要节点，大运河河北段文化带建设与运河沿岸区域的经济社会发展、文化建设和生态建设密切相关。加快大运河文化带建设，既需要顶层设计，又要探索局地试点。当前，河北省大运河流经地区各地各部门在省政府及相关部门整体规划、系统推进的统筹指导下，结合地方实际情况，从生态、经济、文化等层面积极谋划推进大运河文化带建设。利用文化带推动运河生态带、景观带建设，利用文化带促进旅游资源开发、提升当地居民生活品质，形成良性循

环的保护、传承与利用模式。

2017 年 7 月 18 日，河北省省长许勤主持召开的省大运河文化带建设联席会议上，就强调要将大运河生态环境综合整治作为工作的重中之重。沧州市注重抓好生态环境综合整治工作，着力将域内大运河沿线打造成一条自然、富氧、舒适的景观带。为推进大运河文化带建设，沧州市成立了专门工作组，加强对大运河沧州段非物质文化遗产、地域特色文化的保护、挖掘和弘扬，启动市区运河段“运河生态文化带”一期工程，沿 4.2 千米河道，按“一河、两岸、五园、六景”的景观设计，遵循生态发展、尊重现状、适地适树等原则，打造季相分明，景致独特的古韵河景。使运河人文与生态面貌焕然一新，通过形成丰富多彩的线性、活态景观，使运河沿线人文与生态面貌焕然一新，进而惠及沿岸群众。在京津冀协同发展战略不断深入推动实施中，廊坊市与京津同步治理北运河，成效显著，有效保护了北运河风貌。邢台市则开展油坊码头及险工维修保护，恢复了明清时期油坊码头面貌。

伴随着京津冀协同发展战略和乡村振兴战略的不断深入推进，河北省大运河沿线城市还积极谋划产业项目，推动文化和旅游的深度融合。沧州市运河区依托运河历史文化，整体规划了小南门商业区。市建设投资集团有限公司负责组织实施运河生态文化带项目，目前正在规划设计中。衡水市通过“漕运印象、非遗表演、码头名人”等主题活动，充分发掘运河漕运文化、民俗文化，并在阜城县码头镇魏圈村建成全国首家以运河文化为主题的村级博物馆。统筹规划运河沿岸的 31 个村庄，与美丽乡村建设相结合，重点打造“两点一线”——世界文化遗产点华家口夯土险工、文化旅游点运河古村白草洼和大运河景县段沿线。沧州市和衡水市还将大运河文化带建设视为实现脱贫攻坚的重要支撑，利用文化资源保存良好与文化产业发展迅速的优势，促进就业增收。

通过走访调研我们也了解和认识到，当前，河北省大运河文化带建设虽然取得了一些成绩，但也存在着不少问题。

第一，河北省对大运河文化带建设还没有引起足够的重视，在定位方面没有将大运河文化带建设从战略高度上纳入河北省乃至国家整体发展规划和布局当中考虑。京津两个直辖市目前均将大运河文化带建设纳入整个城市发展战略规划中,而河北省虽然将其写入《2018 年政府工作报告》,但仅是作为一项文化惠民工程一笔带过,定位也仅局限于运河文物保护利用和文化遗产保护传承。

第二,目前,河北省大运河文化带建设总体来说还处于资源调查、保护和生态环境整治方面,开发和利用相当不足。大运河还远远没有成为该省的标志性符号之一,相关产业的发展滞后,以休闲旅游带动经济发展的能力还很不够。特色开发欠缺,各地发展也很不平衡。

第三,在借助大运河文化带建设推动京津冀区域协同发展方面,河北省虽然做了一些工作,但相比京津两市还有一定的差距。在京津冀协同发展的大背景下,京津冀三地需要通过顶层设计改变运河文化资源开发利用的不平衡状态,整合发挥各自优势,建设“一河、两岸、三地”的整体运河文化景观带。

针对上述问题,我们认为河北省在大运河文化带建设方面应该主要做好以下工作。

第一,加强统一领导,坚持整体推进与重点突破相结合

大运河文化带建设涉及众多部门、众多城市和人口,必须从省级层面整体规划,有序推进。设立专门机构负责全省大运河文化带建设的总体设计、统筹协调、整体推进以及督促落实。坚持整体推进与重点突破相结合,注重增强文化带建设的系统性、配套性、协调性。

第二,主动融入国家发展战略,助推大运河文化带建设

首先整合雄安新区开发建设优势,把京津冀国家战略、一带一路战略与大运河文化带建设整合起来,强化河北的整合优势。通过大运河文化带建设,促进沿河文化带与雄安新区国家战略的进一步对接整合,加快京津冀战略与一带一路战略对接和整合,通过大运河文化带的建设,加快河北省的发展,促进京津冀协同发展的步伐。

第三,促进大运河文化产业转型,改革大运河文化形态

促进沿河城乡生态、环境的优化和旅游、文化、演艺等产业集聚,促进大运河文化带与文化旅游产业的整合、美丽村镇整合、文物保护与古镇街区人文生态修复的整合、水环境治理与运河产业恢复的整合,促进文化扶贫和文化、旅游、生态、休闲度假产业的振兴。推进大运河文化带供给侧结构性改革,促进大运河文

化带文化产业转型升级、提质增效,构建结构合理、门类齐全、科技含量高、富有创意、竞争力强的大运河文化体系。大运河沿线文化产业发展重在调动市场力量,构建“1 +5”融合文化产业链。特别是要促进文化产业与旅游业深度融合,以文化提升旅游的内涵,以旅游扩大文化的传播和消费。大运河流域地级市、县、特色小镇需把握公众需求变化趋势,进一步扩大文化产品和服务的有效供给,使大运河文化产业成为绿色产业、低碳产业和幸福产业。

第四,构建新型智库,整合高端人才,出谋划策

在大运河文化带建设加速推进的当下,应以中国特色新型智库为载体,整合高端人才,针对大运河公共政策、国家和地方战略、区域发展政策的落实等一系列问题,进行系统探索、研究、创新,提出对策建议。发挥新型智库在第三方评估等方面的作用,突出前瞻性,着眼构筑大运河文化带今后二三十年乃至更长远时段内的战略优势,做好前瞻研究、超前谋划,提出有意义、有价值的新思路新建议。

二、衡水运河:历史、现状与保护

大运河衡水段位于衡水市东部与沧州、德州交界处,是海河流域漳卫南运河系的一部分。大运河从故城县南部辛堤村入境,流经故城、景县、阜城三县,重点河段在阜城霞口镇、码头镇,景县安陵镇,故城郑口镇和建国镇,最后在阜城张华村北入沧州境,全长 179.05 千米(故城县 75.2 千米,景县 73.2 千米,阜城 30.65 千米)。

(一)衡水段运河的历史遗留景点

1. 故城县郑家口运河码头

历史上,京杭大运河是最重要的交通大动脉。今天的故城县城所在地郑口镇原称郑家口,相传元末明初有一郑氏在此运河上设摆渡口,因而得名,简称为郑口。它位于冀、鲁两省交界线上,大运河左岸,因地处水陆要冲,各地商贾前来经商、落户,逐渐形成了一个繁华的小城镇,素有“小天津卫”之称。

历史上的郑口镇并不是县城所在地,只是过往商船落脚的码头。过去,它以水运码头这个得天独厚的地理位置,吸引了大批外地客商前来投资经商,到清朝中后期已发展成为规模可观的较大集镇。据《故城县志》记载:“清道光十二年(1832),汰巡检移县丞驻郑镇”,可见这里已是全县唯一繁华的市镇。大约在

150多年里,虽屡遭匪患和战乱洗劫,依然生意兴隆,经久不衰,成为商家必争的“风水宝地”。据说当时运河码头能同时停靠日装卸量达三四十吨的船只五十余艘。早在清中叶之前,郑口就已经有大量外地资本涌入,从而摆脱了纯地方色彩,具备了“万方辐辏”的大市镇形态。外资行业主要有山西省的大布、染坊二十多家,山西阳泉、河南焦作的煤炭业,江浙一带的土纸、竹货业,杭州的丝绸和茶业,山东章丘的药材、锻造业等。在众多客商中尤以山西商人的势力最为雄厚,他们看中了郑家口这块风水宝地,集资修建了一所气势宏伟、拥有戏楼的“山西会馆”,作为他们同乡聚会、娱乐、交流经济信息的场所,可惜后来因遭遇战乱而化为废墟。

郑家口运河码头遗址

郑家口每年有两次传统的庙会,即二月会和九月会,将盛大的宗教活动和商业、娱乐活动汇集一起,形成节日般的热闹景象。每届会期,八方客商蜂拥而至,周围群众更是倾家而出,不远十里二十里赶来,欣赏戏剧、曲艺表演,购买生产、生活用品。由早至晚,会场人头攒动,大小商号、摊点施展出全套本领招徕顾客。因而,两届庙会也成了招财进宝的黄金时节。

2. 景县华家口夯土险工

大运河景县段全长73.2千米,它南接德州,北入衡水阜城。据景县志记载,大运河景县段开挖于隋大业四年(608),通航于隋大业七年(611)。直至建国初期,大运河景县段一直承担着繁重的航运任务,长达1367年。到1978年由于水源缺乏,大运河景县段中断航运至今。

大运河许多部分都是利用自然河道疏凿而成的,设计较多弯道,是为了人为延长运河长度来解决水位落差问题。可水流在弯道转弯处冲击力过大极易造成弯道处决口,华家口段就是这种弯道易决口段。据了解,大运河华家口段历史上曾多次决口,仅在晚清时期载入县志的就有两次决口。一次是同治九年(1870)村庄全部被毁;一次是光绪二十年(1894)庄稼全部被淹。多次决堤给当地百姓带来了深重灾难,也影响了作为当时运输大动脉的航运。

华家口夯土险工位于京杭大运河景县段安陵镇华家口村东。当地俗称华家口夯土坝,实际上就是华家口夯土险工。在第38届世界遗产大会上,中国大运河被成功列入《世界遗产名录》,华家口夯土险工也位列其中,并且是全国文物重点保护单位。

景县华家口夯土险工原建于清宣统三年(1911),是时任知县王为仁主持修建的。自该险工修好后,大运河华家口段再没有决堤记录,沿用至今已有102年。该险工全长255米,呈梯形,南北走向,顶宽13米,全段高程5.8米至6.7米不等,堤内坡采用黄土、白灰加糯米浆夯筑成坝墙,坝墙每步宽1.8米,厚18厘米,分步夯筑,底部采用坝基抗滑木桩施工工艺,外坡与顶部为素土夯实而成。

华家口夯土险工现存外坡面

"糯米大坝"采用黄土、白灰加糯米浆夯筑,基础钉锚柏木桩,其结构合理,坝体弧形曲线符合流体力学原理,受力面合理,最大限度缓解了河水的冲刷,经过一个多世纪河水的冲刷和几次大洪水的侵袭,主体结构依然较好,并携带了丰富的历史信息,突出反映了北方大运河上坝体遗产的特点和价值,也体现了当时施工工艺的科学性,是中国古代利用夯土技术建设水工设施的实物证据,为研究古代水利工程不可多得的实物。

(二)衡水段运河的保护利用现状

1. 建设运河公园,打造运河风情文化带

围绕打造"冀东南生态宜居运河文化名城"的总体定位,故城县抢抓京杭运河申遗的重大机遇,在完整保护运河自然风貌的基础上,沿卫运河大堤规划建设运河风情公园,南起县内新运河大桥、北至青年闸,全长5.5千米,总投资达1164万余元。他们以"运河风情文化展示、县城居民休闲娱乐"为重点,将公园空间布局划分为"三区""两带""三区"即生态田园游憩区、滨水娱乐休闲区、运河文化体验区;“两带”即堤岸景观带、河道风景带。运河文化展示体验区作为该公园的核心游览区,集中设置了运河牌坊、运河博物馆、郑家口驿站、郑家渡口、拦水坝等重点项目为主体;以登临亭、名仕文化园、文化墙、沙滩浴场、滨水公园等景观配套项目,形成一个运河文化气息浓郁、运河景观优美、适宜县城居民休闲的运河文化游览区,建设多功能文化娱乐休闲场所。

运河风情文化带节点示意图

故城运河文化展览馆

运河风情文化带之凉亭

运河牌坊

2.“两点一线”保护运河古遗产、建设美丽新乡村

大运河景县段全长73.2千米，涉及5个乡镇46个村庄。该县紧紧抓住建设大运河文化带建设契机，积极建章立制，强力推进大运河文化带及全县文化建设工作的快速稳步开展。该县启动了堤岸绿化、道路建设、卫生整治等前期工程，着力推进大运河沿线景观提升和生态修复。重点打造了“两点一线”即世界文化遗产点——华家口夯土险工、文化旅游点运河古村白草洼和大运河景县段沿线。聘请著名设计公司，高起点规划，高标准打造了以运河文化为主题的华家口村，围绕世界遗产华家口夯土险工，设计了打桩、运料、砌石、掺灰、熬糯米浆、夯筑、县令指挥及联合国专家验收等八组雕塑场景，成为运河岸边一道独特的景观。以“运河古渡口、美丽新乡村”为主题，重点打造了运河古村白草洼，目前正在加紧建设白草洼村运河文化展馆。围绕生态修复、道路建设、美丽乡村建设、文化小镇、文化遗产保护、旅游开发等，科学布局境内大运河沿线村镇建设、产业项目和旅游发展。积极谋划了安陵镇运河观光带、运河文化小镇、封氏墓群遗址公园、大运河民俗文化馆等大运河文化带建设项目43个，拟投资200多亿元；挖掘和整理了留智庙泰山行宫、四月庙会、古镇安陵、秦琼程咬金扎营白草洼等运河历史遗迹和故事传说10多个，全力推动了大运河文化带景县段的建设工作。

华家口夯土险工遗址现况

还原施工历史场景雕像之一：砌石

（三）大运河文化带衡水段建设未来发展的几点建议

大运河是流动的文化，在区域发展中扮演了重要角色，承载了宝贵的文化记忆，大运河文化带建设既是文

化工程，也是生态工程、精神工程、发展工程，与运河沿岸区域的经济发展、文化建设、城镇建设、乡村振兴和生态建设密切相关。与此同时，大运河文化带建设亦是衡水面临的一次重要发展机遇，是一个展示衡水历史文化的重要窗口，是讲好衡水故事的重要载体，也是实施文化扶贫、旅游扶贫的重要抓手。应该站在历史文化保护和生态文明建设的战略高度，统筹推进大运河的保护、传承和利用。为加快推动大运河文化带衡水段建设，提出如下建议：

1. 顶层设计，科学统筹推进

要加强领导、高位推动，建立联席会议制度，完善工作推进机制，形成各级各部门齐抓共管、协调联动的工作格局。要组织专门力量，深入调查研究，全面摸清底数，抓紧制订工作方案，明确大运河文化带建设任务。

2. 完善治理，加快保护修复

亦古亦新的华家口村

尽快启动河道清理、堤岸绿化、环境治理等前期工程，促进大运河沿线景观提升和生态修复。加快实施乡村振兴运河文化建设、中心村示范点建设、乡村旅游转型升级、健全农村设施安全工作机制和实施垃圾治理、污水处理、村庄绿化、特色富民产业等专项行动。

3. 以点带面，进行重点突破

着重对非物质文化遗产集中时间和精力进行重点抢救和保护，选择合适地点，建立博物馆或专业场所进行集中存放展示。同时，以运河文化为灵魂，对文物及文化遗产进行保护性开发，更好地传承发扬传统文化。

4. 借助外脑，加大宣传力度

要充分利用京津冀协同发展的大好环境，积极主动联络接洽本省与外地的社科机构和专家学者，突破地域限制，实现资源互补，形成协同合力，共同致力于挖掘运河文化内涵，梳理运河文化文脉。围绕运河遗产景点、文化村镇、环境治理、旅游开发、乡村振兴等集中打造一批重点项目，进一步讲好衡水故事，全力打造具有衡水特色的大运河文化带。

三、沧州运河:运河与城市发展

(一)当地的基本情况

京杭大运河沧州段最早开凿于三国时期,名平虏渠。隋代在原有基础上进行疏浚,时称御河或卫河。清代以后,改称南运河。南运河自山东省德州市起,由南向北流经衡水市、沧州市,进入天津静海。沧州段运河全长215千米,是京杭大运河流经市域范围里程最长的城市。

沧州依河而建,因河而兴。沧州段运河上有很多码头津渡,漕运的繁忙和南北物资的融汇促进了沧州经济的繁荣。考古发掘的成果证明,沧州运河岸边的经济相当繁荣,同时孕育了灿烂的文化。

据有关资料记载,沧州境内的南运河在20世纪50年代还有相当规模的航运能力,从天津发船经沧州可直达河南新乡,年通航时间可达三百多天,低水位时也可行驶30吨以下木船。水运交通的繁盛使两岸兴起了一批以码头经济为主的城镇。青县、兴济、沧州、捷地、泊头、东光、连镇、桑园等,这些城镇的发展带动了沧州经济社会的全面发展。直至20世纪70年代,南运河因水资源枯竭而丧失航运能力。目前南运河仅有输水功能,每年国家利用南运河向天津等省市输送黄河水。

此次调研,我们与当地的专家学者进行了座谈,并参观了为保存和传播大运河文化而设置的大运河专题展厅和展现大运河沿岸文化的沧州文庙:

1. 当地专家学者从文化、历史和考古角度解读大运河

在座谈会上,沧州的专家学者介绍了目前沧州各界进行的与大运河相关的工作,并对不足进行了自我剖析。

一是沧州各界主要从弘扬大运河文化的角度出发,力争打造沧州成为历史文化名城。但是,由于对运河相关方面的历史资料发掘较浅,如漕工,造成部分成果浮于表面、且较为零散的现象。

二是介绍了当地学者的科研成果,如《运河与城市》和《我们的大运河》等。但由于作品较少,影响力较小。且许多作品内容集中在民俗方面,没有形成全面的研究框架。

三是从考古的角度解读大运河。在这一环节,专家学者对大运河沧州段出现两种不同的长度进行了解释。

2. 河北省大运河文化展

沧州博物馆设置大运河专题展厅:《大运河北:河北省大运河文化展》。展厅以京杭大运河的历史沿革与发展为主线,从中国大运河、河北大运河、沧州大运河三个截面,展现了中国京杭大运河的伟大历史成就。

“大运河北”展厅设计新颖独特,入口处使用彩色地胶铺设成模拟河道,一条蓝色的“河流”从屋顶蜿蜒而下,与地面“大运河”融通,寓意着“运河之水天上来”。展厅陈列集中展示大运河沟通南北政治、经济、文化的重要作用,以及运河两岸的地方文化,使人感受到大运河千年沧桑和厚重。

“大运河北”展厅陈列共分中国大运河开凿历史、河北省境内运河、沧州境内南运河、运河对沧州的影响、运河申遗和沧州运河城市建设、史上文人雅客留下的运河诗画六个部分。内容丰富,并在设计上注重科技配套设施,采用了场景、雕塑、实物、声像、书影等新型展览模式表达主题。

“大运河北”展厅不仅陈列展示了开凿运河的场景复原、运河出土的印席花纹执壶、青釉实足碗、磁州窑白釉划花大碗等文物,还有各个朝代运河的图片、运河沿岸历史文化名人传说、运河官方驿站、民间渡口、河畔物产、治河名人、申遗之路等史料,全方位地展示了地方运河的风貌。

3. 沧州文庙

沧州文庙始建于明洪武元年。它是沧州迁治长芦(今市区)后最先建造的祭孔儒学之所,也是目前保存最为完好的一座重要明代建筑群,无论是建筑布局,还是建筑形式,都是研究明代建筑史和儒学发展史的珍贵实物资料,也是地方建筑中的精华。自宣德六年(1431)至民国元年(1912),先后修葺近二十次,逐渐形成庙学合一的规制。1993 年 7 月 15 日被河北省人民政府批准为省级文物保护单位。2009 年 6 月,市委市政府决定斥资两千余万元重修文庙。2009 年 10 月到 2012 年 7 月沧州文庙进行了为期三年的复建修缮工作。复修后的沧州文庙占地面积 7353 平方米,共三个院落,主要建筑有沧海文明坊、万仞宫墙、棂星门、泮池、戟门、大成殿、明伦堂等。复建修缮后的沧州文庙以全新的面貌迎接世人,设有历代乡贤、沧州名宦、大哉孔子、中国科举制度等展览，并结合文化庙会、祭孔活动、国学讲座、民俗文物陈列、沧州市非物质文化遗产展示展销、石刻展览等活动，打造沧州传统文化的传承地、优秀历史文化的教育基地和公共文化服务体系示范区，成为沧州市区内集祭孔、国学传播、科举制度展示、碑刻墓志陈列为一体的文化活动场所。

4. 捷地闸

明弘治三年(1490)，沧州南5千米捷地处设一分洪河道，东流入海，称捷地减河。捷地减河与南运河交汇处，建了闸所。近200年后，乾隆皇帝路经此地，题诗立碑，是为乾隆碑，成为当地一景。捷地分洪设施，属明代、清代建筑，包括捷地减河、捷地分洪闸、德国造分洪启闭机设备。捷地减河又名砖河或南减河，为南运河的主要分洪河道，开挖于明朝弘治三年(1490)，流经沧县、黄骅二县市，沿用至今。明弘治三年开挖捷地减河时，在减河上口建桥设闸。捷地分洪设施的职能就是在行洪期开启闸门，将一部分洪水通过减河，向东排去，直到汇入一百多千米外的黄骅歧口渤海海域。历史上的南运河一直是条丰水河，水灾频繁。从明朝到新中国建立，历朝历代都在完善运河的分洪设施。德国西门子公司生产的分洪闸启闭机设备一直保存至今。

因沧州段大运河是向天津引水路线的必经之地，20世纪80年代，国家拨专款对南运河进行了较大规模的维修，自1982年7月至1985年8月完成整修堤防286千米，城镇护岸总长5659米，河道清淤37.65千米，对沿河闸、涵、桥梁也进行了维护改建重建。2000年根据水利部引黄济津输水规划方案，加固整修了南运河输水河道，捷地分洪闸也在加固整修之列。

捷地闸所，与运河有关的“碑林”正在紧张建设，一道长廊上，已经有多通石碑“各就各位”，工人们正在施工。闸所墙外的一户普通农家院内，矗立着乾隆碑，有资料记载，此碑三米多高，为汉白玉石碑，是乾隆三十六年(1771)乾隆皇帝下江南时在此下船看分水河闸建立的。此碑分为碑座、碑身、碑帽三部分，碑帽由四条龙盘绕而成，正反两面均为二龙戏珠，其龙精雕细镂，刀法细致，甚为壮观。目前此碑被修入农家院，不能靠近参观，只能从闸所墙上遥望，而闸所内的乾隆碑，则是仿制品。

（二）运河沧州段的优势和不足

1. 大运河沧州段破坏较少

大运河沧州段自开凿、疏通以来，河道没有经过大的改动，也未遭受过度开发和破坏，因此基本保持了故河道的原真性和完整性。截至目前，沧州市已发现包括闸所、码头、古建筑、近现代建筑、古遗址、工业遗产、墓葬、石刻等达 130 多处文化遗产，从不同的侧面反映了沧州段运河沿岸城镇布局、工商业发展、军事建筑及文化传播的发展过程，是运河价值得以体现的载体。

2. 沧州大运河的公共文化建设情况良好

沧州以博物馆和文庙为文化阵地，加强对大运河文化的保护、传承、利用。同时，通过对运河文化特征明显的历史遗迹进行修缮和挖掘整理，将运河文化展现在居民、游客面前。

3. 沧州大运河的断流困扰着运河风貌的展现

沧州大运河已无充足水源，只是在引黄河水入津时才能保持不断流。此次调研参观的捷地闸已无用武之地。目前，沧州采取在市区南北两端关闸的方式保持沧州市区段有水。

4. 尚需进一步发掘沧州运河文化底蕴亮点，并力争形成文化带

沧州大运河的文化资源丰富，目前已有武术和杂技等特色向大众展示。但是，文化资源缺乏研究，且缺乏有效整合，无法形成具有竞争优势的文化带。

（三）运河沧州段的发展建议对策

1. 统一思想，提高认识

要做好历史文化资源的保护工作，首当其冲的任务是统一思想认识。从各级领导到普通民众，要提高文物保护意识。2016 年 4 月习近平总书记明确指示，要树立保护文物也是政绩的科学理念，要增强对历史文物的敬畏之心，统筹文物保护与经济社会发展之间的关系。文物保护工作要坚持“保护为主、抢救第一、合理利用、加强管理”的工作方针，切实加大文物保护力度，推进文物合理适度利用，使文物保护成果更多惠及人民群众。习近平总书记关于文物保护工作的指示为我国历史文化资源保护与利用指明了方向。这一重要指示和方针政策，对于有着丰富历史文化资源的地方来说，以历史文化资源为依托发展文化旅游无

疑是一个良好的契机。但在具体运作中，要摆脱经济利益第一的思维，文物可以利用，但要合理利用。古建筑可以开发，但要适度开发。保护方式方面也需提高认识，坚持修旧如旧的原则。

2. 对沧州大运河进一步的调查

要进一步彻底调查，全面摸清沧州大运河文化遗址、生态环境、水资源等现状，强化问题导向，彰显文化特征，找准问题所在，精准有效推动工作。尽早谋划重点项目，做好组织保障和经费保障，高质量推进大运河文化带建设。

相关部门要积极探索国家和省、市的大运河文化带规划政策与沧州段大运河最佳结合点，立足职能和自身特色，有针对性地谋划项目、包装项目，积极向上对接争取项目落地。

3. 找准沧州建设定位，深入挖掘文化底蕴

丰富大运河沧州段文化内涵，提高文化品位。在生态层面上，应体现亲水滨水的自然风情，使人与自然和谐相处；在经济层面上，应具有完善的基础设施和市场系统，为新的开发提供经济便利的基础条件；在社会层面上，应成为具有活力的开放性社区，拥有丰富多彩的城市生活组织；在城市发展意向上，水文化应成为识别性和认知感的重要标志。以此形成运河沿线建设亮点，来拉动整个经济社会发展，如培植沿线自然优势与特色产业、弘扬沿线人文资源与优秀传统文化等。

四、总结与启示

在这次调研中，我们发现，作为与毗邻的津冀两地不仅在地域上“一衣带水”，具有很强的自然依附和共生效应，并且在经济文化等方面也有着极强的客观互补和主观合作意愿。在调研期间，我们一共和当地科研机关、高校院所、民间组织等多个部门进行了数次规模不等的各类研讨会，并与包括河北省社会科学院党组书记兼院长康振海、副院长刘月、石家庄市社会科学院院长闫国文等各级各部门领导多次磋商，就区域合作、文化交流和旅游开发等议题深入展开讨论和协商。

通过调研，我们深刻领会到了“读万卷书、行万里路”的内涵，也体会到了“纸上得来终觉线，绝知此事要躬行”的“知行合一”的研究方法，这将会促使我们进一步走出书斋，关注当下，关注社会。

深入挖掘历史文化遗产资源
促进西青区大运河文化带建设（2018年）

京杭大运河天津段（以下简称天津大运河）流经静海、西青、南开、红桥、河北、北辰和武清7个行政区，长达195.5千米。大运河西青段虽然河流不长，仅约25公里，但却极其重要，它不仅将南北大运河全线贯通起来，而且孕育了中国历史文化名镇杨柳青和国家级非物质文化遗产杨柳青年画，因而，深入挖掘大运河西青段历史文化遗产资源，加强历史文化遗产资源的保护与利用，对于加快大运河文化带建设具有十分重要的意义。本课题从梳理和挖掘西青区历史文化遗产资源出发，就加快西青区大运河文化带建设进行深入研究。

一、西青区历史文化遗产资源概况及其特征

通过梳理和挖掘，我们认为大运河西青段的历史文化遗产资源主要包括如下几方面：

（一）历史积淀深厚的河道遗产—南运河

天津大运河历史照片

南运河，又称御河。原为古老河道，后经人工开凿，为京杭大运河的北段。它南起山东省武城县的四女寺枢纽南运河节制闸，流经德州，再经河北省吴桥、东光、泊头、沧县、青县进入天津静海，流经西青和红桥，至三岔河口与北运河会合后汇入海河。京杭大运河西青段系南运河的重要组成部分，它东起天津中心城区西营门街密云桥，西至辛口镇下改道闸，自东向西依次流经西营门街、中北镇、杨柳青镇和辛口镇，全长约 25 千米，其中中心城区段长约 3.4 千米，杨柳青镇区段长约 4.2 千米，其余河段长约 16.6 千米。河道宽度约 15 至 30 米不等，河水流量约为 70 立方米/秒，系二级河道。

南运河繁忙的漕运和航运，使沿岸聚集了众多的人口，人口的聚集又使三岔河口成为天津城市发祥地和最早的商贸文化娱乐区。历史上的南运河为天津古代城市的形成和发展、为天津成为北方大都市和经济贸易中心做出了历史性贡献，具有很高的历史价值。此外，南运河还是天津引黄济津工程的输水通道。

杨柳青南运河河道

（二）城镇遗产——中国历史文化名镇杨柳青

杨柳青镇初名“流口”，后名“柳口”。金贞祐二年（1214）置“柳口镇”，为该镇行政建置之始，元末明初更名为杨柳青镇。明代始建杨柳青镇。清代之前，杨柳青镇先后隶属章武、平舒、鲁城、武清、静海和天津等地，民国时期隶属天津县，1949 年为河北省直辖镇，属天津专区。建国后，先后隶属河北省、河北省天津专区、静海县、天津市南开区和西青区。

杨柳青缘水而生，因河而兴，历史久远，文化底蕴深厚，孕育了代表杨柳青镇灵魂的运河文化、年画文化、大院文化和民俗文化等。2008 年杨柳青被列为天津唯一的国家历史文化名镇。近年，西青区通过大规模旧城改造，将传统与现代融为一体，使杨柳青镇既体现传统风格，又富于浓郁的现代气息。

安家大院

（三）丰厚的建筑文化遗产

兴盛的漕运给西青区遗留了丰厚的建筑文化遗产，其中以石家大院为代表的晚清北方民居建筑和礼制祭祀建筑文昌阁最为突出。其他的如安家大院、董家大院也是西青区重要的建筑文化遗产。

（四）闻名遐迩的民间艺术

杨柳青年画——九九消寒图

西青区首屈一指的民间艺术非杨柳青年画莫属。杨柳青年画全称“杨柳青木版年画”，属于木版印绘制品，是著名的中国民间木版年画之一，与苏州桃花坞年画并称“南桃北柳”。2006 年 5 月 20 日杨柳青年画被列为第一批国家级非物质文化遗产名录。

（五）文化博览资源颇丰

为充分展现杨柳青镇深厚的历史文化底蕴，西青区政府投巨资建设文化博览设施，藏品和展品资源甚丰，重要的如杨柳青博物馆、杨柳青年画馆、杨柳青民俗文化馆。

（六）地域特色突出的诗词文化

中国素有“诗的国度”之称。不仅诗歌历史文化源远流长，而且诗歌在我国社会生活和文化发展中一直占有十分显著的地位。西青区大运河同样孕育了颇具地域特色的诗词文化，有讴歌大运河漕运壮观景象的、有歌颂大运河沿线两岸美丽风光的、有歌咏大运河沿线居民生活情景的、有颂扬大运河畔青年爱情生活的。这些诗词歌赋是大运河文化带建设生生不

杨柳青民俗文化馆

息的文化资源。

此外，还有独具特色的民俗文化、抗辽军事城寨当城村和国家地理标志产品沙窝萝卜等。归结起来，我们不难发现西青区的历史文化遗产资源具有资源丰富、类型多、相对集中和呈沿运河线性分布等突出特征。

二、西青区历史文化遗产资源保护利用和大运河文化带建设中存在的问题

经过近几年的不懈努力，西青区在历史文化遗产资源保护利用和大运河文化带建设方面取得了很大的成绩和长足的进步，但仍然存在一些不容忽视的问题，主要表现在：

（一）战略站位不够高

西青区的历史文化遗产保护利用和大运河文化带的建设还仅仅限于区级层面，未能充分认识到其拥有的大运河已于 2014 年列为世界遗产，杨柳青镇被列为国家级历史文化名镇，杨柳青年画被列为国家级非物质文化遗产，从而将其提升到世界、国家、京津冀地区和市级层面的高度来进行统筹谋划。

（二）机构设置不够健全

为加快大运河文化带建设，北京和我市市委市政府领导高度重视，纷纷成立由市委市政府主要负责同志亲自任负责人的大运河文化带建设领导小组，建立健全强有力组织协调机构，全面协调解决大运河文化带建设的重大事项。但目前西青区尚未设立相应的组织协调机构。组织机构缺位，相互支持，相互促进，共同发展的协同工作机制自然无法建立起来。

（三）历史文化遗产资源挖掘不够充分

近年来，西青区对于本区历史文化遗产资源的挖掘整理做了卓有成效的探索，取得了明显成效，但与党中央提出建设大运河文化带的要求相比还存在一定差距，如对于大运河的整治和生态修复仅限于杨柳青镇区局部河段，且经局部整治河段其堤岸还尚未进行高标准的整修；市级重点保护文物文昌阁缺乏有效的利用；当城村杨六郎抗击辽军人文历史故事和国家地理标志产品沙窝萝卜文化缺乏深度挖掘。

（四）缺少顶层设计

目前西青区提出了以大运河为轴线，结合沿线各镇街的资源禀赋情况，自西向东依次规划建设辛口镇农耕运河文化段、杨柳青古镇运河文化段、中北镇海派运河文化段和西营门街现代城市运河文化段,全区总体上形成各具特色的文化带。但仍觉得战略站位不够高,仅仅是简单分段,未能将全区的历史文化遗产资源从建设大运河文化带的高度,按照“一盘棋”的思路进行高度整合,统筹谋划,从而形成一个有机整体,进行提升。

(五)对外宣传力度不够

为扩大社会影响,提高知名度,国内众多省、自治区、直辖市纷纷通过制作广告、电视专题篇,在政务网站开辟专栏,开发手机 APP,开通手机微信公众号,利用中央电视台等国内外极具影响的媒体,将本地悠久的历史文化和优美的自然风光向社会进行宣传推介,使之家喻户晓,人人皆知。但目前西青区尚未出台这样的举措。

三、国内京杭大运河历史文化遗产资源保护利用和大运河文化带建设的经验及借鉴

京杭大运河沿途各地在历史文化遗产资源保护利用和大运河文化带建设中积累了丰富的经验,值得我们认真学习借鉴。

(一)北京借助城市副中心的建设契机,打造大运河文化带

北京通州是京杭大运河的北端起点,遗留了大量的运河历史文化遗产资源,为打造大运河文化带奠定了良好的基础。在建设城市副中心的过程中,北京从多个方面加快了打造大运河文化带的步伐。

1. 确立明确的发展方向

一是提出按照“高起点、高层次、高标准、高质量”的原则,会同通州等有关区抓紧推进大运河文化带和城市副中心“绿心”的旅游规划,做好与北京城市总体规划、城市副中心规划及大运河文化带保护建设规划的对接,进一步明确挖掘文化、生态、民俗旅游资源,提升旅游人文内涵和历史底蕴,打造旅游品牌,提升旅游服务等方面的重点任务、重点项目。二是提出做好聚落文化遗产的保护与传承,加强运河文化遗产的保护利用和新时代的传承光大,不但要保护好运河文化遗产,也要进一步发挥运河的现代功能,激发运河活力,更好地延续运河生命,促进社会、经济、文化的综合发展。三是提出做好流域水环境的保护和培育,积极

响应北京城市副中心建设中所强调的“要融入自然”“把水的文章做足”等理念，充分利用好水资源，趋利避害，做好相关生态环境的保育和景观的提升，更好地体现“副中心”的特色和优势。

2. 利用大运河丰富的历史文化遗产资源建设运河文化公园，使之成为大运河文化带的重要组成部分

大运河通州段全长 42 千米，存留有大量的运河历史文化遗产资源。比较重要的有通州八景（古塔凌云、长桥映月、二水汇流、波分风沼、万州骈集、柳荫龙舟、平野古风、高台丛树）、通州文庙、通州清真寺、紫清宫、燃灯塔、验粮楼、静安寺、宝通银号、潞县东门桥、张家湾城墙、三义庙，以及北运河、通惠河不同时期的河道和堤岸、坝堰、闸、桥、水关、码头、驿道等工程设施，衙署、馆驿、仓储等管理性机构，河道及其沿线出土的沉船、货物等遗存遗物，以及与运河文化密切关联的城乡空间格局、商铺寺庙和节庆、地名、传说等丰富的非物质文化遗产。

在打造大运河文化带的过程中，北京市相关部门对上述历史文化遗产资源给予充分重视。例如，在建设运河文化公园的过程中，就充分利用燃灯塔、验粮楼、1 号码头等历史遗存，建设运河文化广场等设施。其中 1 号码头是京杭大运河的北首，运河文化广场于 2006 年修建完成，占地 13.8 万平方米。广场中轴线即为千年步道，刻有全长 226 米的巨幅石雕，全部采用 15 厘米厚的花岗岩制成，并镶嵌青铜。千年步道以历史年代为主线，选取了大运河历史中最重要的 14 件大事，直观形象地展示出运河的历史风貌。该公园建在 2006 年，被列入了北京 2008 年奥运六大人文景区之一——通州运河文化景观带的重要组成部分。

3. 加大对大运河历史文化遗产资源挖掘、整理和展示的力度

目前最重要的举措是由通州区委、区政府主办，区委宣传部、区文化委等于 2018 年 10 月 23 日至 12 月中旬举办运河文化艺术节。本届艺术节除了考虑北京市属机关单位即将入驻通州行政办公，将主题定为“魅力副中心 圆梦新时代”以外，还特意强调了“运河文化”这一概念，旨在将通州和运河的魅力全面展现在大家面前，将通州上下凝心聚力建设城市副中心的梦想加快实现。为了更好地诠释这一主题，本届艺术节将围绕《千年运河 回响千年》《辉煌四十载 大地飞歌》《砥砺前行 领航梦想》三个版块，组织 12 项文化活动依次展开。其中的《千

年运河 回响千年》版块围绕通州的过去、现在、将来,通过《梦回·运河》《逐梦·通州》《圆梦·副中心》三个篇章,用精心编排、汇集歌、舞、杂技、民乐、戏曲、情景剧、诗朗诵等多种艺术形式的主题演出喻景展物,分层次地展现通州自古而今所处的重要区位优势,文化传承的亘古厚重,人民群众的勤劳质朴及热爱生活的精神风貌,展望城市副中心振翅翱翔的宏伟愿景,声情并茂讲好一个"运河故事",娓娓道来一段恢宏厚重的通州过往。运河文化艺术节的成功举办,从多个方面展示了北京段大运河文化的丰富内涵,这对于大运河文化的宣传和展示具有重要意义。

(二)杭州充分挖掘特色资源,多举措促进大运河文化带建设

杭州是京杭大运河南端的起点,同样遗存了为数众多的历史街区、桥梁、水闸等大运河历史文化遗产资源。在大运河申报世界文化遗产前后,杭州在打造大运河文化带方面,也做了大量的工作。其中比较突出的有以下三个方面:

1. 对运河(杭州段)进行综合整治

杭州运河沿岸

杭州市从2000年开始,决定对运河(杭州段)进行综合整治,并于2003年专门成立了杭州市京杭运河(杭州段)综合整治与保护开发指挥部,对运河(杭州段)进行综合整治与保护开发。

2. 加大对历史街区的保护和开发

杭州的拱宸桥西历史街区是京杭大运河杭州段历史遗存较为集中的区域,占地面积10万平方米,其中的桥西重点保护区位于拱宸桥西侧,东至京杭大运河,西接小河路,北至桥弄街北侧,南至登云桥(除土特产仓库),总面积近4万平方米。早在大运河申遗之前,拱宸桥西历史街区在对民居和商铺"应保尽保"的前提下,恢复历史上拱宸桥西的商业景观和形态,增加里弄建筑的厨卫设施,改善居民的居住环境,使桥西历史街区成为集居住、商业、创意产业和文化旅游为

一体的历史街区。

2017 年 6 月，拱宸桥街道又主持召开桥西历史街区全域提升工作推进会，由街道和企业（“十百亿”匠人协会）共同推动在街区成立杭州首个匠人协会，力求从桥西历史街区是浙江近代工业的起源地，浙江第一家缫丝厂、第一家纱厂、第一盏电灯均诞生于此这一独特资源出发，进一步优化工业遗址体验线，从文化与旅游的角度保护传承桥西悠久的历史，发展文化产业，从而使桥西历史街区的保护又向前迈进了一步。

3. 充分利用博物馆在历史文化遗产的保护、展示、宣传和利用等方面所具有的独特作用，建设了多家与运河历史文化关系密切的博物馆

如中国京杭大运河博物馆、运河工业三馆（中国刀剑剪博物馆、中国扇博物馆、中国伞博物馆），尤其是刀剑剪、扇、伞博物馆是保护、利用、展示工业遗存与运河历史文化遗产的一大创新之举。

（三）苏州加快对“两河一江”治理及沿河历史街区的保护与开发

苏州是京杭大运河沿线的一座重要城市，具有悠久的历史和丰富的文化资源，其中“两河一江”和平江历史街区等，均与京杭大运河关系密切。苏州在打造大运河文化带方面，也有不少成功的做法。其中比较突出的，主要有以下两个方面。

1. 实施“两河一江”（环古城河、大运河苏州段和胥江）综合整治工程

苏州市斥资 170 亿，推出环古城河提升、运河环境综合整治、胥江环境综合整治、古城区河道水质提升、京杭大运河苏州市区段“四改三”及大运河申报世界文化遗产环境整治六项工程。其目的在于把“两河一江”真正建成生态的河、文化的河、繁荣的河、美丽的河。

2. 实施专门区域规划，促进平江街区的可持续发展

苏州平江历史街区至今还保持着路河并行的双棋盘城市格局，具有深厚的文化底蕴，聚集着极为丰富的历史遗迹和人文景观。为实现平江街区的可持续发展，苏州市有关部门分别对市级商业服务设施、社区商业服务设施以及旅游商业服务设施进行了专门区域规划。一方面政府对入驻商家实施引导、鼓励和保护的政策。另一方面对进驻商家鼓励其利用先进手段，参与商业特色街区建设。

（四）扬州突出古扬州运河风情文化，激发民众热情建设大运河文化带

苏州平江路步行街（河道与街道并行）

扬州也是大运河沿线一座具有独特历史文化遗产资源的城市。在建设大运河文化带的过程中，扬州一方面着力突出古扬州运河文化风情，另一方面充分重视民众的参与热情，也取得了良好的成效。其成功经验可以归为三个方面：

一是抓住“保护水资源、改善水环境、建设水景观、弘扬水文化”四个关键，斥资数亿，实施古运河综合整治工程。

二是重点对东关街历史街区进行保护和开发，并与其他街巷一起形成颇具规模的古街巷区；引导东关街区沿街住户恢复一些“老字号”店铺，将古扬州运河风情文化浓缩于此，让外地游客充分感受扬州古老文化的魅力。

三是对不侵犯他人权益和隐私的民间自建园林等给予一定自由空间，从而较好地推动了对古典园林文化在扬州的弘扬和发展。

（五）淮安突出重点，重视古镇开发和博物馆建设

作为大运河沿线的一座重要城市，江苏淮安在大运河文化带建设过程中也做了不少工作，其中比较突出的有以下三项：

1. 重点保护遗产点核心区，尽可能保持其原有风貌

运河申遗成功后，淮安市文广新局立即着手处理世界遗产的保护、传承和开发等问题，针对淮安遗产点大多地处荒郊野外，并呈现散落状态，保护难度较大的现状，提出“保持遗产点核心区不变”的观点，尽最大努力保护遗产点的原有风貌，保护其真实性和完整性。

2. 加快对河下古镇的保护与开发

河下古镇位于江苏省淮安市淮安区西北隅，明清时期，这里是淮北盐集散地，是淮安重要的商埠，商业非常繁盛，号称文化重镇、军事重镇、盐商重镇、中医重镇（山阳医学的发源地）、美食重镇（淮扬菜的发源地），还有独特的佛学文化，

2002 年国家建设部将其评定为全国 30 家重要保护历史街区之一。经过全力打造，河下古镇“一河二街五景”已初具规模，极大地促进了旅游业的兴盛。

3. 建设中国漕运历史博物馆

明清时期，朝廷在淮安设立漕运总督公署，以督查、催促漕运事宜，主管南粮北调等漕运工作。2008 年，在对漕运总督部院遗址考古发掘的基础上，淮安市建设了漕运广场和中国漕运历史博物馆。

（六）德州和枣庄发挥自身优势，积极参与大运河文化带建设

德州和枣庄是大运河山东段比较有代表性的城市，在大运河申遗前后，均积极参与其中，从而在大运河文化带建设方面也取得了一定成效。

1. 德州地区比较成功的是四女寺的古镇保护与开发工作

其成功经验主要表现在：充分利用了四女孝亲故事的内涵和四女寺水利枢纽、漳卫南运河管理处公园等与大运河相关的历史文化遗产资源。例如，在建设中的四女寺风景区的第一区以孝女祠与四女寺古街为主。第二区则为四女寺水利枢纽、漳卫南运河管理处公园及岔河北岸区域，规划为运河水利文化博物馆、运河故道公园和岔河水景长廊等。其中，运河水利文化博物馆整体陈列以“运河推动历史，运河改变生活”为主题，旨在全方位、多角度地收藏、保护与研究运河文化，反映与展示运河的古老历史、自然风貌和民俗风情。岔河水景长廊分为生态涵养、娱乐休闲和生态展示三个区段。

2. 枣庄比较突出的是台儿庄古城重建工作

台儿庄古城在 1938 年的台儿庄战役中遭到严重破坏。2008 年台儿庄战役胜利七十周年之际正式开始古城重建工作。2013 年 8 月古城全面竣工，并正式对外开放。台儿庄古城规划面积 2 平方千米，包括 11 个功能分区、8 大景区和 29 个景点，集“运河文化”和“大战文化”为一城，融“齐鲁豪情”和“江南韵致”为一域，是古城遗址保护和开发得到较好平衡的一个成功范例。

台儿庄古城的一大亮点，是围绕运河文化建立了上百个大大小小、别具特色的专题博物馆、展览馆。其中，中国运河招幌博物馆是中国第一家以传统商业广告、商标文化为主题的专题博物馆。漕帮镖局博物馆展出了与漕帮有关的图片、实物、文字、文章史料等，再现了台儿庄古城商业贸易的繁荣。运河奏疏展馆原

为闸官署，展示了与运河尤其是泇河相关的奏疏。

（七）经验与启示

上述地区深入挖掘历史文化遗产资源，加强历史文化遗产资源保护利用，积极推进大运河文化带建设的成功经验为促进西青区大运河文化带建设提供了极为重要的启示与借鉴，具体表现在：

第一，充分抓住本地具有特色的运河历史文化遗产资源。例如，北京充分抓住通州作为大运河起首所具有的1号码头、燃灯塔、验粮楼等历史文化遗产资源建设运河文化公园，杭州着力突出拱宸桥西历史街区的工业遗产，苏州重视平江历史街区的可持续发展，淮安突出河下古镇保护开发和漕运博物馆建设，德州四女寺的景区建设主要依赖于本地的民间传说故事和四女寺水利枢纽、漳卫南运河管理处公园等与大运河相关的历史文化遗产资源，枣庄将台儿庄古城重建工作作为重点。

第二，将大运河历史文化遗产资源的挖掘、保护和利用与本地社会经济建设相结合。通州将大运河文化带建设与首都副中心建设相结合，杭州的运河博物馆和拱宸桥西历史街区、苏州平江历史街区、扬州东关历史街区、淮安河下古镇的开发、德州四女寺的古镇开发和台儿庄古城重建等，也均与当地社会经济发展特别是旅游业发展相结合。

第三，将博物馆作为展示本地运河文化特色的重要场所。无论是杭州的运河博物馆、工业三馆，还是淮安的漕运博物馆、台儿庄的上百个大大小小、别具特色的专题博物馆、展览馆，均从不同角度展示了运河文化，尤其是展现了本地运河文化资源的丰富性和多样性。

第四，在大力挖掘、整理和保护大运河历史文化遗产资源的同时，加大宣传力度，并积极争取国家的大力支持。如举办运河艺术文化节、参加各种博览会，对于推动大运河文化带建设具有重要意义。

第五，调动政府、民间和企业的积极性，共同参与大运河文化带建设。例如，通州的运河文化公园、运河艺术节等主要依靠的是政府力量。杭州拱宸桥西历史街区的全域提升则由政府和企业共同推动。扬州东关街历史街区的保护和开发则体现了政府和民间两种力量的共同参与。

总之，大运河文化带建设应是一个多主体参与，多角度、多层次、全方位推进的系统工程，需要充分调动政府、企业和民间多种力量共同参与。

四、加强历史文化遗产资源保护与利用，促进西青区大运河文化带建设的建议与对策

加强历史文化遗产资源保护与利用，促进西青区大运河文化带建设涉及政策、规划、交通、教育、科技、财政、金融、监管和宣传等诸多方面，是一项复杂的系统工程，因而，必须立足西青区的现有资源，以深入剖析现存问题为基础，认真借鉴国内其他地区的成功经验，从切实加强组织领导入手，开展顶层设计，综合施策，方能见到实效。

第一，统一认识，提高战略站位，为西青区加强历史文化遗产资源保护与利用，促进大运河文化带建设提供强大的思想保障。要做好西青区历史文化遗产资源保护和利用与大运河文化带建设工作，首当其冲的任务是统一思想认识。只有思想高度统一，才能做到行动协调一致。

第二，切实加强组织领导，为西青区历史文化遗产资源保护利用和大运河文化带建设发展提供组织保障。

第三，健全工作机制，为西青区历史文化遗产资源保护利用和大运河文化带建设提供机制保障。

第四，统筹谋划，为西青区历史文化遗产资源保护利用和大运河文化带建设发展提供行动指南。一是建立西青区历史文化遗产资源保护体系，二是以创建5A级旅游景区为目标，以世界文化遗产为轴线，对西青区大运河文化带建设进行统筹谋划，三是加快西青区大运河的河道和水体治理，促进大运河生态修复，四是加强杨柳青名镇的保护与利用，强化其古镇风韵特色，五是深挖杨柳青年画特色文化资源，创立西青特色文化品牌，六是周密论证，科学确定西青区大运河诗词碑林选址，并合理规划几大板块，七是深入挖掘当城村历史文化遗产资源，开辟新的历史人文旅游景点，八是充分利用国家地理标志产品沙窝萝卜的知名度，开辟美食文化旅游景点，九是加强与大运河沿线其他城镇的联动协调与合作，共谋发展之路，十是加强与国内外大型旅游公司及旅行社的长期合作，积极开发新的文化旅游产品。

第五，积极招商引资，加快西青区历史文化遗产资源保护利用和大运河文化带建设。

第六，多方筹措资金，为西青区历史文化遗产资源保护利用和大运河文化带建设提供可靠的资金保障。

第七，广泛宣传，为实现西青区历史文化遗产资源保护利用和大运河文化带建设提供正确的舆论导向。正确的舆论导向能鼓舞人，激励人，催人奋进。因此，要做好西青区历史文化遗产资源保护利用和大运河文化带建设工作，要发动广播、电视、网络、微信和报纸杂志等媒体，就西青区历史文化遗产资源保护利用和大运河文化带建设在政策制定、建设规划、资源保护与利用、文化旅游产品开发等方面，加强与周边地区合作等方面开展全方位广泛宣传报道，营造良好的舆论氛围。

大运河文化带视野下的城乡社会发展

——以天津市武清区为例(2019 年)

2019 年 7 月 15 至 16 日,为进一步贯彻习近平总书记的指示精神,具体落实张国清市长“全面深入梳理大运河天津段遗址遗迹、历史文脉、产业布局、生态环境,高质量高标准编制规划,按照科学分类、专业分级的要求做好保护工作”的要求,更好地宣传与弘扬天津运河文化,同时,也是作为“不忘初心、牢记使命”主题教育活动的重要内容之一,天津社会科学院与津云集团联合发起了“行走运河:天津大运河历史文化资源寻访”的实地调研活动,并邀请天津市规划和自然资源局的相关专家共同参与。

调研组首站选择了素有“京津走廊”美誉的武清区,武清区历史悠久,有着上千年的文化底蕴,早在明清时期,作为漕运之冲的武清就已成为中国北方商贸枢纽和文化中心之一,是历代帝王将相惠顾驻足之地。

在武清区委宣传部的大力支持下,利用两天时间,调研组深入走访了津门首驿河西务、东西仓村、马头村、大龙庄村、下伍旗镇马神庙村、大良镇蒙村、后营村、大碱厂镇长屯村、老米店村以及郊野公园水工遗址、筐儿港八孔闸水利枢纽、运河景观长廊及武清区博物馆等村落、遗址与相关场所,并与武清区相关专家学者进行了座谈交流。

一、五实行动:挽起裤腿下田间

1. 大运河与武清概况

武清区位于天津西北部,地处京津两市之间。武清历史悠久。始建于西汉,古为泉州,别称雍阳,唐天宝元年更名武清,2000 年撤县设区。区域面积 1574 平方千米,辖 29 个乡镇街道,人口 84 万。

千年京杭大运河穿境而过,自北而南纵贯武清全境 62.5 千米。最早可以上溯到东汉建安十一年(206),曹操征乌桓凿泉州渠,为北运河水系的形成奠定了基础;隋炀帝大业四年(608)又开凿永济渠,使得武清境内的运河与永定河相连。宋、辽时又有萧太后运粮河三条水道经武清境内转运北京。再经元、明、清三朝,作为漕运之冲的武清成为中国北方商贸、文化的枢纽之一。

运河的兴建与航运直接促进了武清经济的繁荣。自元代开漕运后,明清两代每年都有数百万石粮米及丝绸、茶糖等物资自江淮经运河过武清辖区而转运京师。武清境内的杨村、蔡村、河西务等地码头形成了一大批繁荣的市镇。如河西务从小船坞逐渐发展成为"驿路通畿甸,廒仓俯漕河"①的显要之地,到元代被称为"京东第一镇"。明代在此设置钞关,并设漕运使司、巡检司、户部分司等十三衙门,商民攒集,舟船辐辏。

运河也促进了文化的开放、融合与交流,形成了漕运、饮食、民俗、宗教、建筑、旅游等诸方面的历史文化遗产,为武清留下了独特的人文底蕴与历史积淀。诸如书画、武术、民间花会、民间技艺等都在全国占有一席之地,堪称地灵人杰、才俊辈出。

2019 年 7 月 15 日上午,调研组一行至河西务段运河调研。在地方文史专家陈景山老师的陪同下,先后实地考察了东西仓村、马头村、大龙庄村和耍儿渡等地运河相关遗址和遗迹,对古今河西务地区运河的漕运、仓储和商业贸易等发展情况有了更深入和直观的了解。

2. 津门首驿:河西务

河西务坐落在武清西北部的北运河西岸,历史悠久,历史上是一个因运河而兴的著名城镇。东汉时期因位于海水西岸,故被称为"瀛西"。后改称"河西"。大概从宋元之交开始在此地设置榷税关卡,俗称"务关",所以得名"河西务"。

走读河西务,翻阅河西务的历史,好似重现了"运河经济时代",生动反映了

① 傅若金:《咏河西务》。

“运河经济史”的一个横断面。兼有坞、驿、漕、仓、榷等多重功能于一身的河西务，用自身的发展史，深刻反映了区位、交通、政治优势以及大运河对沿线城镇发展的重要作用。

河西务的历史起源于东汉，崛起于元初，兴盛于明清。元朝定都北京后，因军需、官俸均仰仗江南供给，所以在第一时间疏通南北粮道，将潞河水道（即北运河道段）正式纳为京杭大运河的上游主流，京杭大运河的纪元从此开篇。河西务由于地处通京要道、“漕运之咽喉”，又加上具有仓储、驿站、税关等方面的优势，迅速兴盛起来。此后的数百年间，河西务以其地处北上南下重要的咽喉地位和繁华兴盛，为其赢得了“京东第一镇”的美誉。自元以来，朝廷陆续在河西务设置钞关、驿站、武备等各种官署衙门，最多时曾高达 13 个，最高官阶为正三品，足见其地位之显赫。明隆庆六年（1572），河西务由土城建造为砖城。

元朝建都北京后，每年需向京城通过漕运输运大量粮米。为了均衡储备，保证粮食安全，所以至元二十四年（1287）在河西务设置漕运使司的同时，又在河西务城西北建起了 14 座仓库，用以储备漕粮。据《元史》载：“河西务十四仓，秩正七品。永备南仓、永备北仓、广盈南仓、广盈北仓、充溢仓。以上五仓，各置监支纳一员，正七品；大使二员，从七品；副使二员，正八品。崇墉仓、大盈仓、大京仓、大稔仓、足用仓、丰储仓、丰积仓、恒足仓、既备仓。以上九仓，各置监支纳一员，正七品；大使一员，从七品；副使一员，正八品。”①十四仓共有库房 2600 多间，总面积 50 余万平方米。明代，漕运规模达到巅峰。河西务十四仓已不仅仅用来储存粮米，南来的食盐、茶叶、瓷器及地方贡米等也大量在此储藏。后来随着漕粮改折银钱，仓储量才日渐减少。

河西务在元代已是具备税收功能的“务关”。明宣德四年（1429），户部将天津钞关移至河西务，并升格为户部分司。按明朝规定，凡进京商船均需在河西务钞关领取红单，到北京崇文门后再凭单缴纳捐税。清康熙六年（1667）河西务钞关被迁往天津，至此河西务才结束了其作为税关的数百年的历史。

河西务自元代以后还是京津之间一个非常重要的驿站。至元二十四年

---

① （明）宋濂等撰《元史》卷八十五志第三十五，清乾隆武英殿刻本。

(1287)八月，元政府在河西务设置马驿，名为“河西驿”，是当时设在京杭大运河沿线41处驿站中的一个。明洪武二年(1369)，又在河西务设置水驿，河西驿从此成为水陆兼而有之的大型“极冲要级”的驿站，并领蔡村、杨村、桃花口三驿，故称“津门首驿”。河西驿的接待任务非常繁重。从明代中后期开始，便在朝阳寺(今河西务中学)内另辟一处驿馆，专门作为招待所或临时行宫。清朝的康熙、乾隆皇帝在出巡途中，曾多次停驾或驻跸于河西驿馆。

河西务津门首驿碑

河西务因运河而兴，以其重要的地理区位以及集仓储、驿站和税关等于一身的独特优势，一跃而成为“商民攒聚、舟航辐辏之地”①，闻名全国。不仅历史文献中多有记载，很多过往的达官显吏、文人墨客等也留下了数不清的诗词文章。明代蒋一葵在《长安客话》中曾对河西务大加称赞，曰：“两涯旅店丛集，居积百货，为京东第一镇”②。明代武清知县、诗人李贲赋诗曰：“铁瓮新城十万家，闾阎旧俗竞奢华。堤连第宅公勋店，岸拥旌旗使者嵯。税榷五材充国计，商通四海足生涯。会同诸夏咽喉处，各利烟波炫晚霞。”③明代小说《醒世恒言》中的《刘小官雌雄兄弟》也是以明初河西务为背景展开的，“这镇在运河之旁，离北京有二百里田地。乃各省出入京都的要路，舟楫聚泊，如蚂蚁一般；车音马迹，日夜络绎不绝。上有居民数百余家，边河为市，好不富庶”④。可见河西务在明初时

① (清)于敏中等编纂：《日下旧闻考》卷112《京畿》，北京古籍出版社，1981年，第1853页。
② (明)蒋一葵：《长安客话》卷6《畿辅杂记 · 河西务》，北京古籍出版社，1982年，第134页。
③ (明)蒋一葵：《长安客话》卷6《畿辅杂记 · 河西务》，北京古籍出版社，1982年，第134页。
④ (明)冯梦龙；《三言》，齐鲁书社，1993年。

就已相当繁华。

作为千年古镇，当今的河西务，仍然是武清西北部的一个经济强镇，是天津面向京冀的门户。地理位置依然非常优越。距离京津两大城市均为60千米，交通极为便捷。虽然其发展目标是努力建设成为京津城市发展主轴上的工贸强镇、运河文化名镇和生态宜居城镇，在运河文化资源发掘方面也有一定的成绩，但总体来看，目前的大运河建设还乏善可陈。对运河文化遗存没有进行充分挖掘和规划保护。河西务地区的运河文化遗存较为丰富，主要包括河西务城址、十四仓遗址等。河西务的十四仓曾经是元大都外围最大的仓储基地。十四仓遗址现在整体原地封存，尚未进行全面的考古发掘。在近年来的考古发掘工作中，发现了包括多艘元代沉船以及白瓷碗、唐宋铜钱等各种文物，鲜活地再现了河西务的辉煌历史。因此，河西务地区应该依托丰富的运河文化资源和遗存，在做好挖掘、保护和规划的前提下，充分发挥其驿站、仓储、税关和官署衙门集中的特点，发挥其旅游资源的独特性，借鉴江浙水乡古镇的运营模式，打造体验式的“慢游”旅游项目和路线。

3. 老米店

老米店村位于武清区黄庄街镇东部，东临北运河南靠永定河，依河傍水处于两河夹角地带，在历史上是有名的鱼米之乡。老米店是一个自然形成的村落，始建于元代，为漕运屯米之处。北运河北起北京市通州区，流经天津市武清区时，河道已经非常浅涩，南来的漕船需要在三岔河口至杨村一带换乘小船，老米店因靠近北运河，逐渐发展成为漕粮转运的码头，转运米粮进京。

老米店村因夹在永定河与北运河之间，村庄整体呈现条状布局，地势南高北低。村中一条南北向主路串联多条支路，呈明显的“鱼骨状”肌理。老米店村的主路平行于北运河，长度约2千米。主路与北运河最窄处相距仅50米左右，与北运河保持较好的视线联系，这条主路曾经是与运河相伴而行的驿道。①

老米店村南的永定河和北运河之间距离最近处仅8米，两河之间有一堤坝，该堤既是北运河右堤，又是永定河左堤，曾被称为“拦浑埝”，具有重要的防洪和

① 两河夹一村：老米店村，http://tj.bendibao.com/news/2012117/27012.shtm，2013-07-11。

交通功能。永定河曾被叫作浑河、无定河。其起源于山西太行山，上游为桑干河，桑干河含泥沙量大，水体浑浊，故被称为“浑河”。另外，由于永定河下游水患较多，河床经常迁移，所以也被称为“无定河”。

清康熙三十七年(1698)，为了控制无定河泛滥，确保天津安全，康熙皇帝亲自巡视，命直隶巡抚于成龙负责筑建新堤根治水患，“疏筑兼施，自良乡老君堂旧河口起，迳固安北十里铺、永清东南朱家庄，会东安狼城河，出霸州柳岔口三角淀，达西沽入海，浚河百四十五千米，筑南北堤四十余千米，赐名‘永定’，自是浑河改注东北，无迁徙者垂四十年”。① 整治永定河的工程建设由此拉开了序幕，在随后的二百多年里，永定河水患依然不断，时有泛滥成灾，这条堤坝也多次决口、被修补和加固。在《大公报》中曾有多处记载，如“闻永定、北运河两河河水近忽暴涨，以致老米店横堤甚为危险”。② “以武清县属之老米店以南马家口以北有横堤一道，名曰拦浑埝。经前直督那奏请修筑，其有关于民命者固不待言。近数年来，每当春水稍涨皆由各村出资雇夫补筑，得保安全。乃至去秋洪水为灾，莫可遏止，竟将横堤冲口数道，现时该堤口水深者六七尺，水浅者亦四五尺不等。”③ 因此，这条河堤蕴含着丰富的历史文化信息。

20 世纪三四十年代，日本人在老米店村北的北运河上修建了老米店水闸一座，以防止永定河洪水向北运河倒灌，确保京津铁路及沿途的安全。至今此闸保存完好，为开敞式，共有 7 孔，现仍有 2 孔在使用。

老米店村内还有一棵老槐树，生长于该村一户农户的庭院中。老槐树距今已有 600 多年的历史，它见证了老米店村的悠久历史。老槐树的树干直径约有一米，树干中间已经中空，形成一个大型树洞，可容纳两个成年人。但老槐树的枝叶茂密，生长旺盛。

现今，老米店村有村民 1100 户，4500 余人，党员 100 多人，耕地 6000 多亩。村民收入主要依靠种植、养殖业及外出打工。老米店村是因漕运而生的运河聚落，距今已有近千年历史，往日繁忙的漕运鱼米之乡已不复存在。但“鱼骨状”的

---

① 《海河志》编纂委员会编：《海河志大事记》，中国水利水电出版社 1995 年，第 47 页。

② 《防水患保护横堤》，《大公报》，1917 年 4 月 3 日。

③ 《河工事宜之汇志》，《大公报》，1918 年 3 月 25 日。

村庄肌理保存完好，布局整体完整，具有较高的历史价值和审美价值，在北方平原地区具有代表性。村庄内现存永定河河堤、老米店水闸、老槐树等历史文化元素，具有比较浓厚的运河文化气息。

但作为以农业为主的传统农耕村落，老米店村也面临许多发展困境。

老米店村古树

首先，对传统村落保护工作的重要性认识不足。“破村”“烂村”仍是多数老百姓和部分政府官员对传统村落的普遍看法，各地村民为满足住房需求而拆旧建新、随意破坏古村古建筑的现象仍不时存在。究其原因，是由于老百姓和部分领导干部对于传统村落保护工作的重大意义了解不够、认识不足，基层对党中央的保护传统村落的有关精神没有吃透、没有宣传到位，同时基层干部群众的文化素质有待进一步提升，种种因素使得直接接触传统村落的基层一线干部群众自觉保护传统村落的意识还不够强。

其次，传统村落文化遗产资源利用难。传统村落是一个地方宝贵的文化遗产，如能对其进行合理保护利用，可促进当地的旅游繁荣和村民收入水平的提高。目前，很多传统村落仅能通过争取项目资金进行修缮，但修缮后如何长效养护、怎么转化成特色文化旅游资源还缺乏切实可行的办法。原因在于，一是囿于地方政府发展特色文化旅游的意识和眼光，二是没有传统村落保护利用方面的经营人才，三是缺乏积极有效的传统村落特色文化旅游宣传推介。

冯骥才曾用钱锺书《围城》中的经典语言来比喻眼下传统村落的状况：里面的人急着要出来，外面的人急着要进去。“想出来是要改善生活，想进去是打算开发旅游和赚钱。”而村落遗产是中华文明的重要载体，要以高度的文化责任感和敬畏的精神守住我们这一巨大和丰厚的文明财富。结合老米店村的实际，我们认为，对传统村落的保护应该做到：

第一,复活整村风貌。对传统村落保护利用进行整体规划,明确保护利用的目标和举措,在延续传统居住功能、村落肌理、乡风民俗基础上,编制单个传统村落保护利用规划,做到既注重对古民居及其周边环境、风貌的保护,又注重群众对改善生活设施的向往,保护和发扬地方特色。

第二,挖掘资源优势。以传统村落为底本、以优良的生态环境为支撑,植入休闲旅游、生态农业、休闲运动等业态,打造精品民宿、家庭农场、果蔬专业合作社等为代表的生态农业示范基地,建设古道与传统村落高度融合的健身步道。

第三,突出文化宣传。加大传统村落保护宣传力度,要找准古韵、乡愁、宗亲等要素,通过电视、报纸、网络等媒体,多角度多层次地反映传统村落的历史文化价值、景观价值。通过发动群众对传统村落的保护,让更多的人体会人与自然、人与人的相处之道,让离乡多年的人留恋乡愁,回到传统村落生活,让更多的游客,唤起心中的乡愁,来到传统村落。

第四,建立政府为主、社会参与的多元投入机制,统筹好涉农项目资金,将资金重点用于改善基础设施、营造良好的公共环境、保护传统建筑和文化遗产等领域。引导社会资本通过投资、入股等方式参与进来,以市场化手段加强传统村落保护开发,防止单纯按商业营利模式进行开发建设。

4. 筐儿港水利枢纽

2019 年 7 月 15 日下午,我们调研组一行来到大碱厂镇,对长屯村云海寺、筐儿港水利枢纽、运河遗址、行宫旧址等进行考察。其中,由六孔旧拦河闸、三孔新拦河闸、十六孔分洪闸和北京排污河的六孔节制闸、十一孔分洪闸、穿运倒虹吸等组成的筐儿港水利枢纽工程引起了调研组成员的极大兴趣。

筐儿港水利枢纽

通过当地相关部门负责人和文史专家的介绍,我们了解到,筐儿港位于武清区大碱厂镇西南部、北运河漫水路东侧。其得名有两种说法,一是北运河筐儿港段的河道十分弯曲,形如筐状;二是北运河在此决口后,用装有泥土的筐子进行筑坝堵截,比单用泥土更有成效。由筐儿港地名的由来,我们已经认识到,这里地理环境比较特殊,加之两岸地势低洼、堤坝土质疏松,北运河曾在此频繁决口。据史料记载,明代正统七年(1442)七月,北运河在筐儿港、小蒙村、河西务等处决口。清代康熙三十六年(1697),北运河在筐儿港决口。1699 年夏秋间下大雨发大水,北运河在灰郭口、筐儿港等处决口。雍正七年(1729),筐儿港河决口。

北运河筐儿港段的频繁决口,引起了政府的关注。明、清两代均十分重视北运河的治理。如明万历三十一年曾下令挑挖通州至天津间河道。清雍正六年(1728)下令"拓筐儿港旧堤"。① 康熙三十八年(1699)夏,北运河在杨村以北东堤决口,造成巨大损失。翌年春,康熙帝下令在决口处修筑一道长约 67 米的石坝,石坝之外开挖筐儿港引河,"洪峰下泄至此,便从石坝顶上宣泄而出,经筐儿港引河东流,进入大黄堡洼,随之泄入七里海。洪峰过后,石坝安然无恙。"②

清朝政府不仅重视北运河治理,而且康熙和乾隆均亲自前往查看河工,并书写碑文。例如,康熙三十九年(1700)四月时,康熙帝曾"驻跸筐儿港阅堤"③,"自武清杨村登舟,至渔家湾,洭儿港等处舍舟,临视新挑之河毕,复登舟,泊武清县鄚家庄"。④ 康熙四十三年(1704)十月,康熙帝"阅视新河,驻跸筐儿港。"⑤康熙四十九年(1710),康熙帝"书'导流济运'碑文","立碑于筐儿港。"⑥乾隆三十二年(1767),乾隆帝"巡视天津,周览河堤淀闸。由北运河过境书'导流还济运'碑文,立碑于筐儿港。"⑦乾隆三十五年(1770)二月,乾隆帝"阅视筐儿港,题五言诗'阅筐儿港工作'","刻石立碑"。⑧

康熙帝御笔题写碑文"导流济运"(意为"导出洪峰、接济漕运")的御碑采用汉白玉雕刻而成,御碑通高 470 厘米,宽 110 厘米,厚 45 厘米。御碑落成第二年,

---

① 武清县地方志编修委员会编著:《武清县志 · 大事记》,天津社会科学院出版社,1991 年,第 19 页。
② 天津市档案馆编:《天津运河故事》,天津人民出版社,2014 年,第 65 页。
③ 光绪《武清县志》(巡幸),《北师大图书馆藏稀见方志丛刊》本。
④ 《清实录 · 圣祖实录》卷一九八,十九页,中华书局,1986 年影印本。
⑤ 光绪《武清县志》(巡幸),《北师大图书馆藏稀见方志丛刊》本。
⑥ 武清县地方志编修委员会编著:《武清县志 · 大事记》,天津社会科学院出版社,1991 年,第 20 页。
⑦ 武清县地方志编修委员会编著:《武清县志 · 大事记》,天津社会科学院出版社,1991 年,第 21 页。
⑧ 武清县地方志编修委员会编著:《武清县志 · 大事记》,天津社会科学院出版社,1991 年,第 21 页。

又建六角亭一座，行宫一处，成为北运河畔著名景观。乾隆帝御笔题写的碑文包括“导流还济运”五个大字及《阅筐儿港工作》诗，诗的内容为“减河制诚善，日久注为阬。前度命修筑，今来阅接成。港春流则断，涨夏杀其盈。原始宣防意，本因一篑营。”这两通碑原先一直在筐儿港，后来被存放于杨村小世界碑林，再后来被存放于武清博物馆，同时在杨村北运河东岸（雍阳西道附近）立有复制品。

民国时期及中华人民共和国成立以来，政府依然十分重视北运河筐儿港段的水利工程建设。1935 年在筐儿港建水坝南端建筑钢筋混凝土八孔分洪闸 1 座，孔宽 2.5 米。1950 年修建筐儿港左堤分洪溢流坝，南北宽 100 米，东西长 47 米，后加宽 30 米长的铅丝笼抛石，以防冲刷。1955 年 10 月，又建北运河六孔节制闸，孔宽 2.5 米，以利于控制北运河和龙凤新河汛期向大黄堡排沥分洪。1960 年因为龙凤新河汇流增大，拆除八孔闸，续十一孔分洪闸，孔宽 6 米。1960 年以后又建十六孔分洪闸，孔宽 4 米。1971 年修建并列于六孔闸西侧的三孔节制闸，每孔 8 米。1978—1981 年先后对筐儿港十六孔分洪闸、十一孔分洪闸、六孔节制闸、三孔节制闸等实施了修复、改建，增建防震设施。这四座水闸再加上六孔旧拦河闸和穿运倒虹吸两座建筑物，共同构成了筐儿港水利枢纽工程的主体。

通过翻阅文献和听取相关专家的介绍，我们感觉到筐儿港水利枢纽工程在京杭大运河沿线具有一定特色，应充分加以保护和利用。众所周知，大运河沿线由水闸等构成的水利枢纽工程为数众多，比较有名的就有山东汶上县境内的南旺分水工程、山东德州境内的四女寺水利枢纽以及北辰区的屈家店水利枢纽等。但由相对集中的六座水闸和水利设施组成的水利枢纽工程并不多见。

虽然充满期待，但在现场看到的实况却与文献和介绍留下的印象形成了比较大的反差。在现场，我们所能看到的，除了几座孤立的水闸、几座房屋和散落的房车之外，只有一座重点文物保护单位的标志，行宫和两座御碑已荡然无存。据介绍，进入 21 世纪以来，特别是 2012 年以来，为积极响应京津冀协同发展战略，武清区文旅部门提出打造以“生态观光、郊野体验、休闲度假”为特色的北运河旅游带，在沿线相继建设北运河休闲旅游驿站、滨水绿道、河畔花谷、定福农庄驿站、潞水樱花园、湿地百草园、津北森林公园等景区景点。

尽管运河休闲旅游驿站于 2013 年开园后一度受到关注，但远未达到预期，甚至有网友发出“咱们公园这两年人是越来越少了，没有亮点，大的节假日也没有什么节目”“我是旁边南辛庄农家院的，处于停业状态”这样的感叹。之所以出现这样的局面，原因固然是多方面的，但我们认为，未能充分利用和整合独具特色的历史文化资源而形成自身特色和亮点，应是一个极为重要的原因。例如，虽然相关部门提出了建设康乾行宫驿站历史文化区的规划，但推进速度缓慢，既没有对康乾行宫、两座御碑等历史文化资源进行深入发掘，亦未对筐儿港水利枢纽工程这一独特资源进行有效整合。

针对以上状况，我们提出以下几点建议：

首先，加强规划，使筐儿港水利枢纽成为休闲公园有机组成部分。实现历史文化资源与现代化设施的对接，尤其是应整合和利用多座具有特色的水闸资源，加大对康乾行宫、两座御碑等历史文化资源的发掘，努力在规划层面将其与运河休闲旅游驿站、运河小镇等融为一体。

其次，复建康熙和乾隆两位皇帝留下的御碑。应仿照武清博物馆的做法，将现存于武清博物馆的两座御碑原样复制，立于筐儿港水利枢纽附近，并建设碑亭，一方面起到保护作用，另一方面也能够增加景点的内容。

再次，在条件具备时建设运河水闸展览馆。在文物资源不足的情况下建设运河水闸博物馆虽不足取，但建立一座规模适当的展览馆十分必要。虽然在大运河沿线各城市中，已相继建立了多座以大运河为主题的博物馆和展览馆，南旺也建立了遗址博物馆，但以水闸为主题的展览馆尚付阙如，因此应利用筐儿港水利枢纽具有多座水闸这一优势，建设一座运河水闸展览馆。

最后，进行资源的有效整合，自觉融入大运河文化带建设。不仅在规划层面要有全局观和整体观，而且在具体实施方面也要重视对历史文化资源和其他资源的有效整合，进行协调推进。尤其是要充分利用与大运河相关的历史文化资源呈线性和带状分布的特点，对相关资源进行整合，形成带状休闲公园，并将其融入北运河旅游带和大运河文化带建设。

5. 杨村

关于杨村地名的由来，说法不一。有说，宋杨六郎屯兵于此；有说，当地汉民为宋军报信，“扬旗为号”；有说，因漕船遇风要“扬帆过村”。其实，早在隋炀帝开凿运河时期,杨村就已经“始落聚繁”,人口日盛。后因夹河成村,河东叫做“东杨村”,河西叫做“西杨村”。至唐天宝元年(742),开始有杨村的名字。到了元世祖至元三十年(1293),在北运河西岸设杨村驿。“杨村驿在杨村务,与河西驿皆有驿丞,明置极冲,在县南五十里。”“杨村驿东二十里为桃口,又二十里为丁字沽。由杨村而西北四十里为黄家务。又三十里为河西务,皆运道所经也。”①《读史方舆纪要》记载:“明建文三年(1401),平安败燕兵于杨村。进攻通州,不克。宣德初,驾征高煦,驻于杨村,即此。”②经过明、清两朝五百余年的社会历史变迁,作为漕运之冲的武清杨村,即成为中国北方商贸、文化的枢纽,夏秋水旺时节,帆樯遮空、舳舻蔽水,漕运事业达到最辉煌时期,杨村驿作为运河河务管理的重要节点,也名闻遐迩。这期间,清乾隆二十年(1755),实行“裁驿丞、归州县”的改革,河西务驿丞被裁撤,而杨村驿得以幸免,原因是其离县治较远,“县管”有难度,因此杨村驿遂成为清后期保留专职驿丞的65个驿站之一。③ 至光绪初年,杨村驿人口已达两千余,店铺百余家。清朝诗人梅成栋《夜泊杨村》记载的“野水千帆集,人声沸暮烟。楼台两岸寺,灯火一河船”,便反映出当年杨村北运河一带的繁荣盛景。④

由于北运河河水清澈甘甜,所产蛤蚌个大肉肥,因此杨村运河出的珍珠自然纯正。元朝中统二年(1261),中央“在杨村立管领珠子民匠官”,专司珠子采购、筛选,作为贡品送入宫中。直到20世纪80年代,杨村运河中的蛤蚌还俯拾即取。

同时,随着杨村成为北方重要的漕运枢纽,元代即特设了“杨村码头”。杨村也即兼具“通舟楫之利,聚天下之粟,致天下之货”的优势地位。元代杨村在当时具有非常重要的地位。至明清两代,中央政府在杨村设管河主簿、杨村驿丞、营汛千总、巡检等。⑤

---

① 穆彰阿、潘锡恩等纂修:《大清一统志》,上海古籍出版社,2008年。

② 顾祖禹:《读史方舆纪要》,中华书局,2005年。

③ 李汉东:《“史话”三记》,2013年07月26日。见搜狐资讯:http://roll.sohu.com/20130726/n382634540.shtml.

④ 廉韵津沽:《武清区的历史与文化探析》,https://www.docin.com/p-2142681417.html.

⑤ 《海门要塞——杨村》,《御河文化史料》,《武清县文史资料第八辑》,政协武清县文史委员会编印,1999年。

今天的杨村位于天津市武清区南部、北运河沿岸，为武清区人民政府驻地。面积33平方千米，人口6.1万。北运河杨村段流经武清主要城区，由于历史上的几次裁弯取直，杨村段运河即成为武清区域内最具有开发价值的部分。

杨村段运河

（1）杨村文化古迹丰富

①大摆渡口

由于杨村是因运河而形成了东西两部分，东杨村南起旧诸葛大楼，北到运河上湾，全长四里多；西杨村北起玉皇阁，南到龙王庙，是有名的五里长街。东西两大片居民的来往，旧时主要靠船渡，于是形成了大摆渡口——即“大口”。此外，还有三个摆渡口：三日集（现八街中间偏北）摆渡口；八日集（现七街）摆渡口；诸葛大楼南的摆渡口。杨村当地人便以撑船的艄公姓氏为名，从北往南分别叫王摆口、车摆口、王摆口、李摆口。

大摆渡口，即元代的“杨村码头”，不仅是杨村的水旱码头，也是当年杨村最繁华的区域。清道光九年（1829），当时的驿丞兼杨村巡检柴清元等通过劝捐添置大船一艘，以渡人之用。该渡口便因船大而且坚固而得名大摆渡口。北起永和澡堂，南至玉升居小楼饭馆，总共占地面积约三千多平方米（东西宽60米，南北长60米）。在元明清三代漕运史上，这里曾是“千艘聚于岸，一舟往来忙”的繁盛宝地。到20世纪30年代初，河西大摆渡口一带仍然是杨村最繁华的地方。每逢农历的三、五、八、十大集日，几条街店铺鳞次栉比、物品丰盈，人流摩肩接踵，熙熙攘攘，买的卖的一片繁忙。尤其到了年关，远近商贾云集，油烟、食香扑鼻，一派繁华景象。民国十一年（1922），杨村大桥竣工，大摆渡口的渡船被取消，其余的三个渡口由于中华人民共和国成立后陆续修了新桥，也自动停渡。

②杨村大桥

1917年11月，原京兆国道局和美国红十字会共同帮助北京汽车管理局，修筑京津公路，前后历时五年。1921年9月，工程进行到杨村，跨越北运河时必须架设一座桥,这项工程由天津营造厂中标承包,比利时人担任建桥总工程师,法国人任副总工程师。1922 年 3 月,桥、路工程全部竣工,京津公路交付使用,顺利通车。杨村大桥有三孔,长 60 米,宽 10 米,为钢筋混凝土桥,时称全国公路桥梁之冠,当时叫做“杨村洋灰桥”。

③杨村清真寺

杨村清真寺,也称北大寺或杨村清真北寺,位于武清区杨村镇雍阳西道南侧的七街牌坊胡同,始建于明万历四十八年(1620),占地约 3000 平方米。明成祖当年从南京迁都北京时,南京回族官吏亲属家眷、商贩、回族士兵及回族百姓也随之北迁,成祖将其中一部分安置、落户于水旱码头杨村,由此形成了回族聚居区(即今五、六、七、八街)。泰昌年间,杨村清真寺落成时,可容纳千人礼拜。现为区级文物保护单位。

④夹道村排水闸

杨村西南有个夹道洼,由于夹道洼无排水设施,长年积水,遇到北运河、龙凤河的上游来水,便经常漫堤或决口。20 世纪二三十年代,当地有人建议在夹道村南的北运河上修建一座涵闸,待汛期过后将积水排入北运河。但修涵闸需要不小的投入,而当地政府并没有专门的款项。为此,杨村的著名爱国报人、京剧名票刘髯公,专门组织了一场义演,将所得款项 6 万大洋全部捐给修闸工程。涵闸建成后,杨村及附近各村也就不再受积水困扰。①

⑤杨村糕干

杨村糕干属于杨村的地方特色食品。据《雍阳杜氏家谱》记载,杨村糕干源于明代,兴盛于清,距今已有 600 余年的历史。永乐二年(1404)杨村糕干创始人杜金、杜银兄弟二人携家眷由浙江沿运河来到杨村北郑庄村定居,开始生产和销售杨村糕干。杨村糕干采用优质大米、白糖为原料,经过浸泡、碾压、箩筛、搅拌、发酵、成形、加热等十余道程序加工制作而成。因其洁白细腻,松软可口,具有健脾益胃的作用,与中药茯苓有异曲同工之效,因此亦称杨村茯苓糕干。康熙年间第五代传人杜馥之在杨村运河西岸置办铺房,经营糕干铺并逐渐发展壮大。康、

① 侯福志:《刘髯公义演筹款修涵闸》,《天津日报·武清资讯》,2019 年 4 月 9 日。

乾二帝都曾亲口品尝，并大加赞誉，御笔亲书“妇孺恩物”，赏赐龙票一张，可以凭票购买官价白米，并许以杜氏专卖，并列为贡品，永不停业。杜馥之将乾隆御笔刻成匾供奉堂上，正式定名为万全堂杜馥之糕干老铺。老铺于咸丰十年（1860）、光绪二十六年（1900）两次遭英法联军及八国联军践踏、焚烧。乾隆御赐“妇孺恩物”匾额被烧。后经十二代传人重建，于 1901 年恢复。在 1915 年巴拿马万国博览会上荣获“佳禾”铜质奖章，万全堂即以此奖章图样制成商标。① 2007 年，杨村糕干制作工艺入选天津市首批非物质文化遗产项目。

（2）运河旅游文化开发已见成效

北运河休闲旅游驿站模式，已显示武清特色。北运河休闲旅游驿站位于武清城区北部、北运河与龙凤河交汇处，规划占地 80 万平方米。项目依托周边河道纵横、绿树成荫、野趣横生的生态优势，以打造“京津冀市民休闲度假基地”为目标，规划建设有康乾行宫驿站历史文化区、房车营地、儿童游乐岛、花卉观赏园、南辛庄特色农家体验区，投入了画舫船、电瓶车观光，脚踏船、自行车、自平衡车休闲，以及室外大型儿童玩具游乐等娱乐项目，并配套建设了北运河精品花园酒店、运河小镇特色餐饮区、滨水茶楼、自助野餐区等。

（3）不足之处

第一，武清区对于北运河物质文化遗产的管理，如水工遗址、相关运河建筑遗址、水利设施的管理，不够规范化。比如对于北运河重要的节点遗址，没有设置配套的文化遗产标志。

第二，武清区对于有关北运河的非物质文化遗产，如饮食、书画、戏曲、曲艺、工艺、风俗等非物质文化遗产的文化价值挖掘不足。没能在保护、保存、口述记录的同时，进行创造性的转化，这直接影响到运河文化遗产的活态化传承。

第三，武清区运河物质文化遗产的开发利用不够，缺乏北运河沿线的文化廊道建设规划。

第四，北运河河道的生态保护不均衡。杨村段运河水质良好，而八孔闸区段的水质为劣 V 类。该区段水质污染主要来自上游河北省的部分工厂的非法

---

① 廉韵津沽：《武清区的历史与文化探析》，https://www.docin.com/p-2142681417.html.

排污。

第五,武清区北运河文化资源比较丰富,缺乏一个与之匹配的运河文化广场。

(4)启示与建议

如果按照经济带、文化带和景观带的总体思路对武清区境内 64.2 千米的运河进行全面改造开发的话,那么,就需要对杨村的运河历史文化资源进行梳理、归纳与整合。一方面将河道改造与彰显运河文化有机地结合起来,使武清杨村的运河文化遗产得以光大与传承;另一方面,以塑造和传承运河文化精神为重要载体,弘扬武清北运河文化的丰富内涵与价值。

第一,武清区对于北运河物质文化遗产——运河河道,船闸、桥梁、堤坝等水工遗址,官衙遗址、运河相关建筑、水利设施,设置符合世界文化遗产要求的文化遗产标志牌。

第二,武清区对北运河的非物质文化遗产,在保护、保存、口述记录的同时,应当进行有效的开发利用。如对于武清的国家级非遗项目李氏太极拳,天津市级非遗项目如永良飞叉、西柳行太平车会、寺各庄竹马会、河西务孝力高跷、黄花店梵呗音乐、高王院莲花落、高氏八卦掌、三义屯雌雄兄弟传说、杨村糕干制作工艺、东马房豆腐丝制作技艺、曹子里绢花制作技艺、中医传统制剂方法(郝氏抚疤灵软膏制作技艺)①等四批十二种遗产项目,进行有效的宣传与推介,以促进武清区运河文化遗产的活态化传承。

第三,根据武清区运河物质文化遗产资源和非物质文化遗产资源的布局,对北运河沿线的运河遗产资源进行文化廊道建设的总体规划。以武清区的运河文化遗产为基础,与北京市的通州区、河北省香河县和下游的各区进行沟通与联动,建立起一条华北地区大运河文化遗产廊道,以利于京津冀运河历史文化遗产的保护、传承与利用。如景观性文化遗产廊道、运河水工遗存廊道、古仓储遗址廊道、博物馆廊道、运河饮食文化遗产廊道、运河民俗文化遗产廊道、运河戏曲文

---

① 梁潇:《天津市非遗项目统计表(1－4 批)》,天津市非物质文化遗产保护中心,天津非物质文化遗产网:http://www.ichtianjin.com/a/info/2018/1112/496.html 2018－11－12.

化遗产廊道、运河曲艺文化遗产廊道、运河武术文化遗产廊道等等。

第四，制定北运河河道的生态保护规划。根据天津市河长制的管理规定，对于八孔闸区段的水质进行有效治理；同时，与北运河上游的河北省相关部门进行及时沟通，合作治理该区段水质污染问题，杜绝来自北运河上游部分工厂的非法排污。

第五，整合武清区北运河的历史文化资源，筹划建立一个与之匹配的运河文化中心。以现有的武清区北运河休闲旅游驿站为基础，借鉴西青区的两个运河文化广场——杨柳青石家大院前运河文化广场和中北镇运河文化广场的设计与架构；再参考静海陈官屯运河博物馆的经验，形成武清区特色的运河文化广场 + 运河博物馆的运河文化中心模式。

6. 武清博物馆

武清博物馆是一座集文化遗产保护、收藏、展示、教育、欣赏与研究功能于一体的历史艺术类综合性博物馆。馆内藏品丰富，涵盖武清出土的各个历史时期的文物珍品及各界人士捐赠的文物等，有古代青铜器、陶瓷器、货币、碑刻、佛教造像以及近现代书画作品等各类藏品。

该馆于 2014 年建成并对外开放，是一座地下一层，地上五层，层叠错落，空间感极强的现代化建筑。馆内分设五个展厅及一个综合展品修复室，另配有地下库房和五层观光区，充分满足了博物馆的各项功能需求，是武清区各类文物资源的收藏中心、地区文物展示中心，也是武清地区历史文化的研究中心。

武清博物馆内设五个展厅，第一展厅是“墨韵雍阳——大运河书画院藏品展”。武清人杰地灵，文化底蕴深厚，是中国文化部命名的“中国民间艺术书画之乡”。被称为中国书法珍品的东汉雁门太守鲜于君碑即出土于此，并藏有康熙、乾隆御碑等历史碑刻 40 余件。近代尤以多出书画名士为世人瞩目。展厅主要展出天津市书画名家精品展、鲜于璜碑全国书法名家作品邀请展、大运河书画院七省市巡回展作品及武清区书画晋京展中的精品。

第二展厅是“武清历史沿革展”，武清历史悠久，古为泉州、雍奴二县之地，唐天宝元年更名武清。展厅以武清在历史长河中的发展过程为线索，分为：艰难“石”世、幽燕故地、秦汉之光、南北融合、唐风宋韵、铁马金戈、潞水帆樯、战争风云、峥嵘岁月和走向辉煌十个主题展区。陈列面积 1480 平方米,主要展示各个历史时期出土的陶器、铜器、瓷器等 300 余件文物。

第三展厅是“漆木古风—可乐马古典家具博物馆藏品展”,展厅展出的明清漆木家具,为古典家具收藏家马可乐先生多年倾心所藏。包括床榻、箱柜、椅凳、桌案等百余件珍品,多来自山西及其周边省份的中小城市、乡镇村庄,所用木材多为榆、槐、楠、柏等,当地漆器技艺历史悠久,带着浓厚的地方特色。漆木家具是中国传统家居中的主流,其造型和种类,具有很高的艺术价值,是研究历代社会生活极宝贵的实物资料。

第四展厅是“旧貌新颜—撤村建居成果展”,2000 年国务院批准武清“撤县建区”,武清的城镇化建设开始起步,2003 年武清区全面启动撤村建居工程,至 2014 年 4 月,完成了东蒲洼、杨村街、黄庄等 11 个乡镇及(街)城区 103 国道黄金走廊的改扩建工程,农民居住环境,生活质量得到了彻底改善。展厅通过对居民、瓜棚等场景的复原和当时生产生活用具的展示,以及新旧小区的对比,全面展示了武清撤村建居以来的成果。

第五展厅是“佛首还乡—海峡两岸文化交流展”,展厅展出的佛首及佛像皆由台湾知名人士叶景成先生赠予,共计 32 尊,净重 4 吨多,这是在台文物第三次回归大陆,也是两岸文物交流史上捐赠数量最大、年代跨度最长的一次。32 尊佛首造像作品展现了北齐至清代中国佛造像艺术的变化发展,更反映了佛教与中国传统文化碰撞、融合的过程。

武清博物馆作为天津地区唯一一家区级综合性博物馆,在空间设计、展示布局、文物收集、遗产保护、教育研究等方面都大有可观之处,很多方面可以说走在了天津甚至全国同类博物馆的前列,但对标先进,仍然存在着一些不足。

首先,布展形式较为传统,新技术应用程度较低。武清博物馆藏品众多,不乏精品,但展出方式仍偏于传统的静态展示,容易给参观者留下较为平面甚至刻板的印象。以“武清历史沿革展”为例,参观者沿着十个展区的时间顺序走马观花,很难对武清在历史变迁中的线索和特色加以清晰把握。而且其中有很多极具价值的展品皆为复制品,原件或被商借在外,或囿于展厅空间面积,无法展出。最典型的莫过于康熙乾隆二帝御笔亲题的两座治河御碑,如果游客在运河公园的御碑亭欣赏过原样复制品后兴致勃勃地来馆想要一睹真容,却被告知馆内的展品亦为复制,且尺寸有所缩小,难免会大失所望。倘若能够利用时下流行的AR、VR技术,对诸如运河决口、开沟筑堤、皇帝题碑等标志性历史场景进行还原,为参观者提供沉浸式、互动式的鲜活体验,应该会大大弥补未能看到真实文物的遗憾,也会对历史沿革展中的很多重要时间节点留下深刻印象。

其次,文创产品开发力度不够,文物故事讲述水平不高。十九大以来,党中央不断强调文化的创造性转化和创新性发展,让博物馆里的文物“活”起来。而要做到这点,除了在布展层面引入“黑科技”之外,还要重视文创产品的意义。文创的字面意思是“文化”加“创意”,其意义在于唤醒文化记忆,是连接博物馆文化与观众的载体。就博物馆整个陈展体系来说,最合理、最完整的路线应该是观众看了展览,参加了互动体验,最后来到博物馆商店,带走一两件文创产品,实现“把博物馆带回家”。

对比近年来文创产品研发设计、IP开发授权较为成功的故宫博物院、上海博物馆、成都博物馆等领跑者,武清博物馆还有很大提升空间,尚没有结合馆藏与本地文化,设计出具有特色的文创产品,从而满足参观者在观展结束后想把文化记忆浓缩物化成衍生品,供日后使用、把玩、欣赏、回忆,甚至二次传播的愿望。

其实,好的文创产品反映的是博物馆讲故事的能力。文博单位做文创与其说是在“卖产品”,不如说是在利用文化元素“讲故事”。游客可能因为一时的“爆款”而关注一家博物馆的文创商店,但成为这家博物馆的忠实粉丝一定是着迷于其发掘讲述的文物背后的精彩故事。而只有在深入挖掘文物本身的价值内涵上下功夫,才能避免在文创产品开发上盲目跟风,一拥而上,导致“千馆一面”,同质化严重,甚至沦为浅薄浮夸的“耍宝卖萌”。也只有从讲故事入手,才能让武清博物馆这样的地方性博物馆走出一条不同于全国性省会级大馆的差异化发展之路。

针对上述不足,提出建议如下:

第一,引入数字技术,运用互联网思维,努力打造智能化博物馆。文化遗产数字化,即通过拍照、扫描、3D打印等手段,留住其“魂”和“形”,并为它们建立起全面的数字档案。利用数字技术对文化遗产进行保护,不仅是让历史遗迹“昔日重现”,更重要的是用新理念、新技术和新形式,使其形成新的价值。具体而言,诸如利用物联网、云计算、移动互联、人工智能等手段,使博物馆的文物利用更加智慧化、智能化。运用AR、VR技术让文物更加立体、生动,突破视觉局限,从感觉、听觉、触觉多层次多角度使文物可观、可鉴、可触、可知、可玩,还原历史的鲜活;利用微信、微博、网站、手机App、在线视频等,提升博物馆与观众的互动性,及时推送相关信息,宣传文物价值与时代内涵;全面推进藏品数字化工程,让公众足不出户就可以欣赏文物藏品。

第二,适度开发文创产品,结合风土人情,讲好藏品故事。

博物馆是集收藏、研究、展示和教育于一体的公众文化机构,其核心任务是保存历史记忆,研究、阐释和传播文化价值,发挥社会教育功能,而文创产业的发展,对于其是“锦上添花,美上加美”。对于武清博物馆这样富于地域特色的区级博物馆而言,文创产品的开发,更是不妨放慢心态,去除功利心,不媚俗,扎扎实实,步步推进,做出真正“文化+创意”的产品。要坚持文化是文创产品的核心,将文物作为文明传承载体来看待,而不仅仅是单纯的灵感来源。正如提出产品开发三要素——故事性、传承性、元素性的故宫博物院前任院长单霁翔所言:博物馆要有尊严地进入市场。这份尊严,其实就是对文化及历史的深刻理解。

创意文化产业的产业链很长,武清博物馆可以基于自身属性和社会角色的定位,重点关注上游环节,挖掘和梳理馆藏资源,提取文化要素,注重版权保护,在适当时机与企业合作,由武清馆提供产品IP,掌控产品研发的调性,让企业进行产品设计和销售渠道拓展,双方发挥各自优势合作共赢。

总之,讲好本乡、本土历史与文明的故事,把握住文物核心内涵,恰当地开发商品的文化属性,才是武清博物馆应走的文创之路。

二、四力培养:问题导向出建议

通过调研走访与专家座谈,大家一致认为,武清区运河历史文化资源丰富、区位优势显著,有着做大做强运河文化带的巨大潜力和发展前景。其先发优势表现在:

第一,区位优势。天津与北京、河北一脉相通、山水相连,特别是源远流长的大运河,将天津武清和北京通州、河北廊坊连在一起。武清和通州、廊坊三地作为连接京津冀城市群的核心区，有着巨大的合作发展潜力，为三地旅游实现快速发展奠定了雄厚的基础。2017 年首届“通武廊”旅游产业发展大会的召开标志着天津武清、北京通州、河北廊坊三地旅游融合发展正式起步。武清区可以携手通州、廊坊围绕着地域相连、资源丰富的大运河共同建设京津冀旅游新商圈，挖掘大运河旅游文化，打造跨区域旅游合作，谱写京津冀旅游发展的新篇章。

第二，政策优势。武清区近年编制了《武清北运河及两岸地区综合景观提升》规划，对武清区运河及两岸地区的区域特征、地形地貌、现状景观、历史文化资源等情况做了全面的汇总和分析，提出了武清区北运河的定位和发展方向，制定相应的发展策略。根据规划，北运河城区段将被逐步建成以旅游、商务活动、文化休闲、生态居住为主的多功能河道。包括商务办公、会议展览、文化娱乐、商业餐饮、居住三个大型休闲区，及商务中心区域和运河广场、双龙公园、运河文化风情带、运河郊野公园（其中包括：滨水景观带、果林风光带、农业观光带）等重要景观点，拓展和补充京津两大中心城市功能，吸引高端企业和消费人群，带动地区经济发展。

第三，建设优势。为充分挖掘大运河文化旅游资源，早日实现京津冀北运河段旅游通航，武清区已投资 15 亿元对北运河进行筑坡、景观绿化、节点建设等工作，积极打造 63 千米的“武清运河旅游带”，通过河道清淤、拓宽，对堤坡进行绿化、生态补水，部分河段已实现旅游通航。通过对两侧滩地和两堤之间进行景观绿化、果树种植、沿线设施农业建设带建设改造，带动了沿线近 10 个镇街的发展，现已建成休闲旅游驿站、津北森林驿站等 5 个度假项目、20 个农业休闲项目和 50 家特色农家院，并在运河沿岸建成了 30 千米长的骑行绿道，开通了旅游公交专线，设立了旅游指示牌，兴建了停车场。同时，加大力度对沿岸进行绿化，在全长 30.6 千米的沿线种植树木 10.4 平方千米，包括银杏、西府海棠等景观树，植树 64 万株，建成郊野公园、中草药园、百花园等景观，成为京津冀市民休闲旅游的好去处。同时，在武清城区中部，建成长约 1.5 千米的运河文化长廊，长廊设有休闲走廊和亲水平台，并建设有艺术雕塑、碑文题字、夜景灯光等，成为“武清运河旅游带”中一道靓丽风景。文化长廊以益寿亭和御碑亭为中心，以画卷形式展现运河历史文化特色。

改造后的北运河武清段河道宽 57 米,直墙为汉白玉栏杆,亲水平台上铺设有彩色情侣路面,平台外为新筑小堤,框格护坡与草皮花砖交相辉映。依河而建的大型文化主题公园内,精心制作了运河文化的雕塑、碑刻、壁画、运河漕运图等,让人们在闲暇中充分领略和享受运河文化的魅力。京杭大运河武清段自北运河休闲驿站至定福庄已通航,长度为 15 千米,河道最宽处 100 米,水深 4 米左右。有 4 艘画舫船和部分摇橹船在该段航道中航行,为市民提供休闲观光旅游服务。

可以说,经过近几年的不懈努力,武清区在运河历史文化遗产保护和开发利用方面已经取得了很多成绩,但仍然存在一些不容忽视的问题,主要表现在以下几个方面:

一是对运河历史文化遗产资源挖掘不够充分。运河是活的遗产,是中国悠久历史文化的结晶,是数千年自然与人类活动的积淀。运河遗产不仅包括沿用的河道、水利设施、附属建筑等物化遗产,还包括因运河直接或间接产生的多种文化遗产,如民间工艺、老字号、饮食文化、运河村落形成原因等也属于运河遗产的范围,但却没有引起足够的重视。在对运河遗产进行规划、保护和利用的过程中缺乏对运河非物质文化遗产的深入挖掘和掌握。

二是存在着基层运河遗产管理机构不健全问题。为了加快大运河文化带建设,天津市成立了大运河文化带建设规划编制领导小组,全面统筹、协调解决大运河文化带建设的重大事项。但是目前武清区尚未成立相应的组织协调机构,乡镇运河遗产也没有相应的管理协调机构或责任人。这在一定程度上导致了乡村运河遗产保护和管理的缺位。例如,老米店村老槐树的部分树干已经断裂,威胁居民房屋,但却面临管理和维护的困境。

三是运河遗产保护开发过程中对生态环境的关注度不够。运河遗产的保护和利用,不仅要强调其经济功能、旅游功能,更应充分认识到大运河作为一条人工河流,它与自然环境、生态平衡、人居环境之间的密切联系。如老米店村“鱼骨状”街道肌理的形成、河堤的不断加固、老米店水闸的建立,都体现着人与自然之间相互关系的调试和适应,对我们今天建设和谐、友善、文明的人地关系,具有很好的启示作用。

四是运河遗产保护状况参差不齐。武清区运河遗产丰富、种类多样、年代久远，与一般的单体文物不同，这给遗产保护管理带来了巨大的压力和挑战。目前，武清区对于保护级别高、年代较远，具有一定旅游开发价值的遗产，保存状况较好，管理维护比较到位。但对于老米店等众多的一般性运河遗产，由于其经济价值或历史文化价值不突出或不明显大多处于无人监管的状态。

运河文化带建设是一项复杂的系统工程，必须立足于武清区运河资源的现状和特征，深入挖掘运河资源的历史文化、生态保护等多元价值，建立统一、协调、高效的工作机制，综合推进。

第一，高度重视运河文旅产业。要把北运河保护与文化旅游开发作为新的增长点，从战略层面重视起来，按照在保护中发展、在发展中保护的要求，规划、布局好北运河沿岸文化旅游产业发展。

第二，深入挖掘运河遗产资源。武清区的运河遗产资源类型丰富多样，需要组织文物、考古、规划等专业机构和人员全面系统的进行武清区运河沿线历史文化遗产资源的调查，梳理与武清区运河相关的文献资料，摸清武清区的运河家底。注重挖掘运河历史文化名镇、名村资源，建设河西务、南蔡村、老米店、马家口、寺各庄等历史文化特色镇、村，保护古村落历史街区肌理和风貌。

第三，成立运河遗产研究协会。成立该研究协会是为了组织国内外运河遗产研究者和爱好者开展与武清区运河相关的历史、文艺、生态和社会研究，深入挖掘武清区运河的丰富价值和文化内涵，分门别类出版武清北运河文化丛书。为武清区运河遗产的保护和利用提供资料和理论支持。

第四，培育运河旅游文化品牌。在沿运河一线，建设中华武术文化园、修复古寺庙并恢复传统庙会，在筐儿港水利枢纽行宫旧址建设漕运博物馆，在河西务东西仓建设仓储文化纪念馆。积极宣传推广武清特色食品和土特产品，如武清东马房豆腐丝、黄花店豆腐干、下伍旗酱（臭）豆腐、崔黄口老烧锅（酒）、石各庄化春酱货、宝稼营的传统糕点以及田水铺萝卜、东马圈的打瓜等，做大做强特色食品产业。

第五，构建遗产生态廊道与特色旅游路线。尊重自然、顺应自然、保护自然的生态文明理念是武清区运河治理、遗产保护利用的前提。因此，武清区政府要树立可持续发展的理念，积极转变经济发展方式，在北运河两岸谋划和建设生态绿色廊道，加强生态空间管控。以北运河现有水道为骨架，完善集观光旅游、休闲休憩、科普教育、体育健身为一体的配套设施建设，建设连续贯通的生态休闲景观廊道。加快旅游通航规划实施。与生态旅游、农业旅游、文化旅游结合起来，打造北运河黄金水道和旅游观光带。

通过北运河的遗产廊道、生态廊道建设把分散在运河沿线的遗产节点串联起来，打造具有武清地域特色的旅游产品；将东西仓村、蒙村、老米店等运河遗产文化名村挖掘出来，讲好武清的运河故事，提升武清运河旅游线路的文化蕴意。

第六，加强运河遗产宣传保护力度。运河遗产的保护和利用绝非一时一地之事，它是一项长期的、全方位的、复杂的工程，需要积极动员全社会公众参与，营造良好的社会氛围。要广泛利用报纸、电视、广播等媒体，特别是互联网新媒体传播方式，大力宣传武清区运河文化带建设的价值、意义和相关规划、政策，使广大市民能够知道和支持武清区运河文化带建设，自觉参与到运河遗产保护的行动中。同时将运河资源宣传和文化教育深入到中小学课堂、乡村居民生活，通过全景式、多方位宣传，使武清运河文化建设深入人心。

第二篇　观察与研究篇

京杭大运河与早期城市同质化

城市发展同质化是近年来颇受关注的一个现象，引起了广泛的讨论和争议。这种现象的产生一方面固然是由于在城市化进程中对自身传统文化资源认识不够，破坏严重，导致城市文化特色的衰落；另一方面也不得不承认是全球化进程加快、经济文化交流密切的一个必然的、客观的结果。因此这一现象也常常引发人们对城市过度“现代化”的质疑和诟病。然而，把城市发展同质化归咎于“现代化”，显然并不公平。事实上，在历史上，由于京杭大运河的通航促进南北物资、文化的大交流，沿岸城市发展同质化就已经初见端倪。

中国历史上在全国范围内大规模、有系统地开凿运河始于隋炀帝，大运河经历了隋唐、宋元、明清三个时期的发展，现在我们提及的大运河主要指的是定型于元代的京杭大运河。以北京为起点、杭州为终点，由通惠河、北运河、南运河、鲁运河、中运河、里运河、江南运河等七段连接而成，沟通海河、黄河、淮河、长江、钱塘江五大水系。随着京杭大运河功能的不断丰富和完善，沿岸城镇彼此之间的经济联系与文化交流逐渐达到一个空前活跃的程度，并日益凸显出作为运河城镇所共有的基本特性。主要体现在以下几个方面。

首先是城市格局包括街道、商业、景观建筑等分布规律的趋同。

（1）以运河为轴心形成商业街区。徐永利、孙广华在《论两座典型运河城镇对运河文化的空间演绎》中，通过对瓜洲和西兴两处运河城镇的比照，发现“两镇街巷空间却遵循相似规律，即都以沿运河展开的线状商业街巷为主”，并且特别指出“这一类运河小城镇和典型江南水乡尚有一定差别”，是“运河水道主体性”

的一种显现。这种观点在江苏淮安也得到了印证。

(2)因“临江远眺”而闻名的楼观建筑。徐永利、孙广华以西兴的铁陵关为例,分析了运河楼观建筑的地标性特征。这在很多运河城市也有所体现。如山东聊城的铁塔、光岳楼,天津的环水楼、艳雪楼等,都将运河上的漕帆点点、波光粼粼纳入景观视野,而这些楼观建筑反过来又成为可供运河漕船观赏的风景名胜甚至是具有定位导向功能的航标。最典型的莫过于北京通州的燃灯佛舍利塔。清代天津诗人王维珍在《古塔凌云》一诗中写道:“云光水色潞河秋,满径槐花感旧游。无恙蒲帆新雨后,一枝塔影认通州。”可见这座塔已经成为即将到达大运河终点的重要地标,给长途艰难航行的人们极大的心理安慰。

(3)运河沿岸城镇格局还有一个非常重要的共同特征,即娱乐业高度集中。在沿河商业街区,除了分布着为漕运服务的货栈、驿馆以及由漕运经济催生的商铺、手工作坊等等之外,酒楼茶馆林立,歌舞管弦喧嚣也是一个非常突出和有特色的现象。天津的知名茶馆、戏园,如福来轩、三德轩、东来轩、宝和轩、义顺茶园等就主要集中在毗邻北运河,有停泊在附近码头的外地货船提供巨大客流的宫北大街、大胡同、侯家后一带。宝和轩位于老天津北城门以西,北面还有南运河穿过,宝和轩的张掌柜特别重视曲艺表演对茶客的吸引招徕作用,因而这里成为天津最早的相声茶馆之一。天津相声史上最早的一批名家阎德山、李德钖(万人迷)、张德泉(张麻子)、郭瑞林、马德禄、周德山(周蛤蟆)等都曾经在这里登台献艺。《终与运河共悲欢——“江北小苏州”兴衰》的作者曾经这样描绘山东济宁茶业之盛:“茶馆更是星罗棋布,城关内外到处都有,非专业茶馆忽略不计外,仅仅规模较大的茶馆就有数十处。这些茶馆大都集中在运河两涯城南门和运河上的各闸门口附近,如大闸口、小闸口,一直到顺河门,几乎可以说‘三步一茶馆,十步三个多’。”《梼杌闲评》也称山东临清“有三十二条花柳巷,七十二座管弦楼”。

其次是建筑风格出现趋同的倾向。明清时期江南地区的建筑工艺和思想,尤其是园林艺术,达到了一个艺术巅峰时期,顺着运河这一文化交流渠道,对沿岸城镇产生了广泛而深远的辐射作用。在山东济宁城内外诸多具有江南风情的别墅园林中,最为知名的要数至今仍有部分遗存的荩园。津门士大夫在营造园林时也特别热衷移植江南风物。著名的查氏水西庄就“栽竹数亩,蓊郁深翠”,让人顿生“不减江南”之感。

最后，在生活时尚包括饮食、服饰、曲艺等领域的趋同性也日渐明显。

（1）在饮食方面，大运河带来的物资交流的活跃，使得沿岸城镇在南北食材品种极为丰富的物质基础上形成了南北荟萃的饮食风格。在讲述济宁的姑苏玉堂酱园发展历史的一本书《玉堂史话》第一章题目就是“运河漂来戴氏玉堂”。戴氏在1741年始创的姑苏戴玉堂酱菜，起初主要是通过运河上来往的商船把南方酱菜从苏州潘万成酱园贩运到济宁。既受到南方船工和商人的喜爱，也使得北方人有机会尝新鲜。后来为了节约运输成本，也为了适应北方人嗜咸不喜甜的口味，玉堂酱园开始尝试利用济宁本地原材料进行加工。随着业务的扩张，其生产和经营范围也越来越大，“秋油伏酱、五香茶干、远年干酱、甜酱、独流老醋、佳制金波药酒……八宝豆豉、关东虾酱、虾油，大仓糟油，南北各种小菜”等都在济宁的姑苏玉堂酱园生产和经营范围。

（2）苏州的服饰风尚也曾经对天津产生过影响。据梅宝璐《竹枝词》称，津门地区曾经流行过一种称作“苏州背”的装束，非常惹人注意。

（3）在曲艺方面，大运河对南北戏曲人才流动、戏曲艺术交流融会所起到的关键性作用，已成公认。樊彬《津门小令》说道：“津门好，妙曲值千金。一片管弦歌荡调，十番锣鼓演奏清音，花酒夜沉沉。”这里提到的荡调和十番都来自江南地区。荡调，原本是一种小曲，起源于江南地区的水上人家，表演空间逐渐转移到陆地上后，融合昆腔曲调，选用昆曲剧本，形成所谓荡调。流传到北京、天津一带。“十番”又称“十班”“集番”“协番”等，乐队由约十种乐器组成，包括管乐器、弦乐器和打击乐器三大类。苏南十番，俗称“打十番”，它本源于明中叶万历年间的苏州，清乾隆年间在民间流传最盛，那时称“苏南十番”或称“江南十番”。后根据天津人的欣赏习惯和演唱风格，出现了一些与江南十番不同的套曲，当时叫“北十番”。有一种说法是清乾隆年间，一个叫吴君轶的天津人，游历苏州的时候，学会了十番乐曲，并进行了改造。随后，天津十番开始流行，音韵清脆、幽雅宜人，非常适宜在月夜、水滨、园林等幽静的情景下演奏。而这正体现了江南文化独特的韵味。天津《静海县志》曾经这样描绘十番的美妙动人之处，“其组织皆城镇读书人为之，师师弟弟整整齐齐；一曲吹来，八音俱奏，一似苏浙清吟小曲，令人神怡。”而天津十番的很多乐曲是从来自苏州的另一项著名曲艺昆曲中挑选出来的。昆曲发源于600多年前，由昆山人顾坚草创。到明代嘉靖年间，魏良辅对昆山腔进行大胆改革，明代万历年间，昆曲出现爆发式发展。随着漕运的发展，早在明末天津就有了昆曲的演出。逐渐出现了很多戏班。天津运河沿岸的许多园林，如问津园、水西庄都蓄养优伶。苏州老郎庙的历代捐款花名碑，其中一块碑上还留下了天津小班的名号。十番乐曲就是取自元曲及昆曲的曲牌选段或选句。此外，《静海县志》还记载了另一种民间曲艺，“推碌轴”，则脱胎于扬州的“推蓬蓬”。

总而言之，城市物质形态与社会文化同质化倾向的确是运河城镇发展过程中一个不可忽视的现象。运河沿岸城镇互相引为别称，则是更为确凿、更为直观的例证。

如天津曾有过“小扬州”的别号。天津与扬州同属于运河城市，且都以盐业作为重要的经济支柱，因此在城市文化发展的历程与特色方面也有惊人的相似之处。盐商辐辏，富室云集，极大地推动了当地的奢侈消费。所谓“赢得纲商佳子弟，花天月地会消磨”，“盐坨堆积崇如山，遂使后人不知艰。……学人衣食竞奢华”，说的就是津门地区与扬州极为相似的奢靡风气。据说早在宋元时期的诗歌《直沽》中，直沽地区就已经给当时人留下了“扬州十里小红楼”的印象。直到清代，这一意象仍然对很多诗人的艺术创作产生影响。《续天津县志》称津门“邑向五方杂处，逐末者多，踵事增华，日趋浮靡”，尤其是在服饰、饮食方面追逐时尚，花销豪奢，素有“小扬州”、“赛扬州”的美誉。杨一昆在《天津论》中写道：“天津卫，赛扬州……繁华热闹地窄人稠。”张问陶在《怀天津旧游》以“二分烟月小扬州”来赞誉天津的富庶丰饶。而崔旭在《津门百咏》的第一首诗中也以“繁华风景小扬州”勾画津门风貌。樊彬在李啸村《扬州忆》小令的启发下，联想到津门有“小扬州”之目，便仿效其体例撰写了著名竹枝词《津门小令》。由此可见，天津卫是繁华扬州的翻版，这已经成为一种共识。

临清则有“小天津”的美称。尽管这种说法一度存疑，有人指出，临清在历史上的发达远早于天津，没有必要借“天津”之名来壮声势，反而是后起之秀天津有过“小临清”的别号，直到天津的发展势头超过临清后，临清才反过来被称为“小天津”。至于这个转折点到底是在何时,《临清发展史料》一文以乾隆时期的一个传说作为解答:“据传说‘小天津’之称,始于乾隆之口。原因是临清商号多以天津供货商店的字号而命名,有的就是天津大字号的分号,所以有不少商号与天津大字号重名。同时常住临清的天津客商也很多,食品行业为招徕顾客,使饭菜尽量符合天津客人的口味。乾隆到临清后,看到河船码头、市容风貌颇似天津,吃的食品多是天津风味,所以称临清为小天津。”无论上述说法可信度有多高,但是二者在经济形态、城市景观、文化风尚等方面的相似性是不容置疑的。

济宁也曾被誉为“江北小苏州”。作为济宁商业文化“名片”的姑苏玉堂酱园最早便发源于苏州的酱菜文化。而从明清时期开始遍布城内外的苏式园林更是让济宁始终难以摆脱“小苏州”的影子。时至今日,济宁市区内仍有以“苏州苑”命名的居民区,还有公司以“小苏州”为商号。

距济宁市区约40千米的南阳古镇也自称“小苏州”。这里依水而建,因河而兴,古老的京杭大运河穿镇而过。历经元、明、清三代,这里逐步发展成为运河沿岸的重要商埠,“官船、渔船、酒船、商船、往来相接”,北运大豆、羊皮、煤炭的船只,南载糖、纸、竹器、丝绸、煤油的船只,都在这里停泊,一时号称“小苏州”。由此可见苏州文化对运河沿岸城市影响之大。

从这些运河城镇别称的由来也可以看出,京杭大运河带来的早期城市发展同质化,不仅体现了运河从经济地理上对沿岸城镇格局的“控制和梳理”,也是文化由高势能区域向低势能区域输出的结果。

(本文作者许哲娜,原文发表于《天津日报》2013年11月30日,收录时略有删改。)

运河、漕运与天津

天津古代城市的起源和发展与运河、漕运密切相关。天津素有“运河载来的城市”之称。

公元 1153 年,金代迁都燕京(今北京),称中都,由于大量人口集聚,军需民用皆仰仗周围地区供给,如河北、山东等地。于是,官府利用河北平原的河渠组织漕运,供给中都。这段水路最初并不经过天津三岔口,只是从独流西折经霸州、永清、安次,直达通州,即行永济渠故道。到 1205 年时,原有漕河淤塞,改凿漕渠。改凿后的漕渠,不再在独流西折行永济渠旧道,而是北流至三岔口,然后溯流北上直达通州。自此,天津真正成为内河航运的枢纽和控扼首都经济命脉的门户。金贞祐二年(1214),为了保护漕运和守护中都,在三岔河口设立军事据点——直沽寨,完颜佐为都统,完颜咬住为副职,戍守直沽寨,这是天津市区最早的聚落。当时,每年漕运至中都的粮食达 100 多万石。

元时,仍定都大都(今北京)。天津以海河为界,分属二县管辖,以北为武清县,以南为清州靖海县。《元史·食货志》载“元都于燕,百司府庶之繁,卫士编民之众,无不仰给于江南”,意思是说,元定都燕京以后,政府机构庞大,人口众多,只有依靠富庶的江南地区才能解决诸多人口的吃用问题。因此,元代更加依赖漕运,专门设立漕运所(后升至漕运司),1282 年又改称京畿都漕运使司,掌管御河上下至直沽、河西务、李二寺、通州等处漕运事宜,直沽成为漕运系统中的重要节点。元初漕运由内河进行,中途颇费周折,又耗资费时,于是开凿京杭大运河,并在 1293 年全线开通。

京杭大运河开通以后，由于河道狭窄，且经常淤塞，船只小，载货量不大，年运量不足以满足大都的浩繁需要。于是，有开海漕之议。1287 年设“行泉府司，专掌海运”，1288 年设“海道运粮万户府，……掌每岁海运粮，供给大都。”海漕开通后，每年转运大都的粮食由元初的数十万石，增加到最高时达三百万石。

无论是河漕还是海漕，天津都是重要的中转枢纽，尤其是海运时，由于船只较大，溯潮水上行至杨村（民间有“潮不过三杨”之说）附近就需要就地卸下漕粮，更换为小型驳船运至通州。因此在从三岔口到河西务沿线设置了许多仓储设施，用以存放粮食，在三岔口附近建有广通仓、直沽海运米仓，在今北仓地区建有广通仓北仓，在河西务建有十四仓。至今留存的北仓、南仓和十四仓等地名印证了历史的沧桑。

由于海漕的开通，直沽呈现出“晓日三岔口，连樯集万艘”和“东吴转海输粳稻，一夕潮来集万船”的壮观景象。大直沽“舟车攸会，聚落始繁，有宫观，有接运厅，有临清万户府。”元代大规模的漕运，直接影响到天津城市的形成和发展，元延祐三年（1316）在直沽设海津镇。由于漕运的兴盛，直沽一带商业繁盛，人口集聚，南北文化交流日益加深。“一日粮船到直沽，吴罂越布满街衢”，南货不仅在直沽市场上集散，而且通过通惠河运送到大都。“转粟春秋入，行舟日夜过。兵民杂居久，一半解吴歌”描写的就是由于漕运和商业活动的展开，南北人口杂居，北人对南人的语言文化了解加深。为了确保海运的安全，初兴于福建的妈祖信仰也在直沽民间流传开来，出现了护佑船民海上安全的天妃宫。1990 年代末发掘的天妃宫遗址是我国北方第一座妈祖庙，建于 1314—1320 年间，印证了那句民间流传的说法“先有大直沽，后有天津卫”。天妃宫遗址和现存的天后宫都与元明清几代的漕运文化密切相关。

明永乐二年（1404），天津设卫筑城。永乐十九年（1421），迁都北京。政治中心安定以后，明王朝实行“里河运粮”，即每年通过运河把数百万石的漕粮和商货自江南运抵北京，“京师岁食东南数百万之漕，悉道经于此”，由此天津卫出现“天下粮艘商舶鱼贯而进，殆无虚日”的盛况，并发展成商贩云集，百货倍于往昔的城市。

清代初期仍沿袭明代的“里河运粮”，多次疏浚改造大运河，使大运河重新发挥了南北交通大动脉的作用。1684 年海禁开放以后,天津不仅实施“奉天海运”(即从东北运粮到天津),也在运河淤塞时,通过海路运输南粮,由于天津在清帝国经济、交通、军事等方面的重要性,清雍正三年(1725),升天津卫为天津州。清雍正九年(1731)升府置县,升天津州为天津府,辖六县一州。

明清时期,漕船除正式载运的漕粮外,还可以携带免交课税的土特产品,数量从最初的每船 10 石到后来的 180 石。这样,南方各地的蔗糖、茶叶、海货、干鲜果品、丝绸布匹、瓷器、蓝靛、名贵木材、竹木及竹制器皿随漕船带到了天津,有的在天津交易,有的被运输到北方各地售卖。回空船也将北方特产如芦盐、棉花、枣、梨、豆、麦、核桃、瓜子等带回了南方各地,天津成为南北商品集散之地。当时,海船常常停泊在海河沿岸至东门外一带,河船多停泊在北门外、三岔口、尹儿湾(今北仓)、河西务等地。漕船的停泊和夹带货物的交易,在一定程度上促进了天津商业的繁荣和各种专业街市的形成,如天津的商业街侯家后、估衣街就是因紧邻运河,人气集聚而形成的商业繁华区,而锅店街、竹竿巷、针市街、小洋货街等则是因销售漕船舶来的商品而成名。这些类似街道名称在运河沿岸城镇也不难寻踪影,如杭州、济宁、临清、北京都有竹竿巷。由于商业和运输的繁荣,吸引了外地商人到天津经商,他们组织了同乡会,在运河岸边建起了会馆,如闽粤会馆、豫章(江西)会馆、山西会馆、安徽会馆、怀庆会馆、浙江会馆、云贵会馆等。同时,各类货栈、商行、银号、钱庄鳞次栉比,脚行、镖局等也应运而生。一个生机勃勃的城市在运河和漕运的催生下茁壮成长起来。

漕运一直保持到 19 世纪中期。1855 年以后由于黄河改道,运河水浅,输运困难,于是清廷于 1901 年宣布废止漕运。漕运废止以后,天津地区部分区段的运河还作为地区间的水运存在了一段时间,但对城市经济的作用远没有元明清时期那么重要。

(本文作者任云兰,原文发表于《天津日报》2018 年 11 月 12 日,收录时略有删改。)

运河孕育的商业大都市

天津这地界，老百姓称为“退海地”“九河下梢”。“退海地”其实就是嘉靖二十九年《重修三官庙碑》中提到的“斥卤之区”，意思是该地为盐碱地，寸草不生。九河下梢，文艺点的说法就是“百川之尾闾”，但意思都一样，百川入海最低洼的地方。所以在主要依靠陆路交通的时代，当“齐纨鲁缟车班班”的西安、“天下名都”邯郸以及“牡丹之乡”洛阳引得“天下朋友皆胶漆”时，天津还是一个没有名字的戍边屯种之地。

后来历代王朝意识到仅仅靠陆路维系统治是远远不够的，天津的好运似乎开始了。先是曹操开凿了一条从今天的沙河到天津的平虏渠，后是隋在此基础上修建了联系南北的大运河。通过这条水道，江都（今扬州市）的物资源源不断地被运到涿郡，“舳舻相次千余里”，杨柳青也出现了“昨日临清卖苇回，今日贩鱼桃花口”的商业繁荣景象。

即使到了宋辽对峙时期，民间贸易也没有因为两国的战争而中断，界河（海河）两岸行商坐贾熙熙攘攘。金朝统治者为了满足中都（今北京）粮食需求，重新疏通南运河（京杭运河北段），并在今天的狮子林桥西端旧三岔河口一带设寨，也就是直沽寨。直沽一带人口逐渐聚集，慢慢形成了商业集市。

运河虽然便捷，但也时常因枯水季而断流，所以元朝开始试行海运，一时间“漕运粮储及南来诸物商贾舟楫，皆由直沽达通惠河。”三岔河口，出现了“一日粮船到直沽，吴罂越布满街衢”的繁荣景象。这句诗中的“罂”，指的是古代南方一种大腹小口的瓦器，主要用来盛放茶叶、酒和水。“越布”是一种南方的葛麻织品,其中布质精细薄软的织品称之为越布。“衢”是四通八达的街道。所以,我们可以想象,当时直沽大街上到处都是南来北往的粮商、茶商、布商、酒商以及盐商,临街店铺里摆放着南方的丝织品和器皿,熙熙攘攘,热闹非凡的景象。

漕船、商船给直沽带来了人气,为了方便这些来往运丁、兵丁以及商人的日常所需,在三岔河口的一段平坦水湾上开始形成了一片酒家茗肆,歌榭妓寮丛集之处。这片集市据说是因为在一家侯家茶馆屋后,久而久之人们就把此地叫成了侯家后,它比天津建城还要早,也是天津最早的商业区。

1404 年 12 月 23 日,对天津来说是一个重要的日子,这一天永乐帝正式将直沽改为天津,寓意天子渡河之处。之后,永乐帝以及他的继任者并没有忘记天津这块地,不仅在这里设卫建城,抬高天津政治地位;而且继续维护和经营大运河,有一个叫徐有贞的治河能人,在黄河决口之处设置水闸,并花费三年时间开凿广济渠,保证了运河 30 年的稳定。正德年间,仅在天津港口拽运大木的官兵就达到了 6000 多人。

此外,明朝也放宽对随漕人员携带货物数量和税负的限制,往来漕丁可以有利可图。清朝,除了继续沿用明朝运河政策外,还开放了海禁,开辟了“北洋航线”。广东潮州的商船“游弋登莱、关东、天津间,不过旬有五日耳”;福建厦门的商船“顺风,十余日即至天津”;江浙一带赴天津、奉天贸易的商船也因顺风由一年两趟增至一年四趟。

天津成了名副其实的“五方之民所杂处”。原来的侯家后已经容纳不下操着各路方言的客商,于是在城东门外、北门外和三岔河口一带扩展出新的商业中心,天津城也形成了“东贵西贱,北富南贫”的城市格局。

之后,天津地位因商业的繁荣而再次提升,由卫变州、变府。虽然清时天津的功能和定位还是北京的东南门户和河运中转站,且无论是经济实力还是政治地位都不能跟扬州苏杭等运河枢纽、财税重地相提并论,但随着近代航海时代的到来,天津城开始“大放异彩”,开始从一个运河城镇慢慢成长为海洋时代的北方商业巨镇。

(本文作者王静,原文发表于《天津日报》2018 年 11 月 19 日,收录时略有删改。)

近代天津运河治理启示录

当前，为深入贯彻落实习近平总书记关于大运河文化带建设的重要讲话精神，包括天津在内的运河沿线地区的大运河文化带建设工作正在如火如荼地展开。积极探索大运河文化带、生态带和旅游带协调推进、融合发展，成为各地基本的共识。这当中，大运河的生态环境整治被放到了非常重要的位置。实际上，早在20世纪上半叶，天津境内的大运河就面临着严重的环境污染和治理问题。

天津俗有"运河载来的城市"之说，因运河而生，也因运河而兴。运河不仅促进了城市的发展，同时也带来了"二分烟月小扬州"的江南水乡景致，以及"天晴约友寻芳去，一叶扁舟指芥园"的诗情画意的生活。不过，一切并非都是那么美好与和谐。运河给天津带来的还有数不尽的洪涝灾害，而天津回馈给运河的则有大量又脏又臭的垃圾。

19世纪60年代天津开埠初期，运河的脏乱就给到过天津的外国人留下了深刻的印象，在他们眼里，"大运河只不过是一条'深沟'，是垃圾箱，其景象令人嫌恶"①。随着城市的快速发展和人口的急剧增加，这种情形越来越严重。因为沿河居民倾倒垃圾，再加上天津华界各清洁队将南运河两岸当成市内垃圾的运送和堆放场所，到20世纪20年代末，运河河道和两岸的垃圾已经严重影响到航运与防汛安全，河北省水务部门和天津市政当局才被迫开始重视起来。

1929年8月，《大公报》记者跟随天津市公安局长一行乘船巡视南、北运河与

① ［英］雷穆森著，许逸凡等译：《天津租界史（插图本）》，天津人民出版社，2009年，第39页。

子牙河。沿途发现三岔河口金刚桥以西河道内挤满了大大小小的船只,数量多达数千艘。南运河曾公祠前河面上漂浮着众多垃圾。据说是因为三岔河口处水流湍急,而南运河水流相对缓慢,无法与之相抗,所以从上流飘来的垃圾都聚集在这一段地方了。从曾公祠以西至大伙巷,运河两岸居民的垃圾都随意倾倒在河岸两旁,日积月累,最终形成堤岸,侵入河道有数尺之多,河道因此越来越窄,而且臭气难闻。从大伙巷向西,河道开始变宽,沿岸垃圾日渐稀少,到地近郊区的永年面粉公司附近基本上就见不到了。鉴于南运河垃圾污染比较严重的情况,《大公报》记者特别发出呼吁,希望水务和卫生部门及时进行治理。

这一天很快到来了。1931 年,河北省建设厅发函给天津市政府,指出近年来南运河沿岸居民随意倾倒垃圾,不但阻碍河流交通,而且有碍卫生。影响最严重的北大关以西河段,若不设法治理,河身日益狭窄,河水宣泄不畅,必将造成水灾。为此,希望天津市政府通令沿河居民不准倾倒垃圾,另外将两岸原先堆积的垃圾铲除干净。天津市政府随即令公安局、工务局等遵照办理,协商运除办法,“以重卫生而维河道”。同年 8 月,天津工务局会同公安局招标船户对这些垃圾进行清运。结果不久后适逢“天津事变”和冬季结冰期,于是这一工作不了了之。

不过这一时期垃圾治理工作已到了势在必行的地步。因为垃圾过多,南运河下游天津市北大关一段,长约十余丈的河道内垃圾堆积,像半岛一样,“几将河道堵塞,所有往来船只,非待潮涨,不能通行”。① 船户们纷纷到河北省五河水上公安局要求疏浚河道,以便航行。该局于是请天津市政府转饬河务局,将河内堆积垃圾,竭力挖浚,并转令天津市公安局另外指定垃圾倾倒地点。

1932 年,天津市工务局与公安局奉令对南运河垃圾进行清理。1933 年颁布了九条清理办法,包括由工务局插立标志,派人指导起挖;市民如有需要,可自行拉取;鼓励民众拉运,规定运送垃圾的船只,发给牌照,长年免费起运,不收船捐;船只经过各地水陆警察都要特别协助放行;严禁居民、菜商及清道夫等在河岸倾倒秽土菜叶,违者由公安局处罚;公安局各警区清洁队另外寻找垃圾运送地点,建议未来四五年内将水梯子浮桥废河、西大湾子废河、海光寺南大坑三处,作为

① 《天津市政府训令》,《天津市工务月刊》1932 年第 18 期。

运送和掩埋垃圾的场所。① 随后，相关工作陆续展开。1934 年 3 月，天津市工务局在《大公报》刊登了承运南运河两岸垃圾的招标广告，招标内容为从大王庙起到大伙巷浮桥为止的垃圾共 14 处，总计约 1400 方。工务局原计划将这部分垃圾填垫金家窑和西大湾两处废河，后因运输成本太高改为由承运人自由处理。最后中标的是包商宋起顺，他以最低价 950 元中标承运，至 5 月初基本清理完毕。不过，与此同时，运河沿岸居民与各警区所属清洁队土车仍旧往运河两岸倾倒垃圾，这引起了工务局的不满。认为如此一来，“恐永无清理完竣之日”。为此，特意致函公安局请严禁清洁队车夫再往河岸倾倒垃圾。② 这是因为，1936 年之前，天津市清洁队是归属警察局管理的。

经过这次治理后，南运河的垃圾危害问题虽然得到了一定程度的缓解，不过从后来的各种资料来看只是暂时的，垃圾污染问题并没有得到根本和有效的解决，对航运和水患的威胁也依然存在。所以，相关部门不得不时地进行治理。1936 年，南运河市内段进行清淤，原先估计淤积约 8 万方，没想到实际上竟然增加了 1 倍。因垃圾太多，清淤工程进展速度极为缓慢。天津沦陷时期，伪天津卫生局设置了“清理沿河秽土委员会”，清理沿河垃圾。1946 年，天津市防汛委员会施行以工代赈法，委派警察局负责统筹安排金钟桥下垃圾的清理工作。

总体来看，天津境内大运河面临垃圾危害问题的主要是南运河，而且主要集中在从曾公祠到大伙巷这一段。当时，市政当局之所以对此进行治理，主要是出于保证航运顺畅和预防水患的考虑，不得已而为之。对环境卫生问题缺乏应有的重视，中间涉及的部门又多，互相推诿，没有统一的规划和行之有效的规章制度进行约束和监督。另外，运河两岸在很长一段时间内本身就成为天津市垃圾的投放点。所有这些都导致对南运河垃圾治理问题没有取得理想的效果。

（本文作者成淑君，原文发表于《天津日报》2018 年 11 月 13 日，收录时略有删改。）

---

① 《训令第四十号》，《天津市政府公报》1933 年第 55 期。

② 《公函》，《天津市工务月刊》1934 年第 41 期。

大运河的保护治理及其旅游开发

京杭大运河是世界上开凿最早、里程最长的人工大运河。它既是一条见证了中国两千多年文明史的“历史长河”,也是一条串通和展示中国优秀传统文化的“历史长廊”,是至今仍然活着、流动着的历史文化遗产,与长城同为中华民族文化身份的象征。但随着经济社会的发展,大运河的传统交通运输功能已经大为减弱,山东济宁以北地区甚至已经断航或断流,河道、沿河景观以及相关的水利工程设施和历史古迹等也均已沧桑巨变或者遭到破坏,当前又面临着城市现代化、农村城镇化建设的严重挑战。为此,对大运河进行抢救性保护已经势在必行。有鉴于此,2006 年国家文物局将京杭大运河整体列为全国重点文物保护单位,大运河申报世界文化遗产项目也于2007 年9 月开始启动,这就为运河沿线城市带来了新的发展机遇。在新形势下怎样乘势而上,实现大运河遗产保护、利用与城市可持续发展的双赢,就成为摆在这些城市面前的艰巨课题。

带着上述问题,天津社会科学院历史研究所调研组一行 8 人于 2013 年 4 月 8 日至 14 日先后到扬州、苏州、杭州三市,围绕运河沿线城市历史文化遗产的保护、治理与利用问题,展开了为期一周的调研。

一、在运河综合保护、治理及申遗方面所做的工作

总体来看,随着历史的变迁以及工业化和城市化的发展,扬州、苏州和杭州城区段的运河出现了一些普遍性的问题。由于现代化交通工具的崛起、航运噪音对沿岸城市居民的影响等原因,大运河的航运功能都明显下降,客运业基本退出水运市场,货运则主要集中于运送低值笨重的水泥沙石等建筑材料以及煤炭等。而建国后城市经济建设的加速发展,则直接导致运河成为“天然排污场”,生

态功能急剧退化。运河两岸大量的工厂和居民所排放的生产和生活污水以及来往船只所产生的垃圾，致使市区运河水体污染严重，岸边垃圾成堆。河床淤浅，少数河道甚至已断流，成为污水沟。同时，运河两岸很多历史文化遗产都遭到了破坏甚至消失，原有的运河城市风貌几乎荡然无存。另外，运河的开发建设缺乏统筹规划和设计。运河沿岸景观布局零乱，居住、工业、码头、仓储等用地交错混杂，滨河公共建筑用地严重不足。随着运河经济的衰落，生态环境质量的恶化以及历史文化遗存的缺失等，运河的旅游休闲功能也逐渐被遗忘。

扬州、苏州和杭州三个城市的经济发展在全国均处于领先地位，也是江南最著名的三个运河城市，从历史上来看都是因运河而兴盛和发展起来的，都将运河视为“生发之河”或者“母亲河”。大运河在这些城市穿城而过，见证了城市的成长和繁荣，与城市的发展已紧密融为一体。所以，三市的市委、市政府向来都对大运河的保护和整治非常重视，甚至在国家大运河申遗项目启动之前就已经有针对性地做了很多工作。大运河申遗项目启动之后，更是有的放矢大大加强了保护和整治的力度。

扬州是大运河的起源城市。从 1998 年开始，扬州市先后投入巨额资金，依据统筹兼顾、综合利用的原则，实施古运河城区段综合整治工程。主要内容包括清淤截污、两岸绿化与景观改造以及保护和修复沿岸历史文化遗迹。具体措施是疏浚航道、河岸护砌、建设防污治污项目、河滨绿化、搬迁居民和工厂、拆迁房屋以及修缮和保护运河周边的吴道台宅第、卢氏盐商大宅、盐宗庙等一大批历史文化古迹。综合整治工程不仅改善了运河水质，恢复提高了河道通航及行洪排涝能力，还在古运河两岸形成绿化风光带，提升了沿河两岸景观的文化内涵，大力挖掘了沿河的旅游资源。

2007 年 9 月 26 日，中国大运河联合申遗办公室在扬州揭牌，扬州以牵头城市的身份拉开了大运河申遗的序幕。在五年多的申遗过程中，扬州在资源调查、保护规划、文物整体保护、环境整治、编制规划等方面处处发挥了牵头城市的表率作用。此外，还将建设完成大运河扬州段的监测预警中心。通过运用空间信息技术和视频实时监控等手段，及时掌握各个遗产点发生的微小变化，并能对运河的水质、水文、船舶通过量等进行监控。

为了保护古城区以及古运河，苏州市在建国后通过两次开凿新的运河航道以及2002年实施的环城河工程，大运河往来船只不再进入古城区，苏州护城河成为旅游景观河道。而苏州对大运河的综合保护和整治的最大亮点是，以战略性的眼光、高度的敏感度和全局观，将苏州古城的申遗纳入到大运河的申遗当中，也就是说，一旦大运河申遗成功，就意味着苏州古城申遗工作取得了成功。在中国大运河沿线所有城市中，以城市的概念纳入中国大运河申遗，苏州是唯一一家。为了推动运河申遗，进一步理顺苏州古城保护和太湖整体保护开发的体制机制，加强和提升苏州中心城市的"首位度"和发展地位，苏州又将沧浪、平江、金阊三区合并成立姑苏区。

杭州位于京杭大运河的最南端。中华人民共和国成立后，为改变杭州段运河的脏、乱、差面貌，杭州市历届市委、市政府先后多次对其进行整治。2000年，杭州市九届人大五次会议作出了《关于加快运河综合整治的决议》，提出了"截污、清淤、驳坎、配水、绿化、保护、造景、管理"八位一体的改造治理方针，决定对杭州段运河进行综合整治。2002年，杭州市第九次党代会把运河综合整治与保护开发列为"十大工程"之一。

在运河综合保护工程的实践中，杭州市慢慢探索出了一条行之有效又具有自身特色的"杭州模式"。运河（杭州段）综合保护与开发工程，围绕"还河于民，申请世遗，打造世界级旅游产品"三大目标，坚持"保护第一，生态优先，拓展旅游，以人为本，综合整治"五大理念，落实"精心编制规划，创新运作体制，多元筹措资金，修复人文生态，改造自然生态，再现旅游景观，改善居住条件，完善交通网络，落实长效管理，深化运河研究"十大举措，以大思路、大手笔、大项目、大投入推进运河综合保护。

杭州市按照"统一领导，市区联动，政府主导，市场运作"原则，对运河综合保护的运作模式进行了大胆创新。在资金筹措的重要环节上，按照"坚持标准，自求平衡"原则和"市场化筹资，多元化投入"思路，充分调动各方积极性，很好地解决了"钱从哪里来"的核心问题。

从2002年以来，历经数年努力，杭州段运河综合保护一期、二期工程先后完工。通过运河综合保护工程的实施，建成开放了"一馆两带两场三园六埠十五桥”和“一廊二带三居四园五河六址七路八桥”为主体的运河系列新景观，古运河留下的一大批桥梁、码头、船坞、粮仓、民居等历史文化遗存得到保护、修缮和恢复，运河的物产文化、水景文化、戏曲文化和民俗风情等得到抢救、传承和延续，杭州在运河综合保护和整治方面取得了令人瞩目的成绩。

二、运河的利用与旅游开发

历史文化遗产是祖先留给我们的珍贵财富，具有不可再生性。因此，为了历史和文化的传承，必须竭尽全力予以抢救和保护。所以，“保护为主、抢救第一、合理利用、加强管理”就成为贯穿《文物保护法》的基本原则。但是如果一味讲求保护而不加以利用，则会使其成为社会发展的负担，反而不利于保护。对于大运河等历史文化遗产而言，保护是目的，利用是手段，利用最终还是为了更好地进行保护。原杭州市委书记王国平曾指出：“要正确把握好保护、治理、开发三者之间的关系。保护运河是治理运河、开发运河的前提与目标。只有保护好运河的自然生态、人文生态，增强运河的生态、文化、旅游、商贸、休闲、居住功能，运河的治理开发，才有目标和方向，离开了保护谈治理、搞开发，就是盲目性开发、破坏性建设。运河的治理与开发，是实现运河保护的手段与途径。没有运河的治理，也就难以实现运河历史文脉的延续，实现真正意义上的保护；没有运河的合理开发与利用，也同样难以实现运河文化遗产的永续保护与利用。”

大运河作为一项极为重要的历史文化遗产，在古代主要发挥着交通运输从而带动沿途地区商业贸易和文化发展的作用，随着其航运功能的减弱，传统意义上对沿线城市经济贸易的拉动作用已极大降低。在此形势下，如何继承和弘扬运河文化，保护和利用运河资源，在保护的基础上，进一步转变思路，发挥其对城市发展的促进作用，就成为各个运河城市所迫切需要解决的问题。在当前，历史文化遗产开发和旅游经济发展相结合，已成为保护和利用的一个重要途径。扬州、苏州和杭州对运河的开发，主要仍是遵循了这一发展思路。

扬州和杭州都明确打出了“运河牌”，将运河视为一个突出的城市品牌和珍贵的世界名片，希望借助运河在国内外的影响力特别是申遗所带来的巨大效应提升城市的知名度，进而促进旅游业的发展。早在对运河的保护和治理之初，各城市基本就都秉持着鱼与熊掌可得而兼之的理念，对运河功能进行了重新定位。

如杭州市率先将目光从单纯的运河整治转向保护人类历史文化遗产、打造旅游产品,一开始就设定了还河于民、申报世遗、打造世界级旅游产品三大目标。大力实施文化旅游工程,打造大运河黄金旅游线。基本思路是形成以运河自然风景为轴线,以历史文化街区、历史遗址保护区和历史文化名镇为核心,以沿河历史建筑、历史桥梁和历史遗存为重要节点的运河传统文化长廊,展示传统的城市空间风貌和历史街市生活面貌。为此,杭州市政府大力推进运河功能调整,摒弃运河的排污功能,弱化运河的水利、航运功能,强化运河的生态、文化、旅游、休闲、商贸、居住功能,致力于将运河(杭州段)打造成为展示杭州过去、现在和未来的世纪"新地标",成为融合传统文化与现代文化的杭州的"塞纳河"。

从2007年起,扬州开始举办世界运河名城博览会。2012年世界运河大会也在扬州举行,这也是世界运河大会首次在亚洲举办。这些都在世界范围内极大宣传了扬州。扬州市委、市政府将旅游业作为促进扬州经济、社会、文化全面发展的主要推进器之一,而运河则被定位为扬州旅游业的核心资源。在最近扬州市旅游业的"十二五"发展规划中,扬州突出特色化战略,全力塑造"运河名城,精致扬州"的城市旅游个性品牌形象,整合开发古运河和古城旅游,着力打造包括运河文化旅游带等在内的精品旅游项目,以提升扬州的旅游竞争力。

苏州在旅游业上也着重打造"东方水城"的城市旅游形象,运河游览带构成了未来苏州主城区"一心两带两片"旅游空间布局的重要一环。

三、问题与启示

扬州、苏州和杭州三个城市对于运河的综合保护、整治和旅游开发,不论是从时间还是从效果来看,在运河沿线城市中均处于领先地位,也取得了显著的生态效益、社会效益和经济效益。在保护和传承运河文明的同时,大大提升了城市的品位和形象,延续了城市文脉,改善了城市的人文和生态环境,提高了市民的生活质量,增强了城市的综合竞争力。不过在对运河综合保护、整治和旅游开发的过程中,也暴露出一些带有普遍性的问题。

扬州、苏州和杭州对运河的综合整治和保护开发都开始于大运河申遗项目启动之前,当时虽然也提倡保护,但在指导思想上没有真正按照保护文物和保护世界文化遗产的标准和要求来规划实施对大运河的整治和开发。更多的是从城市规划建设的角度，结合城市自身的改造规划，按照自己的理解，来打造运河文化。主要目的是通过运河整治，提升城市形象，拓展旅游空间，促进房地产开发等。这直接导致了后来对运河文化遗产原真性和完整性的几近毁灭性的建设更新。具体表现为对河道及其附属设施和沿岸历史风貌的破坏。作为运河文化遗产重要组成部分的驳岸、河堤、河坝等，遭遇到建设性的毁坏。更严重的是，各城市为了打造水上旅游风景线和景观河道，对运河两岸不恰当地采用了现代城市花园绿地式的改造模式，大力种植观赏花卉和草坪，修建凉亭、假山等人造景观，以形成临水的绿化风光带。结果运河两岸基本都变成了公共绿化带、高档住宅区和商贸休闲区。运河的整体历史风貌就在这些整治和开发中逐渐消失了。

另外，在运河旅游方面，扬州等三个城市虽然都起步较早，也形成一定的规模，但总体来看都不是很理想。这其中很重要的一个原因是，大运河传统历史风貌的消失，使其失去了特有的吸引力，游客在游览时所看到的沿岸城市景观和个人体验与任何一个城市的水上游览相比基本是大同小异。旅游发展的根本活力在于文化，而各城市在挖掘运河历史文化内涵及其与城市发展历史之间的贯通等方面都还远远不够。现在的运河水上游大都仍停留在“水上漂”阶段，运河本身的历史文化、沿河两岸的历史典故及运河与城市发展的关系等方面都没有得到很好的融汇和体现。与此同时，水上游与岸上旅游产品之间缺乏互动，没有起到有效的串联作用。

扬州、苏州和杭州对运河的保护整治和旅游开发，不论是其所取得的成绩，还是存在的问题，都给以后运河的保护开发和其他运河沿线城市提供了重要的借鉴和启示。

首先，必须进一步提高对运河保护和利用的认识。要充分认识到运河的重要历史地位，以及它作为历史文化遗产的特性、重要性和保护原则。要从历史、文化、生态三方面重新审视运河的重大价值，这是保护和利用运河的前提和基础。要正确而深刻地认识保护和利用的关系。在保护方面真正做到按照保护文物和保护世界文化遗产的标准和要求进行，尽可能使其保持原样，符合其历史时代特点。在这个意义上说，现在各城市紧锣密鼓所进行的对运河的“整治”和“改造”的提法似乎欠妥，称为“修复”应该更为合适。在确保以保护为第一要义的前提下，必须秉持鱼与熊掌可兼而得之的理念，紧密结合城市本身的发展状况，确定开发利用的方向，制定出适合城市发展的运河综合治理和开发的规划和管理办法，否则易陷入盲目开发。在保护与开发利用之间，必须找到一个最佳平衡点，从而实现生态效益、社会效益和经济效益“三个效益”的最大化。

其次，运河的综合保护、治理和开发必须是自上而下的政府行为，最好设立专门的职能机构统一协调。因为这中间涉及交通、水利、文物、规划、建设、环保等多个部门，只有在市政府的统一部署下，由专门机构全面协调各相关职能部门密切合作才能做好。这当中，文物部门尤其应该加大作为，加强自身的专业性，在运河的保护利用方面提出切实可行的意见和建议。有作为才会有地位，以此改变自身在运河保护利用过程中的边缘化角色，加强话语权。苏州文物局在这方面就是一个很好的典范。为了更好地保护大运河，还应该制定和实施运河遗产保护法规，使大运河保护从法律和制度方面得到保证。

最后，在运河旅游开发的过程中，不能急功近利，应尽力挖掘其独特的历史文化内涵。努力使运河成为诠释和展现城市文化和历史的重要载体，成为“历史和现代”时空联结的具有城市自身特色的文化河流。目前，由山东省旅游规划设计研究院担纲设计的《京杭大运河旅游总体规划》已通过专家评审，“京杭大运河”旅游线路已被列入我国初步拟定的首批 12 条国家旅游线路之一，以“运河文化”为主题的旅游线路将成为国内外旅游热点。与此同时国家发改委也开始立项研究大运河复航的可行性。面临如此难得的发展机遇，各运河城市应搭上顺风车，抓紧时间研究和制定适合本城市发展的运河旅游发展规划。

参考文献：

1. 朱光亚. 大运河的文化积淀及其在新世纪的命运——大运河遗产保护规划和申遗工作的回顾与体会[J]，东南文化，2012(5).

2. 王国平. 关于京杭运河(杭州段)综合整治与保护开发的思考[A]，http://auto.sina.com.cn/news/2006-09-30/1100219468.shtml.

3. 王春. 关于围绕运河旅游资源谋划扬州旅游业发展之浅见[J]，经济师，2012(1).

（本文作者成淑君，原文发表于《城市》2013 年第 8 期，收录时略有删改。）

环境美学视域下的运河景观改造与生态城市建设

——以天津为例

环境美学指的是有关“人类对生存环境审美要求”的研究。环境问题是近些年来公众热议、学界关注的焦点问题之一。虽然在较早时期的造园学等学科领域中已经涉及人对自然之美的保护、利用与改造问题，但是环境美学作为一门独立的学科真正发展起来，主要还是由于工业化、城市化进程急剧推进引发的一系列环境问题的刺激。近代以后，随着科学技术的飞速发展，人类改造自然、拓展生活空间的能力得到了迅速提高，人类社会在工业革命以来的数百年内取得的进步与成就是以往数万年文明成果的几百倍甚至几千倍。然而，这种日新月异的发展也带来了不容小觑的负面影响，其中以环境问题最为突出。一方面，工业化和城市化的过度、无序发展导致了生态环境的破坏，如水、土壤、空气等污染；另一方面，生态环境的破坏反过来又对人类的身体、情绪等产生了诸多不良影响，从而导致了经济与社会发展效率、发展质量的低下。如何实现与环境的和解，如何在城市生活中重构生态系统模式，成为环境美学这一学科得以成立的基础与核心理论问题。

“景观”是环境美学的核心概念之一，既包括自然景观，也包括人文景观。在城市生活中，“景观”一般都是“典型的艺术、人造物和自然的混合”。大运河作为中国历史上人与自然长期互动合作的自然与文化结晶，对沿岸城市产生了深远的影响，可以说大运河正是自然景观与人文景观完美结合的典型案例。进入近代以后，由于铁路运输更有优势，而相比之下水运效率低，加上运河自身疏浚维护成本过高等原因，大运河的航运能力逐渐下降，航运功能有所萎缩，除了在南方地区还能承担起一些运输水泥、砂石等建筑材料的功能，在北方地区很多河段几乎濒于淤塞甚至干涸。如何实现大运河功能的转换，将其从交通资源转换为一种环境资源、景观资源，对今天的城市从“工业机器模式”向“生态系统模式”的转型有所贡献，或许通过环境美学研究范式的引导可以为我们提供一些思路。笔者尝试以天津为例，在环境美学的视域下对其景观改造成效加以分析，并在此基础上提出建议。

一、天津北运河郊野公园的美学价值与成功经验

郊野公园的概念起源于英国，并在中国香港地区以“保存生态、保护景观和提供康乐场地和教育设施”为宗旨得到了长足发展。郊野公园对于个人而言，可以在节约时间与经济成本的情况下得以更加便利地享受旅行与自然的乐趣，舒缓城市生活所带来的身体疲劳与精神压力；对于环境而言，更是具有阻止城市化进程对自然生态环境的无限制侵蚀的重大价值与深远意义。

近几年来，天津在郊野公园建设方面取得了不小的成就，为重构工业城市与自然环境的和谐关系做出了积极的贡献。位于天津武清区的北运河郊野公园就是利用运河环境资源，改善城市与自然关系的一个成功案例，凭借其“泄洪工程与输水工程、堤防治理与环境治理、水利工程与景观工程”三大结合的特色与优势，成为既是京杭大运河全部河段中也是全国所有人工河中唯一的“国家水利风景区”。

自建成开放以来，北运河郊野公园引起了网友的热烈关注，并发表了不少有关公园景观评价以及个人游览感受的留言。借助环境美学中的景观审美评估模式，对这些留言和评价进行分析，可以有助于加深对游客审美价值理念的特点与取向的了解，以便从理论上对北运河郊野公园的美学特征与审美价值加以认识，对其所反映的美学构造规律加以解释，从而汲取其成功经验，为其他地区的运河景观建设提供借鉴。

生物法则、文化法则以及个人选择策略等是环境美学探讨人类景观审美趣味的三重范式结构。其中生物法则与文化法则对人们景观偏好的影响作用具有普遍性与共通性，是决定景观设计范式与规则的权重因素，因此也是环境美学的

重点研究范畴。

生物法则指的是“基于人类共同的遗传基础上的审美行为类型”，具体包括栖息地理论、瞭望—庇护理论以及信息处理理论。其中栖息地理论认为，一个环境是否能够提供清洁水源、充足食物以满足人的需要，是刺激人类自发产生美的感受的基础性因素。而瞭望—庇护理论认为那些能够赋予他们“能看见而不被看见”这一能力的景观，也就是便于瞭望的开阔草地与便于隐蔽同时进行观察的高大稀疏树林所共同构成的景观，总是受到人们普遍的青睐。因此，出于生存本能，人们总是会对视野开阔、空气新鲜、水流清澈、植被丰美、堤岸低缓的环境产生天然的好感。

而北运河郊野公园的成功之处恰恰就在于迎合了绝大多数游客对于具备“潜在栖息地”价值的景观的普遍偏好。从 2001 年启动大运河综合治理工程开始，绿化、美化、恢复大运河两岸的生态环境，就成为核心的治理思路之一。运河两侧种植了各类苗木、花灌木各 100 多万株，并注重品种的配比、季节的衔接、色彩的协调等。植被环境的改善也吸引了其他生物物种的迁入，如游客惊喜地发现了城市里基本绝迹的蝴蝶等，从而进一步促进了一个相对完整的生物链的形成与有机的生态系统的恢复。相对于汽车尾气污染严重、人口和建筑高度密集的城市环境而言，如诗如画的郊野风光无疑更具有“栖息地”的潜在价值。从网络评价中也可以看出，对其正面评价大多集中于对环境、空气、绿化的肯定，如“环境幽雅，水清草绿，适合家人、朋友小聚”，“开车一路上风景很棒，空气新鲜”，“公园环境优美，空气清新，是野外露营烧烤不二选择”，“好多花海，好多好多花，好多好多树”，“环境非常好，绿化面积很大，鲜花十分艳丽。……周边能够见到城市里基本绝迹的蝴蝶”，等等。

尽管原生态的自然景观凭借其“作为潜在栖息地的价值”，对于人类有着先天的吸引力，不过受后天文化习惯的影响，景观构造中的人工因素也成为影响人们审美愉悦感的重要参数。尤其是如果说自然景观“主要是以生物学模式（即根据它们作为潜在栖息地的价值）”来感知，那么像郊野公园这样具有明显都市文化内涵与特征的景观，则“主要是以文化模式（即根据文化符号意义）”来体验。

从北运河郊野公园的网络评价中可以发现，城市生活的习惯与经验在左右游客对景观的喜恶倾向方面起到了不可忽视的作用。如节奏紧张、压力沉重的城市生活使人们对有助于放松身心的休闲活动有着强烈的需求。因此游客在充分享受大自然的原生态气息的同时,也表现出了对休闲娱乐设施的浓厚兴趣。北运河郊野公园中丰富的休闲娱乐设施如房车、烧烤炉、帐篷、双人自行车、儿童活动区等,正是提升游览者景观好感度的重要因素之一。再比如,具有长期城市生活经历的游客习惯了城市所提供的舒适、安全、完备的服务设施和环境,因此对景区是否能够提供完善的服务也给予了较多关注和评价。

虽然休闲娱乐设施和保安、清洁服务等不作为景观的组成部分,但是应该认识到,景观审美实际上主要是一种“主体的感受”。尤其是在实践过程中,对于那些没有受过景观设计专业系统训练的普通人而言,对于某处景观的好恶并不取决于其是否体现了先进的设计理念、深邃的符号意义或高超的技术含量,而是在很大程度上取决于他们自身在游览过程中的情感体验与情绪反应,所谓的生物法则、文化法则更多是专家逻辑推理的一种学术结论而已,这些法则往往需要通过影响人们的情感和情绪来起到影响审美偏好的作用。

而北运河郊野公园完善的休闲设施——“我们租了一间房车,供孩子们休息玩耍,还有脚踏车,有亲子车和双人骑”,让游客切身体会到“适当的户外运动有助于减轻压力,顿时觉得身心轻松,心旷神怡”。这些愉快的情绪反应构成了审美愉悦感的重要基础,对于游客形成“是一个很美很休闲的幽静去处”的肯定性判断起到了决定性作用。这与精心设计营造的植被景观,“好多花海,好多好多花,好多好多树”能够让游客发出“心情都变好了!”的由衷感叹,其作用原理与过程是相通的。

由此可见,天津北运河郊野公园自开放以来始终备受欢迎的原因就在于作为在喧嚣、紧张的“钢筋水泥森林”中精心营造的一个“幽静”“惬意”的生态环境,它所遵循的构造规律以及所体现出来的美学特征,迎合了人们对“栖息地”的潜在期待以及对“休闲娱乐”“放松身心”的强烈需求,从而能够较好地引发人们的审美愉悦感,形成较高的审美价值。

二、运河景观建设的提升空间与改造建议

在借助环境美学原理对天津北运河郊野公园的美学价值形成比较深刻的认

识的基础上，笔者尝试借鉴其成功经验，对其他地区的运河景观营造提出一些建议。

（一）进一步深化水域景观的开发

水是运河的主体和灵魂。然而目前在运河景观营造过程中，对水域景观的开发和利用尚有较大的提升空间。

一是可以通过清淤疏浚、控制污染、补水循环等多种方式，进一步改善水环境。水域景观包括几大元素，如“水相”（即由水形、水色、水声、水味、水影等要素共同构成水域美学景观面貌）“季相”（同一水域景观在一年不同季节会表现出不同的景观美学特征）“时态”（即自然界有规律的时间变化，如昼夜晨昏的光影变化、四时季节的转换，使水域景观呈现出的动态变幻之美）“引致”（即大面积的水域，形成一种良性动态平衡的水域生态系统），乃至“感应”（即水域景观受自然因子作用与传递而迅速作出的能够被游客五官所感知的美学特征）等，这些元素之美的呈现最终都有赖于水质的纯净、水色的清澈。因此，改善水质也是顺利开发水上娱乐项目的先决条件。

二是增加动态景观。可以考虑在水面增设画舫、游船等水上娱乐设施，这样不仅能够从物质层面增添水域景观的“动感”美，而且能够增进游客与运河的“亲密接触”，增加游客对运河景观的体验方式，并满足游客的休闲娱乐需求，从而从精神层面引发游客对运河景观的审美愉悦。

三是增加观赏水域景观的视点。目前对于水域景观观赏点的营造大多数偏向注重亲水平台的设计，可供远眺、俯瞰的观赏平台相对较少。实际上，水域景观的美学特征及其给游客带来的审美体验是与观赏位置有着极其密切的关系的。低缓的亲水平台有利于游客感受水流的纯洁与清凉，从而有助于净化心灵，放松在快节奏城市生活中紧绷的神经，高耸的眺望平台则有利于游客感受水面的广阔与浩渺，从而有助于开阔胸襟，释放城市生活压力所带来的心灵困惑与精神焦虑。事实上，在历史上负有盛名的运河景观建筑多数是可供远眺、俯瞰的楼、塔建筑。此外，观赏视点从低到高的移动与从局部到整体的变换也能增加游览的新鲜感与乐趣，而审美的愉悦感很大程度上正是来源于新奇体验所带来的快感。

（二）进一步完善堤岸景观

由于堤岸景观直接与城市环境接壤，也最容易受到城市化进程的侵蚀，因此对运河堤岸景观的完善，最重要的是要尽量抵制快速城市化进程对堤岸景观的巨大威胁。

一是针对嘈杂、喧嚣、繁忙的城市生活场景与交通状况可能对景观幽静之美造成的破坏，可以考虑在城市道路与运河堤岸之间营造一个在宽度和密度上都具有一定规模的高大乔木林带。这样一方面可以对城市交通以及日常生活所带来的声、光、扬尘污染等起到一定屏蔽和遮挡作用，另一方面也可以为游客创造一个穿过光线相对昏暗的树林之后突然面对运河开阔水域的景观体验过程，这恰好实践了环境美学中的“瞭望—庇护”原理，即早期人类作为猎手对于可供瞭望猎物动向的草原与可供隐蔽自身的树林相结合的生存环境的依赖心理，使得密集树林与开阔地之间的景观切换总是能够给人们带来巨大的心灵冲击和审美满足。

二是针对高大、杂乱、密集的建筑可能对景观轮廓之美造成的破坏，可以考虑对周边建筑进行一定的规划和控制。除了生态环境，建筑环境也是环境美学关注的一个重点。过于高大、密集、杂乱的建筑会给人们带来较大的心理压力，从而降低景观的美感。而在不破坏运河线性轮廓的情况下，适当规划建造一些立面优美的单体建筑或是风格协调的低密度建筑群，有助于增加运河景观的魅力。

尤其是在一些具有特殊文化地理意义的河段，可以结合该河段的历史文化符号，营造一些有特色的风情建筑，如河北工业大学所保留的几座历史建筑恰好坐落在北运河桃花堤畔，如能将其作为周边景观建筑规划、协调的一个主要参照，这些建筑的典雅风格与历史内容对于该河段景观不但可以起到增色的作用，而且可以大大提升景观的人文价值。

（三）进一步贯通运河景观廊道

具有连续性的景观可以不断延伸人们对景观的审美体验，从生物法则的视角来看，也反映了面积广袤的“潜在栖息地”所带来的心理满足的确可以引发人们的审美愉悦感。而运河凭借其连续不断的线形特征，恰恰可以满足人们的这种审美需求。尤其是在当前，应该抓住京津冀一体化被确立为国家战略的有利时机，借鉴运用“遗产廊道”理念对大运河进行整体保护的思路，将原先各自为政的运河保护利用与景观建设推向一个区域合作、统筹发展的全新阶段。事实上，天津武清段的运河景观建设规划已经率先对这一思路进行了实践。根据规划，北运河沿岸漫水路二、三期将直接修建到与北京通州交界处，实现京津运河景观廊道的贯通。其他城市的运河景观建设可以延续这一思路，对当地景观资源进行进一步深入发掘，通过生态、人文、历史等多方面符号元素的交融，明确和凸显各河段特色，合力推动京津冀各河段形成一条既多姿多彩又完整连贯的景观带，从而推动京津冀地区生态环境的改善、城市文化品位的提升。

总而言之，发展的宗旨归根到底是为了提高人们的生活水平与生活质量，而生活质量的提高在很大程度上有赖于优质的生态环境。近年来，各大城市包括天津市在保持经济高速增长的同时也开始注重生态环境的保护。而运河因其对城市所具有的重大景观生态战略意义，日益受到各级政府部门的重视。运河申遗的成功更是为其整治修复与保护利用带来了良好的机遇，也为沿岸居民带来了建设宜居家园的希望。在这一过程中，应该更加注重运用环境美学理论为指导，并结合实践进一步思考城市发展与环境保护的关系问题，从而为建设新型的生态城市积累经验。

参考文献

[1]史蒂文・布拉萨. 景观美学[M]. 北京:北京大学出版社,2008.

[2]鲁枢元. 城市之困与环境美学——记与美国环境美学家阿诺德・伯林特的一次学术交流[J]. 艺术百家,2010(6):19 -24 +65.

[3]大众点评网"北运河郊野公园点评"[EB]. http://www. dian - ping. com/shop/8068389/review_all.

[4]薛惠锋,苗治平. 水域景观美学价值评价理论研究[J]. 人文地理,1994(2):15 -20.

[5]李伟,俞孔坚,李迪华. 遗产廊道与大运河整体保护的理论框架[J]. 城市问题,2004(1):28 -31 +54.

(本文作者许哲娜,原文发表于《城市》2014 年第 7 期,收录时略有删改。)

城市公园驻留古运河畔

历史上的大运河天津段景色优美，名胜众多。现今，以大运河为依托，主题各异、特色鲜明的大运河沿线主题公园相继恢复建成并开放，将大运河的历史价值和文化内涵与当今的社会需求相联系，人们在休闲游玩的同时，也品味着天津独特的人文精神和深厚的历史积淀。

问津园

西沽公园北洋园是红桥区西站附近的一处运河沿线公园群落。历史上的西沽，既是天津最早的村落之一，同时也以桃花美景驰名天下。康熙《点绛唇》曰："再见桃花，津门红映依然好。回銮才到，疑似春两报。"周汝昌曾赋诗："帆影钟声七二沽，桃堤柳埭画难图。津门风物真无价，赏遍寰区总不如。"除了绵延十里的桃花长堤外，西沽叠道、西沽渡口、西沽浮桥等历史遗迹亦保存众多。又有"花堤蔼蔼，北运滔滔，巍巍学府北洋高"的北洋大学毗邻，平添一股书香之气。"以文兴园"，以植物生态景观为特色，高雅的人文环境和文化氛围相环绕，将厚重的历史文化内涵不断加入园林的景观改造之中，使之成为具有浓厚文化底蕴的"城市花园"。

与桃花堤隔河相望的是运河北岸的问津园。这是天津历史上有文字记载的第一座私家园林。清代康熙年间，长芦盐商张霖修建一座江南园林风格的问津园，“树石葱茜，亭榭疏旷，垂杨细柳，流水泛舟”，“高楼客戏弄弦管”和“园林入春不寂寞”，非常形象地勾画了问津园的风景。作为清初南北文人墨客的聚集之地，此处不仅诞生了诸多文艺作品，也成为活跃天津文坛和南北文化的重要舞台。清代著名诗人梅成栋曾说：“大抵津门诗学倡其风者，惟遂闲堂张氏为首，继之者则于斯堂查氏也。”大运河申遗成功后，河北区以大运河为依托建设带状文化公园，北起勤俭桥，南至耳闸公园，全长 3.7 千米，首段工程便是问津园。虽然新旧园址稍有变更，但风格仍旧是江南苏式，由入口广场及浣烟沉碧、遂闲雅叙、篆水映月、垂虹潋滟等 4 组景观组成，风景宜人。

耳闸公园位于新开河与子牙河交界处，由呈船形的新闸与老耳闸共同组成。据载，早在清光绪十九年（1893 年），新开河口即“建天津县堤头减水坝”，且“用塞门德土（即水泥）勾缝、灌浆”。1919 年耳闸改建，成为天津历史上著名的水利工程。此外，由于近代天津第一家纺织企业——恒源毛纺厂的遗址也在耳闸公园旁边，因此，参观耳闸公园，既可领略自然美景，又可观赏旧耳闸的建筑和相关文物，亦可观览旧工业设备，了解和体会近代天津经济、工业的发展史，可谓一举多得。

环城郊县的运河沿线公园中，最早建立的是御河园。御河是京杭大运河天津段北运河的另一称谓。御河园位于北辰区马庄村附近，占地 3.3 万平方米，始建于 2000 年，园区由浮雕景墙、篇景、浮龙、顺水、诗词之路、传说之路、古锚、仿古码头等八部分组成，2003 年被水利部确定为国家水利风景区。自 2017 年开始，御河园在整理修缮，完工后的御河园必将更加丰富和生动地展示运河文化。

此后，随着大运河申遗的成功和大运河文化带的建设，以史实和遗迹为基础的沿线文化主题公园相继建成开放。红桥区借助原有自然生态和历史文化资源优势，对南运河沿线进行了重新规划和提升改造，多个沿河景观相继建设。提升重建后的南运河天子津渡遗址公园位于红桥区北大关的金华桥以东至金钟桥，长约 550 米。公园通过雕塑、石刻再现了燕王朱棣渡河南下的史实和“天津”得名的由来。除了遗址公园，惠灵顿广场、新天地风情街、西站走廊、水西遗韵绿廊等沿线公共设施的建设，丰富、直观和多角度地展示了天津运河文化，助推民众更为深入地了解、感受和保护运河文化。

北运河郊野公园位于武清县的北运河和龙凤河交汇处，占地 1200 亩。古时，北运河武清段占据重要地理位置，“潞水绕其左，浑河衍其西，北拱神京而层峦叠嶂，南窥潭海而万物朝宗。当水路之冲衢，洵畿辅之咽喉”，是历代帝王南巡的必经之地。历史上，各朝代均在此设立漕运机构，沿线保存着大量历史遗迹和古村落。北运河郊野公园以“综合建设、联动发展”为建设理念，除了八孔闸等保留下来的历史遗迹外，以盐商文化为背景的“问津园”着力恢复清代运河部分历史遗迹，重现天津的历史底蕴。坚持自然、人文、生态有机结合的发展理念，运河沿线设立滨水景观带、果林风光带和农业观光带，在自然、野趣、休闲的环境中，由运河景观带动周边地区发展。未来大运河的天津武清段、河北香河与北京通州之间的河域通航后，加上大运河国家文化公园的建设，北运河郊野公园将更加繁盛。

随着大运河历史文化保护和开发步伐的推进，依托运河文化，打造以旅游、文化和商业为一体的沿河商业区，成为运河沿线开发的新视角。中北镇万卉桥附近的运河水街和运河博物馆项目颇具代表性。这种通过吸引社会关注大运河文化带建设的方式，推动大运河文化在当代的可持续发展，为沿线省市带来新的文化与经济发展增长点，正在成为大运河沿线市镇开发运河文化资源的重要方向。

（本文作者刘凤华，原文发表于《天津日报》2018 年 11 月 26 日，收录时略有删改。）

弘扬运河文化 创建美丽天津

纵贯我国南北,途经天津的京杭大运河,与我国的万里长城和埃及的金字塔一样举世闻名,堪称世界奇迹,它是人类智慧的结晶和孕育人类文明的摇篮,因而,如何科学合理地保护与开发利用京杭大运河天津段(以下简称天津大运河)这一独特的世界文化遗产资源,进一步弘扬运河文化,展现我市深厚的历史文化底蕴,提升天津城市魅力,创建美丽天津,便成为我市社会各界亟待解决的重大问题。本文试从天津大运河的突出特征出发,就此问题进行深入探讨。

一、天津大运河的突出特征

天津大运河北起武清木厂闸,南至静海九宣闸,流经武清、北辰、河北、红桥、南开、西青和静海七个区县,纵贯天津市西部,境内全长195.5千米。天津大运河以三岔河口为界分为南、北两段,其中三岔河口以北段为北运河,以南段为南运河。归纳起来,我们不难发现天津大运河具有如下突出特征:

(一)悠久的历史渊源

天津大运河最早可追溯至东汉年间。早在东汉建安十一年(206),曹操为北征乌桓,开凿今青县木门店至静海独流的人工运渠平虏渠,是为天津大运河的前身。隋大业四年(608),为"兴辽东之役",开凿永济渠,该渠上游即是利用平虏渠道。金初迁都燕京后,金章宗泰和五年(1205)为运输漕粮,改凿运河,引永济渠由独流北上,经天津三岔河口,溯潞水至通州达燕京,是为今南运河与北运河,天津大运河的贯通使其成为漕运的枢纽。元初,沿袭金代漕运,至元二十年(1283)后,海、河漕运并行。明代,运河漕运依然兴盛。清末,开海禁,通铁路,除江浙外,漕运悉废,运河漕运即告结束。20 世纪以来,为了防洪和调水,天津南北运河部分河段历经多次疏浚整治,环境面貌大为改观,其中南运河天津段还成为引黄入津的重要通道。

（二）强大的交通运输功能

在交通运输技术极其落后的年代,如果没有通航河道,就无法完成繁重的漕粮运输任务。因而天津大运河肩负着南北交通运输大动脉的重任,它对于贯通南北各大水系,构建水上交通运输网,实现各类物资跨地区流动,具有极其重要的作用。据史料记载,明宣宗宣德十年(1435)前后,行驶在大运河上的船只近万艘,途经天津的漕粮每年达 400—500 万石。

（三）天津城市形成和发展的动力

顾名思义,三岔河口系南运河、北运河和海河的交汇处,地处河、海要冲,因北运河河道浅涩,漕船大多需在三岔河口卸船转运。同时,朝廷用于备赈和平粜之粮,亦需存储于交通便利的三岔河口一带。因而,漕运的发展不仅造就了三岔河口"聚天下之粟,至天下之货"的交通枢纽地位,而且促使人口聚集,商业繁荣,并进一步促进了天津城市的产生和发展。到 1840 年,天津城关地区居住的人口达 19.8 万人,建成区面积约 4.5 平方千米。

（四）重要的生态功能

天津大运河将海河、独流减河、子牙河和永定新河等河流联通起来,共同构成天津市独具特色的水系。水系的形成一方面有利于实现水资源在大范围内的灵活调度,发挥行洪、排涝、调蓄、输水和灌溉等方面的作用,另一方面有利于调节水体环境,发展湿地生态系统,促进生物多样性,营造生态景观廊道,实现生态平衡。

（五）重大的科研价值

天津大运河根据我国古代北方平原地区雨季集中,地势平坦,海河水系尾闾不畅等自然地理特征,因地制宜地进行人工凿弯、开挖减河和建设水工建筑等方式处理,从而达到调节河道水深,加速泄洪,保障通航的目的。这种基于北方平原地区特点开凿的运河是人类水资源利用和土木工程建设的杰出范例,因而具有重大的科学研究价值。

二、天津大运河保护和开发利用中存在的问题

基于天津大运河的突出特征，近年来其保护和开发利用问题愈来愈受到各级政府和有关部门的高度重视，2000 年以来，天津市有关部门先后完成了天津大运河三岔河口至三元村、武清城区段、三元村至密云路、西青区杨柳青段、静海杨家园至三里村等河段的疏浚、截污、护岸和两岸市容环境综合整治，建成了御河人家等景区。同时为配合京杭大运河申遗，从 2009 年开始，天津市规划部门会同水务和文物等部门和区县政府，历时近 4 年时间，组织编制了《天津境内京杭大运河保护与发展规划》，为天津大运河的保护与开发利用提供了可靠的规划保障。总的看来，天津市大运河的保护与开发利用取得了巨大的成绩，但在肯定成绩的同时，还应该清醒地看到，天津市大运河的保护与开发利用还存在以下不容忽视的问题：

（一）重表象，轻内涵

近年来虽然天津市有关各方对大运河保护和开发利用倾注了大量心血，投入了大量财力物力，运河沿线的景观环境有了很大改观，但其对天津市经济社会发展的带动作用不甚明显，究其根因在于过分强调“看得见，摸得着”的景观环境建设，而忽视了对运河珍贵的内在价值的挖掘。

（二）重现实，轻历史

长期以来，天津市在天津大运河的保护与开发利用过程中，注重对既有河道的整治及两岸景观环境建设，而对其丰富的物质文化遗产和非物质文化遗产进行深度挖掘、整理、保护和开发利用的关注度不够，以致降低了天津大运河的历史、文化、艺术、旅游、科学、经济和社会价值。

（三）重局部，轻整体

从天津市近几年大运河保护与开发利用的情况不难看出，各区县和部门分头行动较多，全市统筹规划，分步实施较少；景观环境建设考虑较多，通盘考虑较少，结果导致天津市大运河保护与开发利用缺乏整体观，系统性。

（四）重当前，轻长远

回顾天津市近几年大运河保护与开发建设历程，我们认为存在急功近利的现象，未能从重新构建天津市世界历史文化遗产旅游资源平台的高度，进一步解

放思想,以全新的理念和更高远的立意来重新审视天津市大运河历史文化资源的保护与开发利用问题,以至于难以妥善协调当前建设与长远发展之间的关系。

(五)重建设,轻管理

近年来天津市虽然投巨资进行大运河保护与开发建设,但后期运营管理严重滞后,因而收效甚微,未能形成品牌效应,带动旅游产业的发展。

针对上述问题,亟须我们借鉴国内外世界文化遗产资源保护与开发利用的成功经验,提出切实可行的对策与措施尽快加以改进。

三、天津大运河保护和开发利用中的对策与措施

(一)统一思想,提高认识,为天津大运河的保护和开发利用提供强大的思想保障

要做好天津大运河的保护与开发利用工作,首当其冲的任务是统一思想认识。只有思想高度统一,才能做到行动协调一致。屈指数来,天津真正具有世界影响的历史文化遗产资源可谓凤毛麟角,且非大运河莫属,而只有具有世界影响力的历史文化遗产资源和自然景观,才能引起世界关注,进而影响世界。因此,要千方百计让全市上下始终牢固树立天津大运河作为独树一帜的世界历史文化遗产资源的理念,始终围绕运河世界文化遗产资源这条主线,深挖运河文化内涵,科学谋划天津发展愿景,做足做好天津大运河保护和开发利用这篇大文章。

(二)建立健全高效统一的体制机制,为天津大运河的保护与开发利用提供可靠的组织保障

天津大运河保护与开发利用涉及面广,协调难度大。因此,要将高度统一的思想落实到具体的行动上,还必须建立健全高效统一的组织机构,形成各相关部门联动协调的工作机制,具体推动各项工作的开展。为此,建议成立由市长亲自挂帅,全市规划、文物、水利、建设、旅游、交通、公安、财政、商务、工商和税务等部门及相关区县政府共同参与的天津大运河保护与开发利用领导小组,就天津大运河保护与开发利用问题进行顶层设计,科学谋划,加强各相关部门和区县政府的沟通与协调,及时解决工作中遇到的重大问题,为天津大运河的保护与开发利用提供可靠的体制机制保障。

（三）深挖运河文化内涵，为天津大运河的保护与开发利用提供充足的资源保障

天津大运河的历史源远流长，历史典故众多，历史价值甚高，文化内涵十分丰富，但目前挖掘得还远远不够。因此，必须动用一切可用的力量，进行深入挖掘整理，再现包括曹操在内的历代君王开凿运河的辉煌历史，进一步丰富运河文化内涵，为天津大运河的保护与开发利用提供充足的资源保障。

（四）统筹规划，为天津大运河的保护与开发利用提供科学的规划保障

规划是指南针，方向盘，规划是生产力。因此，建议以更新的理念，更高远的立意，以深挖天津市运河历史文化内涵为基础，从世界历史文化遗产的高度，进一步深化完善和丰富新近完成的《天津境内京杭大运河保护与发展规划》，并就其中的重点地段组织制订控制性详细规划，为天津大运河的保护与开发利用提供科学的行动指南。

（五）多方筹措资金，加快规划实施，尽快形成天津市独具特色的历史文化旅游载体

宏伟蓝图确定以后，必须付诸实施，否则，就会成为纸上谈兵。因此，天津大运河的保护与开发利用的宏伟蓝图确定后，要广泛动员社会各界力量，广筹建设资金，分清轻重缓急，有计划、分步骤精心组织实施，建设精品优质工程，尽快形成天津市独具特色的历史文化旅游载体。

（六）以世界历史文化遗产资源为载体，搭建新的历史文化旅游资源平台，为进一步做强做大旅游文化产业提供平台支撑

越是民族的，越是世界的，只有民族的，才有特色。因此要做强做大天津市旅游文化产业，必须抓紧打造民族品牌，而天津真正具有世界感召力和影响力的民族品牌非天津大运河这一世界历史文化遗产资源莫属。因此，要以天津大运河为载体，搭建新的历史文化旅游资源平台，将各类历史文化街区和杨柳青木版年画、风筝制作技艺、泥人张、天津皇会、津门法鼓、独流通背拳、狗不理、耳朵眼、杨村糕干、独流老醋、沙窝萝卜种植和窖藏技艺等各类物质的与非物质的历史文化旅游资源全部整合到天津大运河这个平台上来，尽快形成旅游拳头产品，进一步做强做大天津市旅游文化产业。

(七)广揽八方英才,为天津大运河的保护与开发利用提供强大的人才保障

市场经济竞争说到底是人才竞争,谁能招揽更多德才兼备的人才,谁就能抢占市场经济的制高点。天津大运河的保护与开发利用同样需要包括策划、创意、规划、建设、管理和运营等方面在内的大量人才参与,才能铸就名品精品。因此,需要制定出台吸引优秀人才政策,广揽八方英才,为天津大运河的保护与开发利用提供强大的人才保障。

(八)加快法制建设,为天津大运河的保护与开发利用提供坚强的法制保障

市场经济本质上是法制经济,没有健全的法制,发展市场经济将寸步难行。天津大运河的保护与开发利用也同样如此。因此,在紧锣密鼓地开展天津大运河保护与开发利用工作的同时,要不失时机地制定相关法规制度,争取早日将天津大运河的保护与开发利用纳入法制化轨道。

(九)广泛宣传,为天津大运河的保护与开发利用提供正确的舆论导向

正确的舆论导向能鼓舞人,激励人,催人奋进。因此,为做好天津大运河这一具有世界影响的历史文化遗产资源的保护与开发利用工作,要发动广播、电视、网络和报纸等媒体,发起强大的宣传攻势,进行广泛宣传,使天津大运河这一世界历史文化遗产资源深入人心,家喻户晓。

总之,加快天津大运河的保护与开发利用,对于弘扬运河文化,提升天津魅力,创建美丽天津,增强天津的吸引力和凝聚力,促进天津市经济持续健康发展,具有十分重要的意义,我们必须高度重视,认真对待。

(本文作者任云兰,原文发表于《城市》2014 年第 4 期,收录时略有删改。)

天津大运河保护传承利用的思考

中国大运河始建于春秋时期,至今已有2500多年的历史,包括隋唐大运河、京杭大运河和浙东大运河三部分,全长3200千米,地跨京津冀鲁豫皖苏浙8个省市,沟通海河、黄河、淮河、长江和钱塘江五大水系。它是世界上开凿最早、规模最大、线路最长、使用最久、延续时间最长且目前仍在使用的人工河道,曾是我国历史上南粮北运、商旅交通、军资调配和水利灌溉的生命线。它是一条政治之河、经济之河、文化之河、交通之河、水利之河和生态之河,是中华文明之河。因而,切实做好大运河的保护传承利用工作,对于传承中华文明具有十分重大的意义。

一、面临的机遇和挑战

天津大运河保护传承利用面临着千载难逢的机遇。一是党和国家高度重视大运河保护与利用工作,习近平总书记指出,“大运河是祖先留给我们的宝贵遗产,是流动的文化,要统筹保护好、传承好、利用好”。习近平总书记的指示为大运河的保护传承利用指明了方向。党的十九大制定的新时代统筹推进“五位一体”总体布局的战略目标,为加快大运河文化带建设,开展大运河保护传承利用工作提供了根本遵循。今年2月,中共中央办公厅和国务院办公厅印发了《大运河文化保护传承利用规划纲要》为大运河文化保护传承利用作出了顶层设计。二是在2014年6月22日召开的第38届世界遗产委员会会议上决定将中国大运河列入《世界遗产名录》,大运河成为我国列入《世界遗产名录》的第46个项目。大运河成为世界遗产不仅表明大运河遗产获得世界认可,而且表明大运河的保护传承利用进入到一个全新的阶段。三是经过40余年的改革开放,我国经济发展取得了举世瞩目的成就,经济实力和综合国力显著增强,为大运河的保护与利用奠定了雄厚的经济基础。四是随着经济社会的发展,人们对保护历史文化遗产的意识不断增强。

天津大运河保护传承利用在面临前所未有的机遇的同时,也面临着一系列严峻挑战,如现代交通技术飞速发展对运河航运业产生的巨大冲击;运河沿线产业面临转型升级;运河水资源短缺造成部分河道断流,河道功能丧失;运河水体质量下降造成生态环境恶化;运河年久失修造成河道安全隐患等问题。面对上述种种挑战,我们只有趋利避害,才能化被动为主动,做好大运河的保护传承利用工作。

二、天津大运河保护传承利用的总体构思

天津大运河保护传承利用一要坚持以保护为主,适度利用为原则,在保护中利用,在利用中保护,实现保护与利用并举。二要坚持统筹规划,分步实施,绘就一张宏伟蓝图。三要坚持区域协同,实现大运河保护与利用全国一盘棋。

基于上述基本思路,我们确立天津大运河保护传承利用的总体目标是:以大运河为纽带,以大运河历史文化遗产资源充分挖掘为基础,坚持政府引领、规划引导、市场主导和区域协同相结合,共同构建大运河文化带。

三、天津大运河保护传承利用的措施

(一)坚持政府引领

九宣闸

一是抓紧划定大运河保护区划。鉴于大运河已列为国家重点文物保护单位,且天津市相关行政管理部门已组织编制大运河保护规划,并获市政府批准,建议文物行政主管部门会同规划和自然资源等行政主管部门尽快组织划定保护区划,明确保护范围和建设控制地带,并由市政府批准实施,使天津大运河文化带建设纳入法治轨道。同时,严格按照《中华人民共和国文物保护法》等法律法规要求进行规划建设。对于大运河建设控制地带内的建设项目，在核发选址意见书或规划条件前，需要征求同级文物部门意见。在规划获得行政许可前，要求组织专家论证。二是由市、区政府牵头组织开展大运河沿线重要历史文化遗产的保护传承利用工作。天津大运河沿线既有中心城区和运河名镇杨柳青镇等城镇，又有运河水工遗存九宣闸和独流木桥；既有天下皇仓北仓廒和十四仓遗址，又有工业文化遗产三条石博物馆；既有风格独特的清代民居建筑石家大院，又有典型的中国传统宗教建筑天后宫；既有国家级非遗项目杨柳青年画，又有传统美术泥人张，历史文化遗产资源丰富。三是由地方政府出资对大运河沿线的重要历史文化遗产进行保护与修缮，并进行适度利用。

（二）坚持规划引导

深化完善全市大运河保护与利用专项规划。为充分发挥城市规划对大运河保护与利用的引导作用，早在 2013 年，我市结合大运河申遗，首次出台了大运河天津段遗产保护规划和天津境内大运河保护与发展专项规划，但从规划层面看，该规划属于总体规划层次，以宏观指导为主；从规划内容看，以保护为主。因此，亟须从构建大运河文化带的战略高度进行重新审视：一是以国家《大运河文化保护传承利用规划纲要》为依据，继续进行深化完善。同时，在总体规划指导下，沿线各行政区结合本区实际和沿线土地开发利用情况，组织编制本行政辖区的大运河保护传承利用规划。二是组织编制三岔河口、西沽、杨柳青元宝岛和武清筐儿港等大运河主要节点保护传承利用规划设计策划方案。策划方案要以充分挖掘各主要节点历史文化遗产为基础，对各类保护对象分别提出保护要求，制定保护与利用规划设计策划方案，形成较为完整的保护与利用图则。三是将天津大运河保护传承利用规划纳入控制性详细规划等法定规划进行管理。四是在规划实施管理工作中明确要求各相关区级规划和自然资源行政主管部门严格依据控制性详细规划，将天津大运河保护传承利用的相关内容纳入规划条件或选址意见书之中。同时在后续的建设工程规划许可工作中严格进行审核，确保与规划条件或选址意见书相符。

（三）坚持企业主导

天津在大运河的保护传承利用工作中要注重发挥企业的作用，积极引进国内顶级文旅企业参与天津大运河文旅项目建设，将大运河沿线土地开发利用与大运河遗产保护传承利用有机结合起来，充分发挥其丰富的大型文旅项目开发经验与资源和高超的专业水准与智慧，打造出融文化、旅游、艺术和生态等业态于一体的大型文旅综合项目，树立独具特色的天津文旅产业标杆，塑造城市发展的文化名片。

（四）坚持区域协同

一是加强组织领导。建议设立由国家发改委牵头，文化和旅游部等相关部和大运河沿线相关省市广泛参与的大运河保护传承利用组织协调机构，建立联席会议制度，研究制定大运河文化带建设的重大政策方针，协调解决大运河文化带建设中遇到的重大问题。二是加强跨区域交流，相互取长补短，共同分享大运河保护与利用的成功经验。

总之，大运河保护传承利用工作利在当代，功在千秋，我们必须高度重视，认真对待。

（本文作者任云兰，原文发表于《天津日报》2019 年 6 月 24 日，收录时略有删改。）

运河古镇的保护与开发

——以杭州塘栖镇、德州四女寺镇为例的考察

京杭大运河贯穿南北，长达一千七百多千米，其不同的河段具有差异性和多样性，但运河古镇却都主要因运河闻名。随着运河申遗进入关键时期和对运河传统文化的不断认识，运河沿岸古镇的保护和开发得到了重视，各地应结合运河流经的区位特点，挖掘区别于其他古镇的文化资源，留住各地古镇独特的风貌神韵，共同演绎运河文化的内涵。本文通过对位于不同区位的浙江杭州塘栖古镇和山东德州四女寺古镇的调查和对比，探讨不同区位运河古镇如何进行保护和开发的问题。

一、塘栖古镇的历史沿革与保护、开发的现状

（一）塘栖古镇的历史沿革

杭州余杭区的塘栖古镇，坐落于京杭大运河的南端。元以前，塘栖只是一个小渔村，直到元至正十九年（1359），张士诚开浚运河北新桥至杭州武林港段，使余杭塘河与京杭运河直线沟通，塘栖航运作用才明显提高。明弘治年间，广济桥修建，使镇区两岸连成一片，这才逐渐形成了一个具有一定规模的集镇。清朝塘栖繁荣依旧，为“市镇之甲”，至民国时期，塘栖为杭州地区的第一大市镇。中华人民共和国成立后，经过多次治理与改造，杭余航道依然起着重要的运输作用，至2009年7月1日，余杭塘河正式禁止货航通行，运河塘栖段才正式结束了运输功能。

（二）塘栖古镇保护与开发的现状

塘栖镇是杭州市范围内唯一一个拥有大片老宅、古街的区域，在中华人民共和国成立初还存有“三十二爿半桥”“四十七条半弄”等特色古迹，上世纪50年代至70年代，为了发展古镇工商业，在城市建设中，大量历史遗迹被拆除，仅保留广济桥、青莲寺等部分历史遗存。早在1991年，塘栖就被评为浙江省首批历史文化名镇，但对塘栖古镇的保护长期以来比较薄弱，基本停留在危房抢修等初级层面。随着对历史文化的重视和运河申遗的总体考虑，塘栖古镇的保护进入新的历程。

初步整修的塘栖古镇，运河风韵犹存

塘栖古镇保存的历史文化遗存是杭州地区各镇乡中最厚重的，杭州市要把塘栖古镇打造成运河申遗的样板、运河名镇和国际旅游名镇的综合体。大运河和文物古迹是塘栖的根与魂，是区别于其他地方的特色所在，余杭区、塘栖镇成立了古镇保护领导小组，把塘栖古镇保护与大运河余杭段综保工程联系起来。从2008年开始，杭州市余杭区正式开始了塘栖镇的保护工作，投入大量资金，分阶段进行。首先进行的是对运河沿岸古旧建筑的保护和维修，包括水北街、三条半弄、市南街的古建筑修缮；其次是对市河的恢复，以及对运河两岸整体风貌的维护；最后进行的工程是新运河的开发，尽量保护好历史遗存。

塘栖古镇

围绕运河综保“还河于民、申报世遗、打造世界级旅游产品”三大目标和杭州市委提出建设“塘栖新城”的目标，塘栖镇积极实施塘栖古镇的保护与开发建设，创新体制，完善规划，编制了《塘栖镇西侧老工业地区控制性详细规划》《塘栖镇中心区城市控制性详细规划》《塘栖古镇旅游规划》《塘栖古镇防洪及清水规划》等指导性文件。在这些规划的科学指导下，水北明清一条街、三条半弄和市南街区三个历史街区的前期工作已经基本完成，并向游客开放，其中塘栖镇的水北街是最大的亮点，此街全长超过1300多米，是当地保存最为完整的也是最大的明清建筑聚集地。

二、四女寺镇的历史沿革与保护、开发的现状

（一）四女寺镇的历史沿革

与运河杭州段不同，运河山东德州段所保存的历史遗存比较少，比较有代表性的就是德州武城县的四女寺镇。四女寺镇是运河沿岸的著名市镇，它始建于西汉时期，明代以后，成为卫运河上的重要码头。卫运河形成历史悠久，隋唐时期是永济渠的一部分，宋代成为御河，至元代始，临清到四女寺之间的运河成为京杭大运河比较著名的一段，民国以后称为卫运河。1958年，在武城四女寺修建了四女寺枢纽，其把运河分流为漳卫新河和南运河。南运河为京杭大运河的北段，起于山东临清，流经德州，途径四女寺镇，再经河北流入天津，蜿蜒流入海河。

明代以后，四女寺镇常年商贾云集，非常繁华，后随着南运河的逐渐衰落，四女寺镇也失去了往日的繁华。四女寺枢纽工程所发挥的作用也主要为泄洪、灌溉。2013年四女寺枢纽列为第七批全国重点文物保护单位。20世纪50年代，四女祠在卫运河扩修工程中被拆除，古槐被砍伐。在调研时，由当地村民带领，在四女寺郭鲁小学发现一棵古槐，枝干繁茂，据说有一百多年的历史。

（二）四女寺镇的保护与开发

在千年的历史沿革中，四女寺曾经成为重要的运河文化经济重镇。在四女寺的美丽传说中，四女最突出的就是孝敬父母，以及与邻居相处和睦，这符合儒家“孝”与“仁”的品德。四女寺枢纽位于四女寺镇，是京杭运河、岔河、减河的交汇区，三角洲面积近34万平方米，自然资源丰富。作为运河沿岸古镇，四女寺镇独具传统的运河文化、孝文化，加上独具特色的自然资源，因此被中国传统文化促进会授予中华传统美德教育基地、中华孝德文化之乡。

在大运河申遗的促动下，武城县抓住机遇，加快四女寺镇的保护和建设，主

四女寺清真寺内的皂角树

要体现在四女寺风景区的保护性建设上面。近年来，德州市、武城县非常重视四女寺镇的保护与开发，并于2008、2009年分别下发《武城县委、武城县人民政府关于成立四女寺风景区建设工作委员会的通知》和《武城县人民政府关于进一步加快四女寺风景区建设的意见》。正在建设中的四女寺风景区主要分为以下几区：

第一区，主要包括孝女祠、四女寺古街。第二区，包括四女寺水利枢纽、漳卫南运河管理处公园及岔河北岸区域、运河水利文化博物馆、运河故道公园和岔河水景长廊等。

三、塘栖古镇、四女寺镇保护和开发过程中存在的问题

塘栖古镇处在京杭大运河的南端，是江南水乡名镇，处在经济繁荣的杭州区域内，水陆空交通便捷，境内运河依然可以通航，水上巴士可直达杭州的武林门码头。四女寺镇位于德州武城县运河四女寺段南岸，距离德州约12千米，地处山东、河北两省三县交界处，交通也比较便利，但20世纪70年代末，境内水源枯竭，运河停航。由于两镇所处区位的整体经济发展有差异，境内运河的现状不同，塘栖古镇和四女寺镇的保护和开发差别很大，这也是目前处在不同区位运河古镇保护和开发的现状代表。虽然历史、现状不同，但在考察中还是发现了两镇在保护和开发方面所面临的共同问题：

1. 由于建设控制不力，大运河的河道长期被侵占，周边污水大量排入，运河水质污染严重。

2. 运河周边的新建筑未能考虑与本地传统建筑风貌的协调，以及与本地自然环境的融洽，如塘栖古镇的一些新建筑过高、体量过大，对旧城区古镇历史街区的风貌造成了破坏，四女寺镇的一些新建筑简单模仿江南白墙灰瓦的建筑风格，完全失去了鲁西北传统建筑的风貌。

3. 历史遗存的建筑未能得到有效的保护，许多有价值的遗存被严重破坏，甚至被完全拆除，又为了单纯发展旅游，制造出不伦不类的新文物，如四女寺镇建了全新的四女祠、佛光寺。

4. 古镇旅游发展模式“克隆”问题严重，旅游经营差异化不明显，如塘栖模仿丽江、凤凰、阳朔规划的水南特色酒吧一条街，四女寺运河古镇风景区内建立了与全国各地雷同的四女寺古街等。

四、对塘栖古镇、四女寺镇保护和开发的比较建议

基于以上因素，应该对运河古镇的保护与开发进行科学合理的规划，充分发挥当地的历史文化特色，保留当地的自然风貌，结合旅游业合理发展。塘栖古镇、四女寺镇皆因运河闻名，其保护和开发应在借鉴其他古镇经验的基础上，挖掘区别于其他古镇的文化源头和区位优势，走出自己独特的路子。

新建的四女寺佛光寺

（一）对塘栖古镇保护和开发的建议

1. 塘栖古镇应兼具居住与旅游双重功能。古镇的生命力在于保持一定数量的原住居民，这样才能传承当地文化。塘栖古镇应通过整治环境，修建基础设施，为古镇内的居民提供完善的生活环境，同时，还应考虑到提高当地民众的生活水平的需要，建设一定量的公共空间。

2. 塘栖古镇的民居建筑应保持独具水乡风貌的特色。在建筑体量上，应该严格控制运河两岸、古镇的保护区及其周边的新修建筑体量，尽量使其与保护区的传统遗留环境一致；在建筑形态上，保护区内的建筑主要为民居和公共建筑，色彩运用上多用和历史建筑色彩一致的黑、白、灰等；在建筑高度上，对整体的古镇街区划分应划分传统风貌区、现代新建建筑区。另外，还应逐步解决新旧建筑混杂的局面。

3. 进一步完善古镇基础设施。塘栖古镇的历史街区目前已经进行了保护与开发,但因为历史原因,不少明清时期的建筑内没有卫生设施,道路周边的污水及给水设施也很有限,消防设施更是缺少,导致居住在内的民众生活质量难以提高。在古镇的保护与开发中,只有基础设施提高了,居民的生活质量才能提高,使老街区才能重新焕发生机。

4. 合理规划用地功能布局。目前,塘栖古镇用地中最主要的是居住用地,但随着本地居民生 活质量提高的要求和旅游开发的需要,历史街区必须增加休闲、娱乐等公共空间的用地量,这是塘栖古镇旅游、发展的促动力;为促进本地经济的发展,也应合理增加商业金融用地,促进古镇经济的可持续发展。

(二)对四女寺古镇保护和开发的建议

与塘栖镇所存历史文化遗存较多的现状不同,四女寺镇的历史文化遗存已基本拆除殆尽,仅存有运河古道、四女寺枢纽少数几处,加之两地所处区域不同,四女寺镇的保护与开发策略自应不同。

1. 加强对现有传统文化遗存的保护。四女寺镇的历史遗存基本拆除殆尽,但在调研时发现四女寺村内有一座清真寺。通过和清真寺内的主持阿訇交谈了解到,这座清真寺有上百年的历史,曾被损毁,后经修缮才形成现在的面貌。调研之前,这个清真寺才刚由信众集资维修过,但还欠有 2 万余元债务。这座清真寺内还有一棵老皂角树,树下立有一碑,标示这棵树植于明嘉靖年间,距今已有 400 余年的历史。新中国建立之初的大炼钢铁时,这棵皂角树几乎被烤死。1983 年,这棵皂角树的老干竟然又生出新芽,目前,新长的树干已基本把受过熏烤的旧树干完全包裹在内,老树焕发新颜。对这座清真寺及寺内经历风雨的老皂角树应尽快进行保护。

2. 保护四女寺镇村落群体。古镇村舍建筑、街巷等村落景观一旦毁灭即无法回复。四女寺镇是传统的北方农村村镇,具有典型的北方农村建筑风貌,又因处在运河沿岸,又具有独特的运河文化风格。四女寺镇的古旧建筑,不仅具有传统北方农村的特点,还具有典型的运河特色,极具历史意义。对于体现这双重特色的各种历史遗存,包括建筑主体以及各种体现本地文化的历史传统如年画、剪纸等,都应该加强保护。

3. 促进运河古镇特色旅游资源的良性开发。各地运河古镇都非常注重本地历史文化遗存的开发,但其在开发的过程中未能认清历史文化遗存的开发最重要的应是注重历史文化的精神,更多注重表面的利用。实际上,从根源上来讲,只要具有本地特色的历史遗存保护得当,是可以从旅游的角度来进行宣传的,这样能促进本地获得经济效益。具有本地特色的历史遗存对于看过了各地雷同历史景观的游客来说是非常具有吸引力的,本地特色不同于别处,所以,具有本地特色,原汁原味的,具有地域性特色的历史遗存、自然景观才能真正促进运河古镇的旅游进入良性发展的轨道。同时,这也是游客差异化旅游的市场需求。但是,目前各地运河古镇发展的统一趋势就是建设新景点,开发新项目,向城市化发展。四女寺因距离德州较近,在城市化的进程中已被包含在德州城市范围内,不少开发商也看中四女寺独特的地理、历史环境,在此开发各种房地产项目。在调研中,看到几乎遍地都是开发的房产项目,有的甚至已经建立在堤坝之上。这些遍地的楼房无论外观做成如何传统的式样,也掩盖不了现代商业的气息,挤压着古镇所存不多的传统,破坏了作为古镇应有的真实性和完整性。

保护,开发是一种整体格局观念,大运河的历史文化遗产具有重要的经济价值。在漫长的历史长河中,大运河沿线城镇在兴起和发展过程中形成了一些独具特色的产业,应使这些特色产业得到更好的传承和发展,促进大运河经济价值的体现。大运河也具有重要的旅游开发意义。大运河尤其是华北段的交通功能几乎丧失殆尽,但其旅游价值反而凸现出来。应借大运河申遗成功之机,将旅游开发与大运河保护有机结合起来,使大运河更好地发挥其功能。

塘栖古镇和四女寺镇是大运河上承载厚重历史文化又独具区位自然资源的传统古镇,对其进行有序、良性的保护与开发,对京杭大运河这一世界级文化遗产以及当地整体经济文化的发展都具有重要意义。塘栖古镇和四女寺镇虽然历史和现实环境不同,但都具有丰富的自然景观资源,历史文化资源也多与京杭大运河紧密联系,因此,两地规划应紧紧抓住运河文化特征,利用运河及当地水系组织展示运河空间文化,通过对运河及其周边环境的整治,形成独具古镇历史风貌的以运河为特色的社会空间。

参考文献

[1]方译.杭州塘栖——留住了运河文化的根和魂[N].中华建筑报,2009-7-9(4).

[2]涨潮.虞初新志[G].北京:文学古籍刊行社,1954:72-73.

[3]重修恩县志(宣统元年)[G].台北:台北成文出版社,1968:18.

[4]吴伟进.杭州塘栖古镇历史街区保护与再利用[J].中南林业科技大学学报(社会科学版),2008(6):60-62.

[5]刘金忠.咏四女寺十景(组诗)[N].德州日报·柳湖,2011-9-8(7).

[6]贺同赏、李金虎.德州市统筹城乡发展过程中的村落保护性发展研究——以武城四女寺村和夏津黄河故道部分村落为中心[J].德州学院学报,2012(5):106-111.

[7]吴茂林.古镇塘栖[G].杭州:浙江人民美术出版社,2012.

(本文作者丁芮、成淑君,原文发表于《城市》2014年第8期,收录时略有删改。)

关于发挥天津在京津冀运河旅游区域性合作中核心作用的几点思考

京杭大运河北段是历史上京津冀区域一体化的最早纽带。虽然进入近代以后，运河的航运能力逐渐下降，航运功能有所萎缩，但这并不意味着运河失去了利用价值。相反，如果能将其从交通资源转换为景观资源，不但可以取得同样巨大的经济效益与社会效益，而且符合当今利用旅游这一“无烟工业”实现“低能耗、高增长”的经济发展潮流。这在世界上其他发达国家如法国米迪运河已经有过成功的实践。近年来，京津冀各主要城市也进行了不少有效工作。

当前，应当抓住京津冀一体化被确立为重大国家战略以及中国大运河入选联合国教科文组织世界遗产名录的有利时机，将原先各自为战的运河保护利用与旅游开发推向一个区域合作、统筹发展的全新阶段。而天津作为运河航线和运河文化发展史上地位举足轻重的城市，应当凭借其拥有的独特而丰富的历史文化资源，在区域性合作进程中发挥主导作用。

一、推动京津冀运河旅游区域性合作的有利因素

在经历了初期的景点、线路、城市等各方面的竞争之后，我国旅游业开始逐步向资源互换、差异互补、区域合作的更高级阶段发展。运河因其地理形态的特殊性，被视为旅游区域性合作的重要试验田。李伟、俞孔坚、李迪华曾经援引美国的“遗产廊道”理念，提出了对大运河进行整体保护以及系统的游道组织等理念，为大运河文化旅游开发指出了非常有价值和发展前途的方向。在当前背景下，这一理念的实践具备了更多有利的因素和成熟的条件。

（一）天时

首先，京津冀一体化被确立为重大国家战略，为京津冀运河旅游区域化合作提供了振奋人心的利好政策。2014 年 2 月 26 日，习近平总书记在听取京津冀协同发展工作汇报时，把实现京津冀协同发展提升到重大国家战略的高度，强调京津冀地区“要坚持优势互补、互利共赢、扎实推进，加快走出一条科学持续的协同发展路子”。这表明了国家整体推进京津冀一体化的决心，将切实有效地推动京津冀地区的产业结构升级转换、资源优化配置，从而促进经济、文化各领域更加节能、有效地发展。

其次，经过多年周密筹备，中国大运河终于在 2014 年 6 月 22 日于卡塔尔首都多哈举行的世界遗产大会上圆了入选联合国教科文组织世界遗产名录的梦，为京津冀河段旅游产品的策划、推介和营销提供了重大的利好因素。一方面，借助申遗过程中所形成的丰富详实的资料成果，可以为京津冀运河旅游线路的设计、产品的策划提供强有力的文化支撑；另一方面，借助申遗成功这一重大文化事件的影响力，对提高京津冀运河旅游线路和产品的吸引力，迅速打开市场可以起到事半功倍的作用。

（二）地利

京杭大运河北段凭借其贯通京津冀的线状特点，为主题鲜明协调、内容多姿多彩的区域一体化旅游专线的形成提供了良好的先天条件，是参与一体化进程的最佳切入点，它的成功经验可以对其他领域的合作起到良好的示范作用。经过整合的区域一体化运河主题旅游专线由于符合历史的真实性与完整性，可以满足更广泛更多元的旅游需求，相对于分散景点具有更加重大的文化价值与旅游价值，可以创造超出分散景点价值总和的经济效益与社会效益，对于实现京津冀地区旅游产品结构的优化、行业创新升级以及“1 + 1 > 2”的高效增长模式都有重要的意义。

京津冀运河的分段整治工作取得初步成效，为京津冀运河旅游资源的整合、线路的贯通打下良好的基础。例如，北京通州段的大运河森林公园，通过切实贯彻“以林为体，以水为魂，林水相依”等先进的生态整治理念，不但成功恢复了以芦苇、荷花为代表的北京地区典型的草丛沼泽群落，而且还有效地运用了借助植物自然特性净化运河水质的“生物浮岛”技术，实现了运河沿岸生态环境的良性循环与平衡，从而被誉为园林造景与水生生态修复相融合的典范。而天津武清段是京杭大运河全部河段中也是全国所有人工河中唯一的“国家水利风景区”。根据天津武清段的整治规划，北运河沿岸漫水路二、三期将直接修建到与北京通州交界处，这将为京津冀运河旅游线路一体化提供切实的物质基础。

二、天津在京津冀运河旅游区域性合作中的优势条件

区域一体化既需要协调发展，也需要有序竞争。各城市只有不断提高自身竞争力，才能顺利融入一体化进程并有所贡献。天津应该利用自身拥有的深厚而独特的运河文化资源，在“万国建筑博物馆”之外，打造另一个能够与北京的“古都”景观资源、河北的自然生态景观资源形成“鼎立”之势的“亮点”，从而增强天津旅游营销的综合竞争力，在京津冀旅游一体化进程中占据先机、争取主动并作出贡献。

（一）天津作为一座“运河上载来的城市”，其诞生、发展与繁荣都和运河航运有着深厚的历史渊源

城市与运河之间存在着如此千丝万缕的联系，这是京津冀旅游圈中绝无仅有的，也正是天津旅游资源的独特性所在。对天津发展起到至关重要推动作用的京杭大运河在天津境内长达 195.5 千米，其中三岔河口是南起山东临清的南运河与北入北京的北运河的分界点，因此是北方地方文化交汇的重要节点，同时也是公认的天津“城市原点”、天津文化的摇篮，历史上这里樯帆林立、商贾云集，素来有“先有三岔口，后有天津卫”的说法。在大运河流经的武清、静海、西青、河北、红桥、南开和北辰 7 个行政区都留下了丰富多彩的历史文化遗存。通过申遗筹备过程中系统的调查统计工作，在大运河天津段发现了 27 处不可动实物遗存，包括馆藏文物、非物质文化遗产等其他文化遗产，以及古树名木、历史植被等背景环境。这些都为运河旅游景观的整合与打造提供了真实而重要的资源。

其中，对于印证天津运河发展史最具有关键性甚至是决定性意义和价值的不可动实物遗产，包括以下几种类型：

1. 运河河道。包括从静海县九宣闸起始，以红桥区三岔河口为界的南运河，以及从三岔河口到武清区的北运河。

2. 船闸。位于静海县的九宣闸是大运河天津段最南端的地标,在这里矗立着一座刻有李鸿章所撰碑文的石碑,历经沧桑,碑身虽然留下了日本侵略者的弹痕,但仍保存完好。位于武清区的八孔闸一度被誉为武清的“北戴河”,留下了不少帝王南巡途经此地的传说故事,最脍炙人口的大概就是乾隆下江南,曾经八次巡幸八孔闸,并两次留宿这里的行宫。

3. 桥梁、堤坝。天津河段唯一留存的一座老木桥坐落在静海县独流镇兴业大街,该桥建于民国时期,全长31.8米,宽5米,桥面为沥青路面,护栏为黄花松材质,成为进入近代社会以来大运河天津段百年沧桑的一个缩影。

4. 衙署官仓。以位于河西务的十四仓为典型代表,这里曾经是元朝的漕运管理机构以及元大都外围最大的仓储基地,在近年来的考古发掘工作中,发现了包括多艘元代沉船以及白瓷碗、唐宋铜钱等各种文物,鲜活地再现了河西务的辉煌历史。

5. 风情古镇。以杨柳青古镇为代表,历史上就以风光旖旎、商业繁荣而成为运河名镇之一,如今已经成为天津旅游的一个重要景点。坐落在南运河畔、以精美砖雕称奇的石家大院,以及与运河南段重要城市苏州的桃花坞年画并称“南桃北柳”的杨柳青年画,都是其特色旅游“名片”。

6. 天后宫。天津天后宫不但始建年代早(元代),规格高(中央王朝敕建的官庙),规模宏伟,建筑精美,与福建湄洲岛妈祖庙、台湾北港朝天宫并称为世界三大天后宫,而且在其信俗发展的历史过程中形成了富有特色的“皇会”民俗表演,包含了法鼓、高跷等多项非物质文化遗产。一年一度的妈祖诞辰踩街庆典、两年一度的妈祖旅游文化节都吸引了无数海内外游客,并促成了海峡两岸多个旅游营销项目的顺利开展。

此外,还有古街、驿馆、商铺、会馆等,都为运河旅游线路的多样化、特色化提供了丰富的景观资源。

(二)天津市有关部门在整治大运河方面做了许多卓有成效的工作

近年来,天津市有关部门在整治大运河方面做了许多卓有成效并且在全国范围内具有领先性的工作,不仅为天津运河景观的修复、旅游景点的开发打下了良好的基础,也为天津主导京津冀运河旅游区域性合作积累了经验和资本。

譬如,红桥区南运河滨水带状公园也是运河沿岸景观绿地提升改造工程诸多案例中的佼佼者。该公园不但在总体上确立了“景观优美、生态宜人”的规划思路,而且在不同河段的景观设计上也别具匠心,最终的提升改造效果实现了沿河小品“一步一景”的初衷。具体表现为:既有民族元素的凸显,如金钟桥至金华桥河段,依托明成祖朱棣经由此地南下靖难,最终攻克南京,登基称帝,因此视天津为福地,特赐名“天子津渡之地”的历史传说,通过主题雕塑、历史展示墙等建筑与国槐、月季、山桃等富有地域特色的植物品种相互映衬,设计建设了以展示天津“源”文化为主题的天子津渡遗址公园;又有国际风情的呈现,如金华桥至新三条石桥河段,参照南运河畔惠灵顿国际学校的景观风格,通过缓坡驳岸、城市绿道、绿地广场等不同空间的错落结合,并搭配以海棠、榆叶梅等色彩鲜艳、姿态优美的盛花林带景观,设计建设了以“英伦风格景观”为主题的惠灵顿广场,使饱经沧桑的运河焕发出充满国际色彩的时代风貌。

天津辖区内各河段公园景观的建设可以说是在新的时代继续丰富、发展、扩充了天津运河文化的内涵,为提升天津运河景观资源的品质,引领京津冀运河景观改造的发展潮流,并在京津冀运河旅游圈的打造过程中发挥核心作用打下了良好的基础。

赵建强在《京津冀区域旅游空间结构优化研究》中对天津提出了“积极发挥区域旅游合作的主导功能作用,与北京形成资源互补的‘双核’效应”的优化建议。而独具优势的运河旅游资源恰恰就是天津能够与北京这座多年来的旅游首选城市合作对话,乃至形成“双核”的重要资本。

三、关于天津如何发挥在京津冀运河旅游区域性合作中核心作用的几点建议

(一)以天津为表率,打造有特色、有深度的运河主题景区

最主要的是突出特色,丰富运河沿岸景观的类型。拒绝千篇一律的绿化带与重复雷同的休闲设施建设,避免同质化竞争对京津冀旅游一体化进程的消极影响。因此,京津冀运河旅游资源的整合首要是通过生态、人文、历史等多方面符号元素的交融,明确和凸显各河段自身的特色,从而为“京津冀运河旅游圈”的优化整合奠定良好基础。

天津作为发展历史最为辉煌、文化资源最为丰厚的运河城市,在特色景点的建设中应该起到引领与示范作用。如桃花堤段已经拥有“运河桃花节”与“北洋园”两大优势品牌,但是景观规模与资源整合稍显不足,可以通过扩种以桃花为主的各类花卉,增加与“北洋大学”历史建筑风格相协调的景观设施,还原历史上“运河帆影”“两岸桃花”与“名校风范”交相辉映的胜景,形成“近代教育文明典范”特色景点。

杨柳青更是历史上久负盛名的运河名镇,石家大院、杨柳青年画等拥有很强的品牌号召力,但是以参观为主的“一日游”模式已经不能满足当今游客更高的旅游需求,可以借鉴江浙水乡古镇的运营模式,对“杨柳青三宗宝”等历史遗存以及特色民居进行保护性开发和整合,还原历史上“青青杨柳、乌篷小船、荻笋新芽,河豚欲上”的生活情境,把杨柳青打造成集客栈、餐饮、商贸及休闲等于一体,可供游客体验“白日挂帆”“夜宿驿馆”运河生活的度假型风情古镇。

(二)以天津为核心节点,形成线路通畅、配套完善的运河观光廊道

1. 在产品的策划、管理上打破行政壁垒。由天津牵头,协调北京和河北,成立京津冀乃至北方运河旅游管理委员会,联合制定游览路线,策划“京津冀运河旅游圈”的产品说明,设计统一的旅游产品标志,撰写系统的导游解说词,绘制京津冀运河全程游览图,建立信息共享的网络平台。

2. 在产品营销手段上凸显合作化优势。一是适时联合举办旅游宣传周活动,或是在一年一度的中国・天津旅游产业博览会上推出“京津冀运河文化圈”概念,推动运河区域一体化旅游专线的推介营销活动。二是对京津冀运河沿岸景点的票务、住宿、餐饮和交通等实行“套餐式”优惠制度,并统一各景点的服务标准,以保证高效优质的服务质量和服务水平,通过为游客提供实惠和便利来吸引客源。

3. 在产品定位上强调“差异化”。譬如,在游览路线与交通方式的策划方面另辟蹊径,形成与京津冀高铁圈“快游”路线有所区别又能相媲美的“慢游”路线。在“慢游”日益成为一种时尚的今天,游客不再满足于把时间主要耗费在奔波于各景点之间的路途上,到了景点却只能走马观花的“快游”方式。而运河景观独具线形、廊道特点,只要路线策划与交通衔接得当,就可以将景点之间的路

途也变成一种游览和体验的过程。比如，在水路条件允许的河段可以通过游船、画舫等水上交通工具连接各个景点，让游客在景点之间的路途上也能感受运河风情，在水路条件欠缺的河段则安排沿河行驶的观光巴士进行衔接，让游客可以欣赏堤岸风光，这样不仅可以形成一条完整连贯的游览线路，还符合运河交通史上水陆接驳的真实情况。

打造好“点”是为了连成更美的“线”，而“线”的贯通又能够带动一些相对落后的“点”加快发展。因此，京津冀运河旅游专线的打造，不仅对京津冀旅游一体化具有重要的推动作用，而且对各地旅游产业也是一个重要的发展机遇。对于资源优势明显的天津而言，更可以获得在一体化进程中把握主动、发挥主导并有所贡献的良机。

参考文献

[1]赵建强. 京津冀区域旅游空间结构优化研究. 社会科学家[J]. 2009(12):90－93.

[2]李伟，俞孔坚，李迪华. 遗产廊道与大运河整体保护的理论框架[J]. 城市问题，2004(1):28－31.

[3]顾梦虹. 天津提升改造南运河沿岸，五大新景观效果图出炉[EB/OL]. http://www.tianjinwe.com/tianjin/jsbb/201304/t20130424_303654.html.

（本文作者许哲娜，原文发表于《城市》2014年第9期，收录时略有删改。）

运河与沿线城市商业发展探析

——以扬州、苏州和杭州为例

历史上的京杭大运河北起北京，南至杭州，纵贯京、津、冀、鲁、苏、浙6个省市，是沟通中国南北交通的大动脉，曾为经济文化的发展发挥了重要作用并由此带来了沿线城镇商业的繁荣，形成了著名的运河经济带。之后或受限于河道干涸，或受限于城市规划，运河沿岸商业发展受到影响。近年来，运河城市借助运河申遗工程，通过提升运河城市形象和软实力来促进城市商业繁荣。本文意在通过对历史上运河与扬州、苏州和杭州城市商业发展关系的回顾，结合运河研究探讨当前利用运河发展商业的现状，为天津城市发展提供参考。

一、古代运河与城市商业发展

因水兴运、缘运聚商、倚商成市是运河城市商业发展的共同之处，扬州、苏州和杭州也不例外。

一是运河的发展变化影响了城址的变迁。扬州城的变迁与运河开发密切相关，自吴王夫差开凿邗沟至隋开通大运河，经济中心由蜀冈逐渐向运河两岸发展，扬州城址也随之由蜀冈向南迁至运河方向，成为临运河和长江的大都市。二是运河的发展影响了城市商业空间的改变。坊市制度曾是古代城市的重要商业街区结构，而随着运河与城内水系的沟通，城内水系沿岸逐渐出现商业街，封闭隔离的“市”被代之以开敞的集市空间，并向城外发展形成专业市场和市镇。北宋时期的杭州在运河的推动下，城市的繁华地带逐渐从城南江干一带扩展至沿城内的主要水系两岸发展，使北宋时期人烟稀少的盐桥河以东广大地区，到南宋已成为“万商之渊,坐肆售货”的繁华工商业区和居民区。同时杭州城内的发展也波及城外,城外形成了商品种类繁多、市场兴旺、颇具规模的夜市、草市以及塘栖等市镇。三是运河的发展促成了运河城市独有的商业文化氛围。运河城市以其便利的地理位置不仅成为南北货物的集散地,而且还吸引了四方商贾的云集。城市商业人口日渐增多,商业气息突出。唐朝中叶,杭州的店铺就已有 3 万余家,明清苏州阊门、胥门、山塘街一带商贾云集,甚至太湖村民也出现了“莫嫌村坞行人少,夫婿经商不在家”的弃农从商景象。

由此可见,运河与城市商业发展有着密不可分的关系。正因为运河与城市商业发展息息相关,扬州、苏州和杭州在对运河文化的开发与利用中将其作为商业文化符号和地理存在,通过注入运河人的历史记忆与共同情感,进而开发该区域的商业价值。

二、现代运河与政府城市商业规划与开发

“运河文化”的本质是一种流动的、变迁的文化,尽管京杭大运河的经济意义逐渐淡化,但其区域文化的象征意义日渐凸显并成为运河沿岸商业开发利用的关键。

(一)依托运河功能规划商业发展方向

建国后,扬州、苏州和杭州所属的运河江浙段,因受以工业生产为主导的城市发展模式、交通条件的制约以及对古运河历史价值认识的局限,其功能定位于服务工业生产和货物集散,并在沿岸形成了较为明显的带状形态工业区。随着工人数量的增多,工人居住区与工业区混杂,大量的工业污废水和生活垃圾直排运河,最终沿线地区成为城市环境恶劣的地区,居住功能削弱。改革开放后,随着社会发展和经济实力增强,人们对生活环境的要求逐渐提高,古运河沿岸的工业企业和码头等不再是古运河发挥作用的象征,而河边的历史建筑和生态绿化成为发展主角。这些都决定了运河开始由“航运的河”向“文化的河”转变,成为旅游、文化、创意、商贸、休闲、居住的载体。政府部门对运河商业发展的规划也由服务于“传统航运经济”的单一功能,向服务于旅游、文化、创意、休闲、社区等多功能的综合区转化,并以此作为城市商业发展的催化剂。

政府相关部门对周边商业空间的改造与开发主要有 3 种途径:一是对原有

街区的改造。杭州运河旁的小河直街,未改造前居住群体具有“一小、两多、两低”的特点。“一小”即住房面积小,“两多”即老年人、下岗失业与无业人员多,“两低”即家庭收入和居民受教育程度低。改造后的小河直街则被定位为一个充满历史底蕴、以居住为主、辅以旅游、配套以服务性商业和公建设施的历史街区。二是利用原有工商业厂址,改建新的商业载体。杭州拱宸桥西街在其原有工业区的基础上,以运河景观、历史建筑、工业遗存为特色,打造成以居住、展示、休闲功能为主,集收藏、研究、购物、娱乐等功能于一体的城市综合区域。三是开发运河周边地带,提升商业空间价值。杭州以大运河为中心,开发了从武林中心到钱江新城,从城东新城到运河新城,并涵盖城市发展、旅游休闲、商贸商业和人居环境的杭州运河经济带。该经济带的完成提升了周边的土地价值,吸引了远洋地产、绿城、九龙仓、滨江集团等实力雄厚的开发商入驻,运河流域已然成为杭州主城区最为热门的板块之一,成为城市新的宜居、宜业、宜商之地。苏州也有类似的做法,利用运河这条“黄金水道”,在沿运河两岸形成沧浪新城 CBD、新区狮山路商务中心以及金阊新城物流中心等一批商业商务设施,人气、商气不断聚集。

(二)借助申遗工程,强化街区商业服务功能

商业特色街区的改造提升不仅是传承城市文化、彰显城市特色、提升人民生活品质的重要载体,还是城市综合竞争力的象征。当下运河沿岸城市借助运河申遗工程,将运河文化与商业街区相结合,进一步提升了街区的商业文化氛围。

1. 依托基础,强化特色。扬州、苏州和杭州最大的特点是运河仍维持着航运功能,且城内河网水系是构成城市景观的要素之一,也因此形成了独特的商业景观。苏州平江路的改造就是如此,“一店一景”可以说是平江路的特色。另外,为强调商业空间的低调和隐蔽,商铺掩饰在民居的门板之后,同时门面设计保持“精、细、秀、美”的建筑特点,整条街既渗透着商业气息,又能使参观者体会到幽静、宽敞的空间感受和老苏州风情。总之,平江路通过历史文脉突出了其独具特色的商业空间品位。

2. 政府主导,市场运作。就政府而言,提升街区的商业服务职能主要是对街区的建设管理、优化环境、提供服务、督促检查等方面起主导作用。苏州为实现平江街区的可持续发展,规定市级商业服务设施主要规划在沿街区周边地带,如

干将东路，其建筑要符合古城风貌保护要求，并减轻对周边交通的压力；社区商业服务设施则主要集中在仓街两侧、大儒巷南侧、菉霞巷北侧，其余各巷则严禁布置；旅游商业服务设施则主要在平江路沿路等地。对进驻的商业地产开发商和商业企业而言，一方面政府对入驻商家实行引导、鼓励和保护的政策，特别是对民间资本进行遗存保护时给予政策优惠。如苏州政府通过零转让的方式让民间资本参与民居动迁，同时给予其土地价值评估40%的优惠，鼓励民间资本对遗产的保护和开发。另一方面鼓励进驻商家采用先进的形象设计理念、现代的经营方式和信息化手段，参与商业特色街区建设。坐落在平江路上的平江客栈由明朝老宅改造而成，在粉墙黛瓦的掩映下42间典雅客房户户朝向庭园，让人们在感受现代商务酒店舒适性的同时，又体会到苏州传统文化的优雅和别致。

3. 以人为本，动静结合。所谓动态的商业文化是力求使留存的建筑及空间格局具有历史的原真性，所开发的旅游项目能够延续原有的历史文化和社会生活传统，给予原住居民政策优惠，鼓励其保护遗存并维持可持续发展的社会功能和经济文化活力，延续其历史文脉。从某种程度上讲，这种动态商业文化就是一种“动态博物馆”，将历史商业街区古建和人物商业活动以最自然和谐的方式展现在人们面前。与动态商业文化相对应的是静态历史景观，也就是供人们怀古和休闲的静态历史文物。扬州东关街因拥有比较完整的明清建筑群及“鱼骨状”街巷体系，保持和沿袭了明清时期的传统风貌特色，且拥有名人故居、盐商大宅、古树老井等重要的静态历史遗存，因此政府和城建部门一方面对历史遗存进行保护，将东关街、东圈门、观巷、马家巷等古街巷连成一片，形成颇具规模的古街巷区；另一方面引导东关街区沿街店面恢复一些“老字号”，买卖古玩字画、土特产品、扬州小吃，开设家庭旅馆，开辟弹词、清曲、扬剧等传统文化表演场所，引导沿街居民养鱼、种花、画画等，将古扬州运河风情文化浓缩于此，让游客充分感受到扬州

扬州东关街建筑

古老文化的魅力，从而达到开发古街巷旅游的目的。

扬州东关街谢馥春

总之，商业特色街区的开发本着生态、人文的理念，强调对城市文化内涵的挖掘，从而为商家和消费者创造安全、方便、舒畅、亲切、诚信的消费环境和人居环境。

三、经验与总结

天津城市的兴起与扬州、苏州和杭州相似，是由河而兴。但不同的是，天津的运河目前已没有通航功能。近年来随着天津发展“两河”力度的加大，特别是城镇发展地区、村庄风貌地区、水利枢纽地区、生态发展地区和文化旅游地区五大运河功能发展区的开发，使运河文化与经济发展相协调成为城市未来发展的目标。结合扬州、苏州和杭州的整体商业规划，在借鉴其经验的基础上，天津尚需要注意以下方面：

（一）遗存保护与商业开发度的关系

喧嚣都市中的幽幽古巷，融入现代元素后出现的繁华，两者的矛盾与冲突是影响商业与文化平衡的主要因素。文化遗存因过度开发而导致濒危的实例并不鲜见，因此在处理二者关系时，先决条件是对遗存的保护。但保护并不是唯一目的，保护应与开发相协调，否则保护也就成了无源之水。强调对遗存的再利用首先要严格控制运河周边的商业空间。在城镇发展地区，如天津独流城镇风貌段可将商业区划分为集中设置区、控制引导区以及严格控制区，并严格设置各区商业业态，使城镇与古运河形成统一协调的发展格局。其次要禁止无序的商业乱象，特别是在生态发展地区开展旅游业，要防止随着游客的日渐增多，不良业态和劣质旅游产品充斥景区。因此不仅要使商业有序发展，而且商业活动要以不破坏历史建筑为前提。

（二）避免运河商业开发同质性

目前大多数城市在开发商业街区时，进驻商家主要是面向游客，种类主要有客栈、茶吧、会所、画廊、照相馆和手工艺品店。为了避免商业发展档次不高且重复率极高现象的出现，对各商业街区进行差异化定位、呈现特色鲜明的天津运河商业形态是规划的关键。毗邻海河的天津特色商业街凭借“大气、洋气、繁华、靓丽”的规划建设基调，获得了“中国特色商业街”的荣誉称号。运河商业的开发也可借鉴其经验，依托运河五大功能区发展符合各区特色的经济活动。如文化旅游区的商业开发可以定位为具有运河历史及文化氛围的休闲体验观光区，商业街区可规划为历史文化展示、休闲体验为主题的购物街。城镇发展地区、村庄风貌地区的商业购物街区可定位为具有天津古镇历史文化气息的精品商业购物街，以土特产、文化精品、创意产品等零售业态为主。

（三）商业开发要维护原住居民的生活尊严，关注民生，服务周边居民生活

在城镇发展地区和村庄风貌地区，社区是重要的组织形式，因此创造宜居社区是社区商业发展的定位。一是让原住居民参与遗存保护开发，共享申遗红利。政府可以把部分土地预留给当地居民，使之有地可用，有利可享。二是商业开发服务居民生活。鉴于旅游开发中很少有提供居民日常生活服务商业的现状，商业开发对原住居民的安置除了对现有集贸市场的改造提升外，同时要增设便利店、快餐、干洗店、日用杂品店、家政公司、票务服务、快递公司、再生资源回收点等。

扬州东关街三和四美酱菜

综上所述，运河开发的商业化问题归根结底是如何避免过度商业化以及如何使商业合理化的问题。“保护第一，合理利用”，在保护的前提下发挥遗产的文化和教育功能，适度带动当地商业经济发展是运河商业开发的根本原则。

参考文献

[1]薛长顺. 繁荣商业文化、发展运河经济：从扬州的发展探讨运河经济与商业文化的关系[J]. 现代城市研究，2009(11)：28－30.

[2]孙昌盛，张春英. 古代杭州城市空间形态演变研究[J]. 浙江大学学报(理

学版),2009(5):346 - 351.

[3]黄震方,李芸,王勋.京杭大运河旅游产品体系的构建及其旅游开发——以京杭大运河江苏段为例[J].地域研究与开发,2000(3):70 - 72.

[4]叶志峰,王昕,吴琳.浅析运河商业因素对塘栖城镇发展的影响[J].城市规划,2010(34):58 - 60.

[5]王晓静.运河与苏州城市的发展[J].淮阴师范学院学报,2008(1):48 - 50.

[6]王瑞成.运河与中国古代城市的发展[J].西南交通大学学报(社会科学版),2003(1):14 - 20.

(本文作者王静,原文发表于《城市》2013 年第 7 期,收录时略有删改。)

浅析山东北段运河商贸的开发与利用

京杭大运河北起北京南止杭州，山东境内流经聊城、临清、德州三个地级市。其中运河山东黄河以北段全长270千米，聊城张秋镇至临清小东运河段约120千米，临清至德州段的漳卫运河约150千米。本文基于对山东黄河北段运河城市商贸开发利用历史和现状的分析，借鉴江浙段运河商贸开发经验，进而对天津运河商贸开发利用做一参考。

一、历史上山东运河北段商贸发展概况

明清时期，京杭大运河的全线贯通以及南北络绎不绝的漕运客商极大促进了运河沿线的商贸发展。享有“漕挽之咽喉、天都之肘腋”美誉的聊城吸引了大批外来客商，特别是山陕商人，其经营行业遍及布店、皮货店、衣帽店、粮行、茶叶店、海味店、钱店、当铺、铁店、烟铺、染房等等。“傍运河，富庶甲齐郡”的临清在明清时期，城内大小商业店铺超过千家。德州也凭借着“凡漕粮入津，芦盐入汴，率由此道”的优势，到清乾隆年间，城内外共有街巷60余条，市9个，商号400余家，手工作坊200余家。可见，明清时期聊城地区（包括聊城、临清、张秋等地）和德州地区依托优良的地理位置迅速成为当时的地区性商业中心。可以说，历史上聊城地区和德州地区的商贸繁荣是与运河结合在一起的。因此，商贸发展也极具“运河”特色。

首先，“因运而生”是其主要特点。以聊城为例，运河未贯通之前只是一个军事重地，且地处山东西部，偏僻闭塞。运河贯通之后，聊城在乾隆、道光年间一跃而成为运河沿岸九大商埠之一，从商人数日众，其属县观城“为农居六、七，贾居

二、三”。其次,商业以铺店贸易为主,城内街市多为专业市。比如德州的南关为民市,称大市;小西关为军市,称小市。城南为马市,北为羊市,东为米市,又东为柴市;西为锅市,又西为布铺绸缎市;中心角迤北为旧线市;南门外迤西为新线市。再次,商品买卖主要是以衣食为大宗的转运贸易。以临清为例,自明代起,东路来的青州布客、东三省的“辽左布商”都会贩布到临清销售,而临清的布帛也多贩运至京师,甚至远售至西藏等地。另外,经德州转运贩销的商品也包括粮食、棉花、杂货、草编品、烟草、药材等等,而德州本地所产棉花、烟草和凉帽也会经商人转运到京、津、河南、河北等地。

二、当前运河北段商贸开发与利用面临的问题

历史上运河曾给聊城地区和德州地区带来了商业上的繁荣和经济贸易地位的提升,但“因运而生”的运河商贸经济因过度依赖运河,因此有着自身无法克服的缺陷。1851—1861 年咸丰年间,由于农民起义军的活动以及黄河决口,更重要的是运河航路长期不通,大批商人陆续撤离东昌府和德州地区,转运贸易随之衰落,进而导致临清“商业寥落,人烟萧条”,聊城“商业不及往昔”,“地面萧疏,西商俱各歇业,本地人谋生为倍艰矣。”“因运而衰”成为近代聊城与德州地区商贸发展面临的主要问题,这一情况一直延续至今。2013 年,德州和聊城地区的 GDP 排名在山东省 17 个市内分别位居 14 名和 15 名。其中德州餐饮零售业总额仅占全省总额的 3%,旅游业也只占全省 2%;同样聊城的社会消费品零售总额也只占到了全省的 4%,旅游业也只有 2%。那么在运河申遗的背景下,利用运河文化重新使鲁西北地区焕发昔日光彩成为当地商贸发展的破解之题。但从目前来看,山东运河北段商业开发面临着下列诸多问题:

(一)运河区位优势丧失,主要体现为丧失通航能力

运河商业价值开发的关键还在于运河本身经济的繁荣,这是促使沿线经济向纵深发展并带动周边城镇商业发展的前提条件。与承担着水上运输、南水北调、旅游观光等诸多功能的江浙段运河不同,山东运河北段,特别是古运河段水上航运几乎全部停止。德州段运河早在 20 世纪 70 年代中期航运就中断了。聊城古运河段非但没有通航能力,而且部分河段成为工业和生活废水排污沟。临清这座曾经河网纵横的城市,只有为申遗而维修的一段水道,而这条水道也非活

水。更重要的是，随着京九铁路、济邯铁路以及济聊高速公路等现代化铁路和公路的开通运营，运河区位优势更是丧失殆尽。

（二）运河沿线老城缺乏商贸发展活力，日益没落

造成此现象的原因有二：其一，交通基础设施满足不了区域经济发展的需要。聊城、临清以及德州沿古运河两侧乡镇地区要么是未通柏油路，要么是亟须对柏油路和危窄桥梁进行提升改造。其二，商业重心向新城转移导致古运河沿岸更趋于边缘化。比如在《聊城市城市总体规划》（2001—2020年）中，其所规划的“运河商贸带”范围只涉及了北至东昌路，南至山陕会馆，总长度为1200米的地段，对于位于郊区的运河段如何发展并未进行明确说明。临清新的商贸空间已经迁移到以火车站为中心的现代交通线周边，而老城区尽管还保留着马市街、箍桶巷、锅市街、白布巷、竹竿巷等老街巷，狭窄的老巷也摆满了从塑料制品、竹制品到针线、日用品等廉价的小商品，但就其经营的商品种类以及经营规模来看，老街巷的商贸活动已失去了昔日商客的购买需求和激情。

聊城古城冷清的街道

（三）环境污染严重，特别是郊区运河段水质污染严重

德州段运河自上世纪八十年代断流后，上游以及本段沿岸工厂企业陆续将废污水排入河中，至今其水质仍属于劣五类。聊城阳谷段运河散发着刺鼻的怪味，长满青苔的河水泛起白色的泡沫，岸边水浅的地方，河底的泥土已罩上了一层黑色。未经处理的生活污水、超标排放的工业污水以及大量岸上垃圾的汇入，使河道变成了一条臭水沟，这与市内古城“装扮一新”的古运河相比有着天壤之别。

（四）运河沿岸部分历史遗存遭到破坏

由于漕运功能的丧失，很多运河段已成为灌溉和排水河道，河道淤塞严重，

部分河道被民居侵占几近消失,部分船闸、桥梁等水利设施损坏较为严重,亟须修缮和保护。像德州哨马营滚水坝及其减河河道因废弃后长期没有进行保护,遗迹大多荡然无存。聊城也存在着类似情况,梁闸“镇水兽”迁入中国运河文化博物馆就说明了这样一个现实问题——部分运河段的文化遗存没能得到有效保护,其水利设施也几乎丧失了应有的作用。

三、山东北段运河商贸开发的经验与总结

由于运河本身所蕴含的价值,不论是历史上的聊城和德州地区,还是当下,运河开发仍然是两地区经济和社会发展规划中的重要内容。而这对于同样由河而兴,同样又丧失运河通航能力的天津而言,亦有重要的借鉴意义。

首先,运河商贸开发应以运河自身文化价值开发为前提,这是因为运河开发与利用本身就是一项文化工程。“修旧如旧”是将运河文化价值与商贸价值结合的有力契合点,即在对运河进行永续保护和利用的基础上发展旅游产业。具体而言,“修旧如旧”是结合我国历史建筑和文化遗产的独特性、历史信息的真实性、物质材料的延续性,从而最大限度保护历史建筑和文化遗产。例如,在大运河聊城段整治中,通过对 20 多公里运河河道的修复,共发掘出了船闸、古桥、码头等古代遗迹近 30 处,而这些遗迹的修复基本上就是按照“修旧如旧”原则进行修复。其中聊城张秋下闸在修复过程中,当地政府利用发掘出的闸口石料按照原样进行修复,完全再现了当年闸口风貌。通过对部分历史商贸遗迹的恢复,既可以烘托当地商贸历史氛围,也可以让游客体会原汁原味的商贸文化。运河作为天津城市的一项重要历史文化遗产,所以通过“修旧如旧”的原则,保护开发好具有深厚文化积淀的运河可巩固天津文化名城的地位,而且还能够提升沿河土地的价值,为第三产业的发展提供良好的契机,促进和繁荣沿河的旅游商贸经济。

其次,以运河为依托带动周边地区商贸发展。当前运河周边地区分为两种情况,一种是位于市区段的老城区运河,一种是位于城郊段偏僻落后乡村地区的运河,二者因区位不同,所以在商贸开发上也应有所不同。

对于市区段的老城区,通过强调“城市记忆”在商贸发展中的作用不失为优先选择。“城市记忆”是新世纪以来,以抢救城市历史、保护城市文脉为主要目的的文化工程。“城市记忆”的最大优势是能够展现每个城市的个性,体现城市细节,丰富城市内涵,增强城市辨识度以及提升城市软实力。老城区的历史遗存、地理位置、经济条件以及人文气息使得在将“城市记忆”与老城区发展结合方面有着其他地区无法比拟的优势。比如常州通过将沿河工业用地进行功能置换和景观塑造,将原有的老街、老巷、老厂与运河串联整合,从而延续往昔运河作为城市产业发展带的历史记忆。还有被称为“立体的运河文化博物馆”的临清,明清建筑、街区、民居等保存较好,因此可借鉴江浙段城市的做法,将运河与老城相连,为老城区商业发展集聚人气,打造运河名城。

对于郊区段而言,交通改善无疑是加快当地商业发展的最佳途径。历史上,运河曾为途经各地带来了商贸上的繁荣,但世事沧桑,时过境迁,往昔因河运而兴起的商业早已萧条,运河留给人们的只有历史遗存和人们记忆中的运河文化。况且这些小城镇和各个乡村,像张秋的上下闸口、临清的舍利宝塔、德州的四女寺村等如今还面临着位置偏僻,且离主干道较远的交通劣势。所以,散落在城市角角落落,甚至各个乡村的民俗风情以及运河遗存,如果没有便利的交通很难吸引游客前往,也很难为当地聚集人气。因此,改善沿河区域经济环境和交通条件是实现小城镇社会进步,经济腾飞,当地人民安居乐业的重要途径。

再次,根据沿河地带具体情况具体开发。(1)在城市建设中,沿河地带往往会成为城市最重要的商贸中心和居住密集区。因此,针对有通航能力的河流或取水之便沿河地带的开发是城市经济振兴、城市形象提升的突破口。苏州的平江路、观前街、扬州的东关街、杭州的小河直街、西塘古镇等在这方面已取得明显的成效。聊城以江北水城为基点,以东昌湖为依托,将运河与东昌湖、徒骇河连接起来,使光岳楼、海源阁、铁塔、山陕会馆等重要文物古迹连成一片,展现了聊城“名人文化和运河文化”的文化景观街区。沿河商业街的发展最重要的是商业区级别的界定,但根据 2013 年聊城市政府工作报告和现有产业结构,古楼附近商业区级别应不会升高,因此依靠旅游资源,发展小商品经济是其发展的主要动力。再比如,德州运河经济开发区经过十年的开发,将过去的老市区、老工业区打造成龙运湖、运河文化广场、九龙湾公园等风景胜地。改造后的运河经济开发区,不仅城市环境和绿化景观得到了提升,而且提升了市民幸福指数,良好的城市形象自然也就吸引了各地客商,从而实现经济“创富”和市民“乐活”的双赢。(2)没有通航能力的地区实行空间置换。由于城市大规模的发展,古运河河道大都失去了运输主通道的功能。江苏淮阴、扬州、苏州、无锡、常州大都把主航道移到城外,不运客只运货。被城区包围的古航道则作为旅游观光航道,提升沿河景观,丰富文化内涵,延伸了运河游览线,将运河主城区段从以前单一的防洪排涝和通航河道变成如今步步有景、处处可观的景观河道。德州水源枯竭,航运中止,但古运河河道却保留了下来,两岸风貌尚存。如果运河水质有所改善,在南水北调的基础上可以恢复古运河风采,构建运河文化风景带,进而对运河沿线16个主要历史文化景区重点规划,这样以点带面,以线带区,构建德州文化景观整体效应。

最后,开发运河商贸价值并不意味着过度商业化。聊城、临清和德州均把运河开发建设作为挖掘城市历史文化内涵、发展文化产业、提升城市品位的重大决策,其中德州有运河经济开发区的建设,聊城则打出“江北水城 · 运河古都”的城市品牌,临清是“运河名城”,但在具体操作中却存在过度商业化的倾向,最明显的就是在运河两岸大兴土木,对运河的一些设施进行了不同程度的破坏,出现了过度开发、过犹不及的问题。像德州将运河码头改造成观景平台;临清在对元代运河河段力求保持原真性的同时,却有两岸民居的修复存在着一定的失真性;聊城阳谷打造的“水浒游”则人工凿刻痕迹过多。

通过对聊城、临清和德州运河商贸开发与利用情况的调研,天津运河商贸在开发与利用过程中需要注意把握运河经济功能、文化功能和生态环境功能之间的关系,本着保护与开发的原则,根据运河不同地段的实际情况进行合理开发才是发扬运河文化,促进当地商贸经济发展的前提。

参考文献

[1]《道光观城县志》卷六.风尚[M].

[2]《聊城县志》卷一[M].

[3]吴铮争、赵荣.关于历史建筑的“修旧如旧”——兼论陕北明长城保护中的“修旧如旧”[J].城市问题,2014(2):36-40.

[4]季松、张麒.保护与发展的共赢——常州市古运河与关河地区城市设计及规划[J].江苏城市规划,2014(1):12－15.

[5]季桂起.运河及运河文化开发与德州城市发展[J].德州学院学报,2008(2):38－42.

(本文作者王静,原文发表于《城市》2014 年第 8 期,收录时略有删改。)

后申遗时代运河沿岸城镇遗产保护与商业开发探析

——以淮安、枣庄、济宁段为例

2014 年,中国大运河申遗历时八年终于梦圆多哈,成功入选世界文化遗产名录。然而申遗征途并未在宣布成功的那一刹那结束,人们更多地开始反思后申遗时代运河的保护利用。毕竟 2013 年,由于建设跨河现代化大桥,德国易北河谷被撤销世界遗产称号的前车之鉴仍历历在目。如何处理遗产保护与当地经济开发之间的关系?如何维持二者的平衡?这恐怕是后申遗时代人们关注的重要问题。

一、冰火两重天:遗产保护与商业开发现状

申请世界遗产的终极目标,是为了保护人们赖于以生存的世界以及传承人类历史和文化,然而对于大多数申请者,特别是在后申遗时代,将世界遗产作为区域性经济发展的核心吸引物,实现遗产保护与商业开发双赢是主要的动力之一。但这种发展策略却在践行过程中出现了“冰火两重天”,以淮安、济宁、枣庄段运河为例,其内含两层意思:

首先,表现为“世遗”城市招商的热情与商家入驻的冷淡。运河申遗成功,“世界遗产”的标签必将会增强运河文化吸引力,因此以该吸引力为核心象征,带动城市可持续发展成为运河城市发展的主要契机。比如淮安,早在 2013 年该市就启动了投资 120 亿元的“中国淮安 · 世界运河文化旅游区”建设项目,2014 年又借运河申遗成功的东风进一步助推了“里运河文化长廊”建设。这些由政府负责招商、运营和管理的文旅项目，开发初衷就是要打造成集高端论坛、文化旅游、生态养生、商务休闲以及特色主题乐园等多功能文化交流空间。愿景是美好的，但现实是残酷的，招商难、难开业成为困扰淮安政府的难题。问题的根源在于商业开发与人口、市场资源不相匹配，大量商业入市与人口、经济发展形成的反差必然会造成招商的困境；文旅项目在地性逐渐模糊，在地特色是文旅项目的主要特征，以模糊在地性并代之以大量各地"特产"，最终却是丧失了本地长期竞争力；文旅项目的长远发展有赖于人口数量、经济水平、投资环境以及当地文化背景的支撑。就目前淮安的情况而言，本身缺乏号召力，再加上外部无高铁相连，内部景区间无地铁等交通沟通，单靠当地居民支撑恐非长久之计，商家反应冷淡也就自在情理之中。

其次，表现为政府遗产保护开发的热情与遗产商业开发的冷清。申遗成功后，在这张国际"金字招牌"下，政府希望能够以此带动当地就业机会、经济效益以及对外文化交流活动的蓬勃发展，但从目前看来，这种愿望并未实现。淮安为保护遗址提出"遗产点核心区肯定不能动"，但问题也随之而来。淮安遗产区面积大且处于荒郊野外，呈散落状态，通达性不够理想，周边环境不如人意，这些状况使得大部分遗产点处于休眠状态，甚至当地为了节省开支而关闭了遗产点的开放，济宁也如此，南旺分水枢纽作为运河的关键节点，在运河发展史上占有相当重要的地位。以济宁市政府的工作思路，在保护的前提下加快考古遗址公园建设，启动南旺古镇规划，以及小汶河通航等，进而惠泽南旺镇居民。但现今的南旺分水遗址远离市区，交通不便，再加上遗址只有地基，缺乏观赏性，这些都是形成周边商业开发迟滞的瓶颈。同样，作为"活态遗产"的枣庄台儿庄段运河，带动并助推了台儿庄古城的建设和发展，2013 年上半年古城经营收入曾突破 7000 万元。事实上，以"天下第一庄"为品牌，力图打造精品旅游品质的枣庄"台儿庄古城"也面临诸多问题，比如古城遍布商铺与展览馆，游客参与性较少，客源吸引逐渐乏力，再加上周边千人一面的经营模式，如美食、古玩等，这些都将会影响台儿庄的持续发展。

总之，处于后申遗时代的"世遗"城市，在运河的保护与开发问题上陷入一个怪圈。一方面纯粹的商业开发产业无法烘托、传播遗产的文化价值，反而有将之淹没其中的趋势;一方面是维持遗产现状,这将导致遗产保护无法成为带动区域文化产业发展的可持续性动力。而且这种纯粹的保护需要后续大量资金、人力的投入,否则只能是“有客开门,无客关门”。纯粹的商业开发赚钱最终将毁灭遗产,纯粹的保护又无法持久,二者之间的平衡如何实现,当地政府和民间都对此进行了积极探索。

二、构建平衡:“世遗”城市的努力

在后申遗时代,以核心遗产带动周边收入,并将之用于世界遗产的保护,这应是世界遗产保护和发展的良性渠道。为此,淮安、枣庄和济宁立足本地实际情况进行了深入的探索。

首先,让运河成为人们生产生活的一部分。大运河台儿庄段与济宁段,不仅发挥着航运、防洪、排涝、灌溉等传统功能,而且在近些年旅游业发展的带动下,围绕“吃、住、行、游、购、娱”六大要素打造成为旅游热点。台儿庄依托湿地景区,发展和推介农家庄园、随心垂钓、芦苇荡舟等项目,同时积极推广特色产品,比如新鲜采摘的莲蓬,阳光曝晒后的芡实、莲子、菱角米,营养价值高且携带方便的罐装藕汁以及荷叶茶。据统计,农业综合开发项目累计直接带动就业 212 人,间接带动农户 1790 余户,总计带动 3320 余户,农民增收 650 万元。济宁运河段也如此,尽管有相当多的农户对申遗并没有深刻的概念,但申遗带来的利益却是实实在在的。一位祖辈在运河生活的渔民曾形象地说,到时不用下河逮鱼,只小船下河(拉游客)一趟就有经济收益。所以,当世界遗产不再是圈起来让人们特意去保护、开发、传承,而是融入人们的生活中,那么它自然而然地会被传承下去,而且自然也就具备保护的动力。

其次,针对本地运河现状区别开发。在后申遗时代,运河商业开发与运河利用是紧密结合的。因为大运河保护的目的不是单一的,是既要给予文化遗产应有的尊严,也要促进经济社会的发展,还要将保护成果惠及民众。其中最重要的就是运河的使用部分,也就是运河的运输功能。因此,针对“活着的运河”,济宁本着“利用即为保护”原则进行保护性商业开发。2004 年,该市投资 21.3 亿元用于港航基础设施建设,其中包括对运输带来的污染和噪音,以及运输可能造成的堵塞、沉船和交通事故的综合治理。而这都是保证商业开发的前提,因为航道畅通可以带动与之相关的短途运输、修造船、仓储、餐饮等行业的发展，从而创造更多就业机会，加快劳动力转移，有效带动沿线人民群众增收致富。

最后，本着整体大于个体的原则开发运河周边商业。济宁段运河的旅游开发，游客不仅要看古闸、古河道、古街巷，还要看新河道、新船闸、造船厂，同时体验湖上民俗、品尝湖区美食、体验运河行船等；淮安段运河也如此，游客除了参观河道漕运管理机构、运河闸坝、运河古河道、运河古镇，还可以参观现代水立交、现代船闸，品尝淮扬美食。可见，济宁、淮安的运河旅游有共同之处，就是古与今结合、遗产点与非遗产点配合，在充分挖掘和利用运河丰富自然景观和人文资源的前提下，站在游客角度去体验运河文化。

三、任重而道远：后申遗时代的天津

作为"世遗"城市之一，后申遗时代的天津同样面临着实现遗产保护与商业开发二者平衡的挑战。那么，在这把双刃剑之下，天津如何借鉴其他城市的成功经验并加以应对呢？

首先，大运河天津段以景观河为主，应本着保护性商业开发的原则加以利用，商业开发应在遗产保护的范围内经营。后申遗时代，运河保护开发面临的重大挑战就是如何应对对经济效益的追求、对商户趋利性的管理，因为世界文化遗产的光环不光带来人气，更重要的是财气，一些商家可能为了局部利益，从经济角度做一些不合理的事情，比如违规扩建等。因此，要为他们留出一定范围的保护区域，禁止乱盖乱建。否则，皮之不存毛将焉附，商业发展根本无从谈起。另外，对于景观河，水环境的保护也是至关重要的。运河虽然申遗成功了，但运河某些地段的水环境形势依然很严重。特别是古运河段，水质污染严重。比如济宁市区的古运河河道，就因河水断流，导致河道废弃，污水四溢，迫使河道两旁的原驻商家纷纷撤离。

其次，提倡政府主导的市场化运作。京杭大运河天津境内全长 195.5 千米，流经 7 个区县。运河广泛的区域不仅提供了丰富的旅游资源，而且旅游产品的多层次特色也为天津运河旅游经济提供了契机。比如，运河沿线遗址的多层性，已发现的古遗址、古墓葬、古码头不仅类型多样、数量繁多，而且年代涵盖战国至明清。这种立体多层的遗存有助于文旅项目的开发；再比如，就遗址内容的丰富性,诸如可以运用保护、恢复以及重构等方式,着重强调津商文化特色的“商业游”;利用建筑、雕像、碑刻等景观符号,传统与现代设计手法、建筑材料以及施工工艺相结合,将天津漕运历史条分缕析加以呈现的“漕运文化体验游”等。

同时需要注意的是,像运河沿线的会馆、园林、寺庙、聚落等资源因分属水利、交通、园林、文物、宗教、建设、房管等多个管理部门,因此如何统筹各方面力量进而形成合力,或以哪个部门为主体进行旅游开发也是需要认真考虑的问题。像杭州成立市属国有独资公司杭州市运河集团,与市运河综合保护委员会“两块牌子一套班子”,并以“市场化筹资、多元化投入”思路,通过市场化运作,先后筹措 50 多亿元用于运河保护开发资金。

最后,古与今结合,遗产点与非遗产点配合打造运河新旅游。大运河天津段有两个明显的地方特色:一是文化特色;二是河海特色。就前者而言,主推独具个性与特色的文化遗产体验游,像杨柳青古镇、北运河郊野公园、北运河桃花堤以及南运河“天子津渡”遗址公园等,上述景点可成为体验运河文化、了解运河历史的公共文化平台。就后者而言,海河作为天津著名的旅游名片,与世界文化遗产大运河的“河海联动”必将成为天津运河商业开发的吸睛之笔。一方面打造运河带以及海河带上环境优美、功能齐全的场所以及物态,打造能满足国内外游客以及市民所需要的地带,与现代生活相匹配,与现代社会相适应,满足现代生活需要;另一方面就三岔河口至永乐桥这一段运河航线,在继续深挖海河观光游和海河夜景游的基础上,融入更多运河内容,开发河海串联旅游产品,游客在了解京杭大运河历史的同时,也会更多的了解美丽天津。

总而言之,大运河保护的目的不是单一的,是既要给予文化遗产应有的尊严,也要促进经济社会的发展,还要将保护成果惠及民众。在此前提下,运河保护与商业开发才能实现良性平衡发展。

参考文献

[1]陈晓春,李运办. 淮安全力打造里运河文化长廊[N]. 新华日报,2014 - 8 - 28(19).

[2]周建民. 后申遗时代大运河文化遗产保护[J]. 前进论坛,2015(4):51.

[3]周素霞,许业龙.后申遗时代淮安运河非物质遗产保护与利用[J].淮阴工学院学报,2015(4):8－12.

[4]刘怀玉,张强."加减乘除":综合开发后申遗时代的大运河[N].中国社会科学报,2014－6－12(5).

(本文作者王静,原文发表于《城市》2015年第8期,收录时略有删改。)

京杭大运河沿线城市特色产业发展状况研究

——以独流老醋、杨柳青年画和临清贡砖为例

京杭大运河是我国古代沟通南北的交通大动脉，它北起北京，南到杭州，途经 6 个省市，对我国南北方的经济发展、物资交流发挥着重要的推动作用，并且，在它的带动下，运河沿线城市根据其特有的自然地理条件和周边环境，发展出具有浓厚地域特色的产业。天津静海区独流镇的独流老醋、天津杨柳青年画、山东省的临清贡砖等非常具有代表性。这些运河沿线城市的特色产业，多创立于明朝，至清时已经颇具规模，成为当时进献朝廷皇家的“贡品”。但是随着近代化的推进和近代交通工具的发展，运河及运河沿线城市的地位和影响日渐下降，这些城市的特色产业也呈现出截然不同的发展路径和前景，独流老醋产业依旧繁荣，杨柳青年画发展进入瓶颈，临清贡砖彻底消失于市场后又再度萌发。考察运河沿岸城市特色产业的发展历史和现状，对这些城市的特色产业发展和大运河的商业开发具有借鉴意义。

一、运河沿岸城市特色产业的发展历史

独流老醋产于天津市静海区独流镇，与山西陈醋、镇江米醋并称为中国传统三大名醋。独流老醋始创于明永乐年间，相传清康熙将其定为宫廷御用贡品，因此广开销路，畅销于华东、华南甚至日本、欧美等地，《静海县志》记载“老醋以独流镇产为最，其味与镇江同，行销外省”。独流老醋的特色在于其制作工艺和口味，采用上等小麦等粮食，经过多道工序，历时 3 年，因此被称为“三伏老醋”，“独流醋气香味醇，为它处所不及”。历史上的独流老醋并未形成统一的规模化经

营,不同规模的醋厂十多家。据有关资料记载,清朝末年,独流镇有醋酱行 13 家,民国中后期发展到 24 家,独流老醋年产量最多时达到 28.5 万公斤。其中,“老三立”牌独流老醋具有 100 多年的历史,晚至民国时期,“老三立”仍是天津制醋的代表性企业。

杨柳青年画与苏州桃花坞年画、山东潍坊年画、四川绵竹年画并称我国四大年画。杨柳青年画创始于明代,永乐年间,大运河重新疏通,给杨柳青带来了南方精致的年画制作材料,大大促进了年画的发展。到了清朝中后期,杨柳青年画进入了全盛期。杨柳青年画受到宋元民间版画、明代木刻版画的影响,采用了木版套印与手工彩绘相结合的技艺,因此,形成了特色鲜明、风格独特的年画派别。到了清朝光绪年间,杨柳青涌现出了一批农民画师,杨柳青全镇连同附近三十二村,“家家都会点染,户户全擅丹青”。杨柳青有年画铺近百家,其中齐健隆、戴廉增两家发展规模最大,技术最为上乘。较大的作坊,一家能有 50 个画案,200 多名工人,每年印制年画 100 万张以上。这样,逐步确立起杨柳青的华北年画生产中心和集散地的地位。第二次鸦片战争之后,杨柳青年画走向衰落。到清末民初,年画铺逐渐减少,但此时杨柳青年画的规模仍然可观,“杨柳青以南各乡以绘画为业者不下六千余人。画业经营规模最大者,资金多至十七八万元,炒米店、古佛寺、赵庄各村裱画人有四百余名(家庭从事裱画者除外)。”随着石印年画、胶印年画的兴起,手工生产的杨柳青年画无法与之竞争,加上行业内部的恶性竞争,使得杨柳青年画更加衰落。抗日战争期间,日本侵略者抢走了许多画版,杨柳青的画铺和作坊全部歇业。

临清运河钞关

临清位于运河和漳卫河的交汇处,是古代南北交通的咽喉。元代会通河开通后,临清迅速崛起,明朝政府在临清扩建粮仓后,进一步推动了临清地位的提升,临清钞关逐渐发展成为古代中国八大钞关之首。而至清乾隆四十一年(1776),临清升格为直隶州,成为北运河的经济中心。临清受运河之惠,商业非常繁荣,“北起塔湾,南至头闸,绵延数十里,市肆栉比”,直至现今,临清街头仍然保存着诸如“竹竿巷”“锅市街”等以行业命名的街道称呼,足见当时商业之繁盛,世人称谓“南有苏杭,北有临张”。临清砖的烧制始于汉代,但数量和规模较小,晚至明代,临清砖的烧制技术已经较为成熟,明朱棣定都北京后,作为贡砖开始大规模烧制,万历年间在临清设立营缮分司,“岁征城砖百万”。至清代末期停烧,历时500余年,烧制时间之长、数量之多、质量之优,为其他砖石所不及。临清贡砖成名原因主要有三:第一,得益于黄河冲积平原的淤积泥土和水质。临清贡砖所用泥土被称为“莲花土”,黏度适合,细腻无杂质;第二,承运河交通之便利,运输成本较低。在缺乏现代交通工具时期,水路运输是既经济又便利的运输方式。临清砖窑多傍依运河而建,据《临清州志》记载,仅临清城区30千米左右的运河两岸,最多时分布着砖窑数百家。第三,加工技艺高超。为了保证贡砖质量,明清两代的临清官窑都有一套非常严格的生产规程,从备料、用料、制坯、烧制等工艺,到大小、重量均有严苛控制,每块砖都印有窑主名字等识别信息,而且自临清运送至北京,至少要经过两道关口的检测。随着清王朝的灭亡,临清贡砖也随之转衰,并一度绝迹于市场,民国时期曾计划重启生产,但最后仍不了了之。

二、运河沿岸城市特色产业的发展现状

新中国成立后,独流酱醋实行合营,1984年9月,在中国食品协会的协助下,成立独流老醋厂。目前,独流老醋已经形成以“天立”为品牌代表的龙头产品。1998年4月成立天津市天立独流老醋股份有限公司,目前拥有固定资产6700万元,年销售收入8870万元,年产3万吨醋,是仅次于镇江米醋的中国第二大制醋企业。在产品制造工艺上,“天立”老醋实现微机控制和生物发酵,将现代科技与传统技艺相结合,使出品率提高了111.1%,实现了技术创新;在产品种类方面,不断革新,拥有不同市场地位的多种类新产品,提高产品市场价值;在产品质量控制方面,与时俱进,与世界卫生组织建议的标准基本吻合,且为国家地理标志产品。同时,企业还不断加大科技和资金投入,实行循环经济,节约能源,并走出一条产、学、研结合的道路,与天津市的科研机构建立协作关系,保证产品开发的连续性和质量的稳步提高。现在,以“天立”老醋为代表的独流老醋已经形成了

高、中、低档等多种类型和市场定位的产品，并走在业界前列。

中华人民共和国成立前夕，杨柳青年画处于濒临灭绝的边缘。在党和政府的关怀下，杨柳青年画获得了新生。党的十一届三中全会以来，杨柳青年画的发展进入了新时期。进入90年代，胶印年画需求量下降，近几年来传统木版年画再次受到人们的欢迎。杨柳青年画频频在展会露面，从1979年开始，杨柳青年画不断参加了专门展览或与其他年画合展，尤其1991年天津举办了天津杨柳青国际年画艺术节，盛况空前，来自全国各地以及美国、新加坡、日本及香港等国家和地区的客商参会。随着国家对非物质文化遗产的重视，2004年，天津杨柳青木版年画被文化部批准为"中国民族民间文化保护工程试点项目"，为了配合这个项目，先后举办了"天津杨柳青木版年画保护工程研讨会暨杨柳青画社藏品展""中国天津杨柳青木版年画精品展"等学术会议、展会。2006年，杨柳青木版年画被列为第一批国家级非物质文化遗产目录。2007年，杨柳青画社被命名为老字号，成为天津标志性品牌商铺。2011年，建立了杨柳青木版年画博物馆暨中国年文化中心。为了做大杨柳青年画品牌，2003年天津西青区政府建起了杨柳青明清街和杨柳青年画馆，建立了杨柳青年画数据库。为了培养年画人才，2004年西青区与南开大学合办了年画培训大专班，2009年，与广播电视大学分校合作，成立了年画艺术专业班。与此同时，一些老艺人开始恢复传统的木版年画技艺，使得年画技艺得以重生。另外一些艺人开始进行创新，"年画张"流派的艺人，采用了较为先进的丝漏工艺。目前，一些画社每年传统木版手绘年画销量稳定在三万张上下，年收入五六百万元。鉴于社会生活的变迁，百姓生活中不再使用年画，杨柳青年画从普及品发展成为艺术精品、收藏品和馈赠礼品。

自1980年代后，国内很多古建筑着手进行修缮和保护，临清贡砖的市场需求开始扩大。1996年在临清城东西陶屯，掌握制砖工艺的一户窑主后裔景永祥开始恢复生产临清贡砖，并着手对传统烧制工艺进行改革，例如，将原来的手工工序用机器代替，烧制的燃料用燃煤代替等等，在制作流程上开始引用机械化生产，进一步改革和完善制造工艺，提高产品质量。景永祥被山东省政府确认为"临清贡砖烧制技艺"项目传承人，其"临清永祥贡砖生产基地"被确定为项目传承基地，以重新确立临清贡砖的品牌效应。2008年临清贡砖烧制技艺列入第二批国家级非物质文化遗产名录。现在,随着旅游市场的逐年扩大,古建筑修复所需的贡砖也日益增加,临清贡砖的生产呈现供不应求之势,但是,目前受制砖工艺所限,产量遭遇“瓶颈”,很难有较大提高。临清市政府一些相关部门已经制订临清贡砖的保护计划,设立保护机构,建立研究和开发基地,从资金等方面加大支持,努力实现规模化生产。景氏所经营的砖窑试图尝试这样一种发展路线:建设集制砖工艺传承、生产销售、文化展览和生态旅游于一体的文化遗产胜地。

三、运河沿岸城市特色产业发展的思考和建议

从特色产业的类型来看,独流老醋属于食品行业,杨柳青年画属于艺术领域,而临清贡砖属于建筑原料行业。这些特色产业,在水运作为主要交通运输方式的时代,依托于运河便利的条件,适应了中国传统社会的需求而逐步发展起来,此后随着铁路的修通以及人们生活方式的变化,有些特色产业逐渐衰落。从食品行业来看,独流老醋仍然能够适应现代中国的餐饮,所以具有重新发展起来的基础。目前,中国家庭基本不再使用年画,因此,杨柳青年画的传统功能丧失,但是随着我国人民生活水平的提高,再加上年画积淀的丰富的艺术内涵,其审美的作用大为加强,从而实现了从普通用品向艺术品的转化。临清贡砖本身属于皇朝时代的产物,因此很难适应现代社会的发展,但是随着我国保护文化意识的增强以及旅游产业的发展,在修旧如旧理念的影响下,一些传统建筑的复原需要临清贡砖这种产品,临清贡砖重新焕发了生机。

以上这些产业均已有数百年的历史,均具有鲜明的地域特色、丰富的文化内涵。在中华民族逐步走向复兴的今天,挖掘这些传统产业的潜力,让这些特色产业重新焕发生机,实现传统向现代产业的转型,既有利于民族文化传承,也有利于我国传统产业的发展。为了使这些传统特色产业在现代社会得到传承并继续体现其价值,相关部门已经做了大量工作。我们在实地考察的基础上,认为还有以下几个方面的工作有待加强。

其一,加强对这些特色产业发展历史的研究,充分挖掘这些特色产业在历史长河中积淀而成的经济价值。尽管这些特色产业已广为人知,但除杨柳青年画等少数几种外,大多数特色产业的发展史并未得到充分研究,其发展历程、工艺特色、经营理念、传承方式等,并未得到充分展示。比如,独流老醋发展势头很好，但是对于独流老醋的文化底蕴挖掘不够，没有从历史悠久和工艺独特的角度进行有效的宣传，从而没有将历史所赋予的无形资产变成有形资产。因此有必要投入更多的研究力量，加大上述方面的研究力度。

其二，加强对这些特色产业相关遗存的保护。由于历史较为悠久，这些产业在发展过程中，留下了一些生产工具、生产场所等实物和遗址、遗存等。这是我们感性认识这些特色产业的最直接的材料。但由于时代变迁等因素影响，这些实物、遗址和遗存的现状不容乐观。为了使人们能够更好地了解这些实物、遗址和遗存，就很有必要从各个方面加强保护。

其三，对这些特色产业的传统工艺与现代化的生产方式进行比较研究，以利于这些特色产业的保护和发展。当前，传统特色产业所面临的一个巨大冲击，是其生产效率远低于现代生产方式。因此，对传统生产工艺进行适当改良已经十分必要。为此，应充分比较研究两种生产方式的优劣，弄清在哪些环节、哪些方面可以保持原有工艺以突出特色，哪些环节，哪些方面可以适当引入现代生产技术以提高其生产效率。

其四，充分挖掘这些特色产业的文化内涵。尽管这些特色产业的遗物、遗址和遗存相对较少，但关于其文化内涵的资料却相对比较丰富。对这些资料进行整理和研究，将有助于特色产业的开发、保护及其经济、文化、旅游价值的发挥。应该将这些文化产业申报世界“口头与非物质遗产”，以此为契机深挖其文化内涵。

其五，将这些特色产业的传承与当地旅游发展相结合。这些特色产业的发展，均与运河有密切的关系。随着运河原有功能的丧失，其旅游功能将日益凸现。在此过程中，特色产业的历史文化价值，无疑能够与运河旅游开发相结合。这将在扩大其产品销售市场的同时，使其得到传承和保护。

最后，这些传统产业转变为现代产业，还需要市场介入，依靠市场的资源配置作用，优化资源配置，从而获得产业发展的新的增长点。目前，有些产业完全脱离市场，比如，杨柳青年画除了在画社可以看到外，在市场上根本看不到，目前的销售渠道都是一些部门或个人直接到画社订货，这种脱离市场、脱离大众的经营方式本质上是不可持续的。只有引入市场竞争机制，才能倒逼产业寻求发展之道。

参考资料

[1]独流镇地方志编修委员会编著:《独流镇志》,吉林人民出版社,2009年。

[2]天津市地方志编修委员会办公室、天津二商集团有限公司编著:《天津通志·二商志》,天津社会科学院出版社,2005年。

[3]静海县志编修委员会编著:《静海县志》,天津社会科学院出版社,1995年。

[4]世界食品经济文化通览编委会编:《世界食品经济文化通览》,第2卷,中央文献出版社,2004年。

[5]张淑贤:《天立独流老醋股份有限公司经营战略研究》,天津大学学位论文,2011年。

[6]薄松年:《中国年画史》,辽宁美术出版社,1986年。

[7]天津市艺术博物馆编:《杨柳青年画》,文物出版社,1984年。

[8]马逸先:《杨柳青年画小史》,《天津文史资料选辑》,1986年第36辑。

[9]王鸿逵:《杨柳青年画史略》,《津西文史资料选编》1987年第1辑。

[10]李晓光、寻捍东:《山东临清御制贡砖考》,《枣庄学院学报》,2006年第3期。

[11]李远江:《临清贡砖:一个都城的基石》,《传承》,2010年第12期。

(本文作者刘凤华,原文发表于《城市》2014年第9期,收录时略有删改。)

运河再兴杨柳青年画

杨柳青木版年画，随着天津大运河的通航而兴盛。杨柳青木版年画采用雕版墨印和手工彩绘填充相结合，具有版画和国画的双重风韵，绝大部分蕴含吉祥美好生活的寓意。因为专供宫廷，又往往包含富贵气息。“堆金沥粉”是增加杨柳青木版年画富贵意蕴的工艺之一。因为加工过程中使用金箔，这一工艺使杨柳青木版年画成为画上有“金子”的工艺品。

“堆金沥粉”工艺不是首先出现在年画这一艺术形式中，而是从彩绘、壁画等其他艺术形式中借鉴、并活学活用到年画中。“堆金沥粉”，又称“沥粉贴金”或“立粉堆金”，是沥粉和贴金两种工艺的结合。沥粉，是指用胶和粉等在线条部位挤出凸起，形成隆起的纹路。贴金，是指在沥粉的部分贴上金箔。虽然杨柳青木版年画所使用的“堆金沥粉”工艺已经失传，但可以根据其他工艺形式中的同类技术来推测它的大略面貌。

沥粉的材料由粉料和黏合剂两部分组成。根据不同的传承和施用材质，不同的画师有不同的选择，现知的粉料有大白粉和滑石粉等，黏合剂有熟桐油、米汤、清漆、动物胶、乳胶、乳胶漆、豆浆、白面和豆面等。混合好的沥粉称为“泥子”。通过特制的沥粉器，点状地或连续地将泥子挤到画面上。沥粉器由盛装泥子并可以挤压的容器和具有硬质出口的管或尖筒两部分组成，现知的使用材料有硝过的猪膀胱（或塑料袋）和铜管（或铁皮圆筒、管）等。当画面上的泥子将干未干时，使用竹钳子将金箔平放反贴在画上。如果泥子已干，可以刷黏合剂后贴金箔。

采用“堆金沥粉”工艺的年画具有立体感且更加光亮，观感更为精美华贵、富丽堂皇。清朝，年画使用“堆金沥粉”工艺已在规定之列：乾隆年间编订的《钦定

工部则例 · 门神作》中记载着“凡门神细描彩绘,沥粉贴金……”等需要的材料。相关资料表明,乾隆年间居于天津杨柳青的年画世家传人戴廉增,已经使用“堆金沥粉”工艺绘制年画。戴氏年画在戴廉增时期成为贡品。

清末民初,社会动荡,同时,石印年画冲击木版年画市场,杨柳青木版年画开始走向衰落。建国前,杨柳青木版年画已经陷入艺绝人散的境地,“堆金沥粉”工艺也从此失传。建国后,杨柳青木版年画经过政府的抢救和保护,重新聚集和培养艺人。1952 年,杨柳青仅存的一家年画作坊得到政府资助。1953 年,“杨柳青年画生产互助组”恢复年画生产。1956 年,“杨柳青镇和平画业生产合作社”成立。1958 年,“天津杨柳青画店”成立。此后一直到今天,随着经济起飞和政府的不断扶持,天津杨柳青木版年画不断发展,并初步形成产业化模式。

“堆金沥粉”工艺随着杨柳青木版年画复兴的脚步重新回到大众视线。在政府与社会各界的努力下,在艺术家们对传统技艺的痴迷和追寻中,杨柳青木版年画终于恢复成有“金”可寻的工艺品。西青民间艺术家刘佐忠,致力于民间艺术的挖掘和抢救。经过探索和创新,他掌握了堆金沥粉工艺,并用五个多月时间创作完成了一对使用“堆金沥粉”工艺的门神。他创新了沥粉的材料组合,将现代制剂加入其中,并用针管代替了老式的沥粉器。戴氏年画第二十代传人戴时贤,也通过向伯父和业内名师的访求和自己的潜心钻研,传承并创新了堆金沥粉工艺。

那么,去杨柳青木版年画上搜集金子可以吗?在部分使用了“堆金沥粉”工艺的年画上,确实是可以搜集到金子的。但是,并没有实际操作价值。首先,采用“堆金沥粉”工艺的杨柳青木版年画数量稀少、艺术价值高。且不论能不能得到这样一幅极具收藏价值的年画,即使拥有这样一幅年画,相信也不会有人焚琴烹鹤地去破坏它。第二,采用“堆金沥粉”工艺的杨柳青木版年画虽然看上去有立体感,但内部的填充物不是金子而是“泥子”。年画上金碧辉煌的色彩出自贴在泥子上的金箔或者其它金属箔。即便全部使用金箔,在金箔可以薄至 0.00012 毫米的情况下,想凑够一克金子,就需要刮下整整 0.5 平方米全部使用“堆金沥粉”工艺的杨柳青木版年画画面呢。

(本文作者魏淑赟,原文发表于《天津日报》2018 年 11 月 20 日,收录时略有删改。)

近代天津与京杭大运河山东段沿线城镇间商品流通初探

——以德州、临清、聊城、济宁为例(1860—1937)

在城镇体系中,城镇之间的关系不仅是一项重要的内容,而且对某个城镇明确其在城镇体系中的定位,制定切合自身实际的发展战略等,也有重要的借鉴意义。因此,在2014年4月对大运河山东段沿线的德州、临清、聊城等城镇进行考察时,我们将天津①与这些城镇间的经济关系作为重要内容,并发现了两点重要事实:一方面,天津开埠后,德州、临清和聊城在一个较长的时期内,与天津保持着十分密切的经济联系;另一方面,聊城等城镇在制定发展战略时,并未将与天津及以天津、北京为中心的京津冀地区之间的经济关系作为重要内容。因此,进一步深入研究天津与这四个城镇间的经济关系显得十分必要。有鉴于此,本文将以德州、临清、聊城、济宁②等城镇为例,对1860—1937年间天津与京杭大运河山东段沿线城镇之间的商品流通进行初步考察,③一方面展现近代华北城镇体系的变动,另一方面也希望能够对上述地区和城镇制定其发展战略有所裨益。

---

① 本文所谓天津,是指1937年前的天津城区,不含今天津所辖的郊区及郊县。

② 此次考察,并未涉及济宁,但由于其天津、上海等城镇间商品流通格局的变化,也能够体现华北城镇体系的变动,因此本文将其列为讨论对象。

③ 庄维民等的研究对此已有涉及,但未对天津与这四个城镇间的关系进行专题讨论,参见庄维民:《近代山东市场经济的变迁》,中华书局,2000年,第83—179页。

一、1860—1911 年间天津与德州、临清、聊城、济宁商品流通的新进展

在 1860 年开埠以前，天津与同处京杭大运河沿线，同为漕运所经之地的德州、临清、聊城、济宁等城镇间的商品流通以粮食等为大宗。这种情况可以从傅崇兰、许檀、王云等学者的研究中得到印证。据傅氏研究，天津在明代的经济职能之一为漕运，清代这一职能得到加强，而管理漕运的官吏、护漕的士兵以及舵工、水手、搬运工的吃住消费和购销货物等，则成为促使天津城市手工业、商业、饮食业等发展的重要因素。乾隆年间及其以后，天津与辽东间的粮食流通，成为天津重要的粮食来源。同一时期，德州除有凉帽编织品运销天津外，江大米、红白糖、燕窝等杂货均由南方运来。临清商业以粮行、花行、南货为大宗。其中粮食"尤取资于商贩。从卫河汛舟东下者，豫省为多。秫、粱则自天津溯流而至。其有从汶河来者，济宁一带粮米也。"棉花开始沿运河向南方贩运，杂货主要来自南方。济宁除将周近各县粮食、布匹、煤炭和本城的竹制品、酒、油、酱菜等大批运销临清、德州、天津等地外，棉花以及核桃、枣、柿、梨、药材、皮张、皮毛等主要运往江南。① 许檀、王云两位学者关于天津与德州、临清、济宁三个城镇间商品流通的研究，与傅氏的结论较为接近，而在天津与聊城之间的商品流通方面，许氏指出：据记载，聊城商人"山陕为居多"，或称"东郡商贾云集，西商十居七八"。②王氏指出："当地所产的麦豆、乌枣、棉花、布匹等经运河转运四面八方；而南国的丝绸、竹器、茶叶、食糖，北方的松木、皮货、煤炭、杂品又经运河源源而至，再由聊城转运周邻各县。""聊城的商业主要服务于东昌府各州县，输入的商品主要有百货、铁货、茶叶、海味、板材、食盐等，分销府城及周邻各县；输出商品主要有本地出产的棉花、土布、粮食、皮毛及乌枣，这些输出品主要被客商收购于外省，如聊城附近的馆陶、齐河等均有山西商人所设布店，收购山东土布销往口外。"③

综合以上三位学者研究，并结合地方志等相关资料可以推知，开埠前，天津与德州、临清、聊城、济宁四个城镇间的商品流通，以粮食为大宗。1860 年天津开埠后，尽管面临着大运河衰败的局面，天津与这四个城镇间的商品流通的内容却

---

① 傅崇兰：《中国运河城市发展史》，四川人民出版社，1985 年，第 240 页—261 页，284—307 页。

② 许檀：《明清时期山东商品经济的发展》，中国社会科学出版社，1998 年，第 187 页。

③ 王云：《明清山东运河区域社会变迁》，人民出版社，2006 年，第 113—114 页。

更加丰富。“大运河虽窳败不堪,而天津之为如是重要之商埠,犹端赖于此。天津与内地间水路交通如此便利,……其时众多大小民船比比皆是,满载洋货并南货溯流而上。卫河在临清交于南运河,且使之连于大名府以及河南。唯其如是,豫、晋、陕等大省,以及内地之济南府并东昌府,乃能有所取给。实缘于此,洋货之价格一旦贱至穷民者流亦堪购买,天津则有望成为中国外洋制品之最大销场。”①由于留存至今的旧海关关册中缺乏关于天津与德州、临清、聊城、济宁间的商品流通的系统统计,因此下文仅依据散见于海关关册以及地方志中的相关史料,对1860—1911年间天津与这四个城镇间的商品流通进行勾勒。

1860年开埠后,天津成为德州、临清、聊城等城镇“所仰给之大市场”。1868年前后,天津已是临清、聊城消费品的重要供给地。② 1907年前,德州、临清两地所产棉花运销天津,由天津输入的砂糖则销往临清、济宁等地。③ 1908年前,德州、聊城两地与天津之间的商品流通进一步扩大。经德州运销天津的货物以农产品和手工业品为主,其中杂粮“水运至天津销行,岁计二万石”,“由高唐平原禹城陵县陆运至州属柘镇转销,由水运输天津,岁计十二万石”;花生“销路与上(杂粮)同,岁计十三万斤”;山薯“销路与上同,岁计二十万斤”;西瓜“销路与上同,岁计十八万斤”;帽胎“水运至天津,销行北京及东南各省,陆运至山西、陕西、河南各处销行,每岁共七千四百余顶”;帽缨“销路与上同,每岁共销二千七百余□”;草帽“水运至天津,销上海、广州、烟台、北京、保定等处,岁计二万一千顶,陆运销济南、河南、山西、陕西、冀州等处,岁计一万三千顶”;麻果油自清平等地陆运至州境“岁计七十万斤,皆水运转销天津。”由天津运往德州及临境销售的主要是工业品。其中煤“由天津水运至州境行销,岁计一千三百吨,内转销邻封各境者五百吨”;洋线“由天津水运至州境行销,岁计一千二百件,内转销山东内地者九百件”;洋油“由天津水运至州境行销,岁计十六万箱,内转销山东内地各境者

① 《1865年津海关贸易报告》,吴弘明编译:《津海关贸易年报(1865—1946)》,天津社会科学院出版社,2006年,第8页。

② 《1868年津海关贸易报告》,吴弘明编译:《津海关贸易年报(1865—1946)》,天津社会科学院出版社,2006年,第49页。

③ 东亚同文会:《支那经济全书》第8辑,东亚同文会,1909年,第624页,456—457页。

十五万箱”;洋布“自天津水运至州境行销,岁计九百匹,内转销邻封各地者五百疋”;洋纸“自天津水运至州境行销,岁计值银五百两”;杂色洋货“自天津水运至州境行销,岁计值银五千八百两。”[①]由聊城运销天津的货物也以农产品为主,其中黑枣“自茌博而来,以城东关菜市为总栈,天津、济宁贩商皆集于此,每年销售不下数十万”;玫瑰花“自平阴、泰安而来,以城东菜市为总栈,天津济宁贩商皆集于此,每年销售不下数万金”。[②] 到1911年时,在各地运往天津的374362担棉花中,有1708担来自德州,26935担来自临清。[③]

与德州、临清、聊城不同,这一时期济宁与镇江、上海等地保持着更为密切的商品流通。1892年由镇江输往济宁的棉纱就达31.7万担,经济宁转运兖州的棉纱达3600担。19世纪末,镇江由运河运往山东的洋货约占镇江全部洋货输出量的20%。[④] 1905年前后,“济宁‘土货如枣、柿、花生、饼油、冬菜、布、粮、皮革之属,岁出不下数百万;贩运如棉纱、绸缎、杂货各品,岁入亦约数百万’,市场洋货和南货基本来自镇江或经镇江自上海输入,每年由镇江水运济宁的大宗货物为棉纱100余万斤、洋布七八万匹、火柴1000余箱、煤油四五千箱、糖三四十万斤、纸三四千捆、瓷器数十万斤、南酒二三千坛、铁货五六十万斤”。[⑤]

综上所述,由于青岛到1898年才开埠,胶济铁路到1904年才开通,而津浦铁路尚未全线通车,因此在1860—1911年间的大部分时间里,天津成为德州、临清、聊城、济宁等城镇消费品的重要供给地。其中天津与德州、临清、聊城之间的商品流通已由粮食等扩大到煤油、洋线、洋布等进口工业品,而济宁则与镇江、上海等南方城镇保持着更为密切的经济关系。

---

① 光绪《德州乡土志》,收入《中国方志丛书》(华北地方038),(台北)成文出版社影印本,1968年,第217—219页。

② 光绪《聊城乡土志》不分卷《商务》,第55页a。

③ 《1911年津海关贸易报告》,吴弘明编译:《津海关贸易年报(1865—1946)》,天津社会科学院出版社,2006年,第296页。

④ 《光绪十八年华洋贸易总册》下卷,1893年,转引自庄维民:《近代山东市场经济的变迁》,中华书局,2000年,第108页。

⑤ 光绪《济宁直隶州乡土志》,1905年,转引自庄维民:《近代山东市场经济的变迁》,中华书局,2000年,第165页。

二、1912—1937 年间天津与德州、临清、聊城、济宁商品流通的新变化

1912 年津浦铁路的全线通车，是天津与德州、临清、聊城、济宁之间商品流通变化的一个极为重要的节点。走向与大运河一致的津浦铁路不仅使德州、济宁成为铁路沿线城镇，济南成为胶济、津浦两路的交点，从而极大地方便了天津、德州、济宁、济南、青岛等城镇之间的交通，而且使青岛能够通过胶济、津浦铁路将腹地扩大至山东西部地区，同时又对已日趋衰落的运河航运形成巨大冲击。在这些因素的相互作用与影响下，天津与德州、临清、聊城、济宁等城镇间的商品流通在 1912—1937 年间又出现了一些新变化。

德州在这一时期一方面借助津浦铁路和大运河与天津保持着密切的商品流通，另一方面又通过津浦、胶济铁路加强了与济南、青岛这两个城镇之间的商品流通。"德州是位于山东省北端、与直隶省相连接的重要城市，津浦铁路南北贯穿、大运河从西南方通向东北方，铁路划定了天津、济南的实力范围，运河将临清、天津联结在一起，使这里成为水陆交通的焦点。"①1920 年前，由德州运往天津的大宗货物为棉花、牛羊皮、羊毛、杂谷、牛骨、油脂类等，由天津运至德州的大宗货物为煤炭、煤油、纸、砂糖、茶叶等。1920 年，棉花经铁路运出 1 万包，由水路运出 3 万包；牛羊皮、羊毛等由铁路运出 100 万包；油脂等由铁路运出约 50 万斤；杂谷由水路运出 30 万包，牛骨由水路运出 30 万斤。煤炭由铁路运来约 25000 吨，煤油由铁路运来约 10 万箱；砂糖由水路运来 1 万包，纸由水路运来 1 万件，茶叶由水路运来 100 万斤。与此同时，有 1 万包棉花由德州运至济南，有 500 吨煤炭、1 万包盐、2 万件棉纱由济南运至德州。② 由此可见，当时德州与天津之间的商品流通占有明显的优势。"从以上情况来看，德州贸易的大部分为天津所垄断，而济南所占比重很小。"③1927 年前，经德州运出的大宗货物有小麦、杂粮、棉花、花生、花生油、麻油、牛羊皮、羊毛、牛骨、鸡蛋等，运入的大宗货物为布匹、煤油、

---

① 1920 年 4 月（第 13 次）调查报告书》，冯天瑜、刘柏林、李少军选编，李少军等译：《东亚同文书院中国调查资料选译》（下册），社会科学文献出版社，2012 年，第 1477 页。

② 《1920 年 4 月（第 13 次）调查报告书》，冯天瑜、刘柏林、李少军选编，李少军等译：《东亚同文书院中国调查资料选译》（下册），第 1480—1481 页。

③ 《1920 年 4 月（第 13 次）调查报告书》，冯天瑜、刘柏林、李少军选编，李少军等译：《东亚同文书院中国调查资料选译》（下册），第 1481 页。

纸烟、木材、瓷器等。其中,小米产于德县、德平、临邑、商河、陵县等地,每年由德县运出约1万石,销售地“北至天津,南至泰安”,“豆类专销上海广州等处,从前因胶济津浦联运之便,豆类多由青岛装船运出。军兴以来运输不便,暂改由天津出口。”棉花德县本地可产约20万斤,连同南宫、故城等县所产“概运销天津济南”。花生产于故城、恩县、武城、德县,每年由德县运出约200万斤以上,“带壳者运往天津,去壳者由济南转青岛装船,但以黄河涯站运出者为最多。”花生油、芝麻油产于德县、德平、陵县、武城等地,“运销天津济南”。鸡蛋来自德平、陵县等地,“运往天津南京上海等处”。此时德州的对外商业关系,仍以天津最为密切,“大约对天津之贸易,约占十分之七,对济南青岛等处之贸易,不过十分之三而已。”①1934年前,德州输出货物以油、粮、棉花等为大宗;输入货物以棉纱、面粉、大米、煤炭、煤油、卷烟、布匹、火柴等为大宗。其中经由德县车站出入情形如下:

1934年前德州站输出入大宗货物概数表

运出大宗货物	吨数	发往地点	运入大宗货物	吨数	由来地点
棉花	13150吨	天津 济南	面粉	3545吨	济南 天津
花生仁	115吨	天津 济南	大米	1500吨	浦口 济南
皮货	305吨	天津 济南	煤炭	3600吨	天津 峄县
花生油	848吨	天津 济南	火柴	540吨	天津 济南
杂粮	751吨	天津 济南	卷烟	855吨	天津 济南
煤油	260吨	平原 禹城	洋布	451吨	天津 济南
煤炭	1620吨	平原 禹城	煤油	1540吨	天津
芝麻油及豆油	460吨	天津 济南	盐	2500吨	济南
西瓜	61	天津 济南 浦口			
共计	17530吨		共计	14531吨	

资料来源:胶济铁路管理局车务处编:《胶济铁路经济调查报告》(分编六,德县),1934年,第9页。

① 《德县之经济概况》,《中外经济周刊》1927年第221期。

以上各种大宗货物，仍以运往天津或由天津运来者比例最大，具体情形为“天津占百分之四十，济南占百分之二十，浦口占百分之十，其他占百分之三十。”①

临清在这一时期与天津间的商品流通仍主要通过运河进行。1916 年前，大运河天津至临清段“1000 华里一年四季有船行驶”，“御河……作为中国北部的商业通道，现在仍起着重要作用。”每年有大量御河流域所产的棉花、牛骨、花生、小麦等土产经运河运至天津，河北南部、山东、河南等地所需的进口商品也有很多由运河从天津运来。② 当时，临清每年产棉花约 10 万担，其中“十分之七运到天津，十分之二运到济南，十分之一运到济宁州、莱芜县、泰安府各地”。③ 而在临清的进出口商品中则是“十之八九经由天津，其余的靠青岛。”“进出口商品中一般容量较小而且价格比较高的从青岛经由济南，与此相反的东西基本上经由天津运送。”④到 1920 年时，临清每年集散本地和其他地方所产棉花约 30 万担，其中“约三分之二销往天津地方，约三分之一销往济南地方。销往天津的全部通过水道，但销往济南的却是通过陆运。”⑤作为棉花副产品的棉籽每年集散量约在 5 万担以上，“主要是运往天津”。⑥ 牛皮交易量约 50 票（1 万斤为 1 票），“主要销往天津”。牛油每年交易量约 50 万斤，“主要销往天津”。牛骨每年集散量约 100 万斤，“全部销往天津”⑦。花生每年集散量约 500 万斤，“主要通过水运销往

---

① 胶济铁路管理局车务处编：《胶济铁路经济调查报告》（分编六德县），1934 年，第 9 页。

② 《1916 年度（第 10 次）调查报告书》，冯天瑜、刘柏林、李少军选编，李少军等译：《东亚同文书院中国调查资料选译》（下册），第 1280 页。

③ 《1916 年度（第 10 次）调查报告书》，冯天瑜、刘柏林、李少军选编，李少军等译：《东亚同文书院中国调查资料选译》（下册），第 1286 页。

④ 《1916 年度（第 10 次）调查报告书》，冯天瑜、刘柏林、李少军选编，李少军等译：《东亚同文书院中国调查资料选译》（下册），第 1282 页。

⑤ 《1920 年 4 月（第 13 次）调查报告书》，冯天瑜、刘柏林、李少军选编，李少军等译：《东亚同文书院中国调查资料选译》（下册），第 1421—1422 页。

⑥ 《1920 年 4 月（第 13 次）调查报告书》，冯天瑜、刘柏林、李少军选编，李少军等译：《东亚同文书院中国调查资料选译》（下册），第 1422 页。

⑦ 《1920 年 4 月（第 13 次）调查报告书》，冯天瑜、刘柏林、李少军选编，李少军等译：《东亚同文书院中国调查资料选译》（下册），第 1422 页。

天津”。其余小麦、高粱、粟、绿豆等的外销地,也以天津为主。① 由天津运至临清的货物,以煤油数量较多,每年运入约 10 万箱,“都从天津水运而来。”②到 1928 年时,临清等地所产棉花仍以运销天津为主,“产棉最著之地为临清、夏津、博平、馆陶、冠县、曹县、高唐,偏于省之西部。所产多数运销天津,青岛出口尚属少数也。”③到 1934 年前,临清输出货物中,棉花每年产量约在 4 万包以上(每包 160 斤),“由卫河运销天津者十之七,由陆路运济南及青岛者十之三,近因货品糅杂,销路不畅矣”;小麦除本地居民食用外,“其余均由卫河运销于天津”;西瓜及桃梨“多运销于天津”;废骨羊毛“由行商收买运津销售”;酱瓜“多运销于津济青岛各大埠”;香油除销本地外,多运天津;皮货中,“皮厂出品多销于天津北平,运汉口及济南者区区无多”。输入货物中,绸缎“大宗由天津船运入境,间有赴江浙采购者”;洋布、洋纱“由天津来者多船运,由济南来者皆车运”;杂货“大部由津运至,在济南贩运者十不及一”;煤油“美孚、亚细亚等牌均运自天津,所销之数,历年递增”;纸烟中,英公司设栈于临清,“其货运自济南,行销最广”,“其余各种纸烟,或由津,或由济南或由青岛,来源非一”;洋货来自津济各埠;瓷器中,“洋瓷及江西瓷均来自天津,博山陶器由济南运至”④。临清与天津在商品流通上的密切关系,一直维持到 1937 年,其中又以布业较为突出。一方面,土布业中,平民、张工、华丰三家工厂织布所用原料“概为机制棉纱,其大部分来自天津,一部分为由济南输入者”;另一方面,洋布业中,“洋布之输入,因本县经济关系,与天津甚为密切,故大部分货物皆来源于天津,亦有一部分由济南输入者。关于运输机关:由天津输入者则利用运河,由济南输入者则用大车”。⑤

聊城与天津之间的商品流通,也主要通过运河进行。1920 年前,聊城“在卫河上的码头不用说就是临清,从道口方面有焦炭和竹器等,从天津方面有杂货等

---

① 《1920 年 4 月(第 13 次)调查报告书》,冯天瑜、刘柏林、李少军选编,李少军等译:《东亚同文书院中国调查资料选译》(下册),第 1423 页。

② 《1920 年 4 月(第 13 次)调查报告书》,冯天瑜、刘柏林、李少军选编,李少军等译:《东亚同文书院中国调查资料选译》(下册),第 1423—1424 页

③ 民国《胶澳志》,收入《中国方志丛书》(华北地方 062),(台北)成文出版社影印本,1968 年,第 798 页。

④ 民国《临清县志》,收入《中国地方志集成》(山东府县志辑 95),凤凰出版社,2004 年,第 140—141 页。

⑤ 桦山幸雄著、傅振钰译:《山东临清县布业之概况》,《东亚经济月刊》1943 年第 12 期。

运到这里。临清与东昌(聊城)之间陆路相距110华里,往来频繁”。① 当时的聊城“在水路方面处于黄河与运河的交点,从贸易关系来说,又处于浦口、天津、青岛三种势力的交汇之处,在陆运方面则处于济南、彰德的交汇点,因而是山东省西部屈指可数的大城镇,物产也不少。”②输出货物以花生、牛皮、草帽辫为大宗,其中花生4万担,草帽辫26000担,“都是通过陆路运到济南”。输入货物以棉纱、砂糖、火柴、煤油、煤炭等为大宗,其中棉纱15000担、砂糖2000担,火柴1000担,“都来自济南”;煤油从天津经临清运来,煤炭来自河南。③ 到1934年前,聊城输入的大宗货物为砂糖800包、纸200件、煤油1000担、火柴400箱、大米90包、洋烟300箱、布200件,均来自济南;输出的大宗货物有牛油10000斤、金针400包、黑枣10000包、纸包400箱、大头菜300篓。其中仅大头菜“销往天津”,其余销往济南、南京、上海、营口等地。④

济宁在这一时期与天津间的商品流通主要经由运河和铁路进行。在津浦铁路通车以前,由于运河河道不畅,济宁的输入品货物大多数来自上海,经镇江运来。津浦铁路通车初期,输入货物多改由天津运来。⑤ 1920年前,济宁输出的大宗货物中,牛皮约200万斤,山羊皮约30万斤,绵羊皮等约10万斤,其中约5成运往上海方面,约三四成运销济南、青岛方面,约一二成运往天津方面;小麦约800万石,高粱约200万石,黄豆约200万石,绿豆约50万石,“其销路南方(上海)占3成、北方(天津)占7成,都是通过铁路运去”;羊毛约100货车(每车15吨),“一半运往天津和周村,一半运往上海”。输入的大宗货物中,煤油年约5万箱,“都是来自济南或天津”;火柴约3000箱,“大部分来自上海,一部分来自济南”;砂糖和纸各约60车(每车15吨),来自上海或南京,棉纱布约200车,“来自

① 《1920年4月(第13次)调查报告书》,冯天瑜、刘柏林、李少军选编,李少军等译:《东亚同文书院中国调查资料选译》(下册),第1417—1418页。

② 《1920年4月(第13次)调查报告书》,冯天瑜、刘柏林、李少军选编,李少军等译:《东亚同文书院中国调查资料选译》(下册),第1418页。

③ 《1920年4月(第13次)调查报告书》,冯天瑜、刘柏林、李少军选编,李少军等译:《东亚同文书院中国调查资料选译》(下册),第1471—1472页。此调查中有些说法存在一定矛盾之处,但并不影响聊城与天津间在商品流通上的关系并不十分密切的判断。

④ 实业部国际贸易局:《中国实业志》(山东省),乙,1934年,第173页。

⑤ 东亚同文会:《支那省别全志》(山东省),大正六年(1917年),第312—313页。

上海的占9成”;绸缎布匹约40车(每车15吨),“利用铁道从北方运来,从济南、天津两地发货,数额各半”。[①] 到1927年前,济宁输出输入大宗货物中,有明确地点者中仅黄狼尾“四五万个,由邹滕各县运来,再贩往天津、北京各处”。[②] 到1934年前济宁输出大宗货物中,有杂粮60000吨,来自邻县;煤铁20000吨,来自峄县、曲阜;布匹、棉纱2000吨,来自济南、青岛;杂货糖纸3000吨,来自青岛、上海;大宗输出货物中,有杂粮40000吨,由津浦路运出。[③]

综上所述,1912—1937年间,天津与德州、临清、聊城、济宁之间的商品流通方面,有两点值得注意:一方面,天津是德州、临清最重要的商品输出地和来源地,表明其在商品流通方面的关系依然十分密切;而天津与聊城、济宁之间虽然仍有煤炭、大头菜、羊毛等大宗货物进行流通,但总体上已不如这两个城镇与济南、青岛、上海等地的商品流通。另一方面,随着济南、青岛逐渐成为这四个城镇重要的商品输出地和来源地,天津的地位呈现出逐渐弱化的趋势。

三、结论

纵观1860—1937年间天津与德州、临清、聊城、济宁四个城镇间的商品流通,可以看到四个方面的重要变化:其一,与明清时期相比,天津与这四个城镇之间流通的大宗商品的种类由粮食扩大到棉花、花生、棉纱、洋布、煤油等,尤其是进出口商品成为一个重要组成部分,其二,这一时期,天津与德州、临清之间的商品流通中,棉花等在数量上有较大增长,如1911年时临清有26935担棉花运至天津,到1916年前增至约7万担,1934年仍有约44800担,1911年时德州有1708担棉花运至天津,1920年已增至数万担,1934年前增至约10万担。[④] 但在这两个城镇输入输出中所占比例似乎有所下降。1927年前天津约占德州进出口货物的70%,到1934年时,仅占经由铁路出入德州货物的40%。尽管1934年数字不含运河运输,但综合《中国实业志》(山东省)等资料看,天津所占比例应是下降

① 《1920年4月(第13次)调查报告书》。冯天瑜、刘柏林、李少军选编,李少军等译:《东亚同文书院中国调查资料选译》(下册),第1456—1460页。

② 民国《济宁县志》,收入《中国方志丛书》(华北地方015),(台北成文出版社,1968年,第147页。

③ 实业部国际贸易局:《中国实业志》(山东省),乙,第167页。

④ 据前文数字参照相应度量衡制估算。

的。临清1937年前洋布等虽然主要由天津输入，但纸烟、布匹、煤油、棉纱等已有不少由济南输入，牛皮等亦主要运销济南。其三，这一时期，天津与聊城、济宁两个城镇之间，虽然在牛羊皮、小麦、高粱、煤油、绸缎等大宗货物方面有一定的商品流通，天津所占比例虽然一度有所波动，但在总体上不如济南、青岛和上海。其四，1937年抗战爆发后，德州和临清与天津之间的商品流通呈现出加速弱化的趋势，尤其是临清，“至事变后，大运河之水异常低浅，复因治安关系，航路不通，以致本县经济与天津经济关系完全断绝，至是不得不由陆路投向济南经济圈中。”①

这一时期天津与德州、临清、聊城、济宁之间的商品流通之所以发生以上变化，其主要原因应有以下几个方面：

首先，1860年天津开埠后，成为德州、临清、聊城、济宁等城镇商品的重要输出地和来源地。不仅德州、临清每年有大量的棉花、花生、牛羊皮等运往天津，同时由天津输入煤油、棉纱、洋布、杂货等，而且聊城、济宁与天津之间也维持着一定数量的商品流通。如聊城1908年前后有黑枣和玫瑰花运至天津，1934年前有大头菜运销天津。济宁在津浦铁路通车初期输入货物多改由天津运来，1920年时小麦、高粱等运销天津者甚至占到70%。这一局面的形成，显然与天津作为华北地区最大通商口岸的地位有着直接的关系。

其次，黄河决口、大运河中断、漕粮海运、漕运废止、胶济、津浦铁路相继通车等，极大地改变了天津与这四个城镇之间的交通格局。在晚清时期，尽管大运河曾一度中断，但仍是天津与德州、临清、聊城、济宁等城镇间最重要的交通线，天津与这几个城镇之间的商品流通，主要仍然通过大运河来进行。1904年胶济铁路通车，尤其是1912年津浦铁路通车后，铁路成为天津、德州、济宁、济南、青岛等城镇之间的重要交通方式。由于大批货物开始改由铁路运销，这几个城镇之间的经济格局发生巨大变化，并对天津与上述四个城镇之间的商品流通产生了明显的影响。

再次，济南、青岛借助便利的铁路运输和通商口岸之利，工商业得以迅速发

① 桦山幸雄著、傅振钰译：《山东临清县布业之概况》，《东亚经济月刊》1943年第12期。

展,成为德州、临清、聊城、济宁等城镇货物的输出地和来源地,与天津形成竞争之势。其中,济南“在宣统元年,新式工业,仅有榨油一厂。民国以来,因津浦胶济两路,相交于其地。由是相交,大规模之工场,骤增至四五十家,已翕然为我国一大工业都市。”①到1934年前,德州、临清、聊城、济宁均有不少货物经由济南输出或输入。青岛在1912年津浦铁路通车并会胶济铁路于济南后,乘火车可经济南北往北京、张家口、东三省,南趋徐州、蚌埠、浦口、南京,西至山西、河南甚至陕西、甘肃、新疆等地。青岛的商业腹地逐渐扩大到华北大部地区、西北部分地区和中部部分地区。② 山东内地棉花、花生、鸡蛋、大豆等农产品开始由青岛输出,青岛自产和进口的火柴、棉纱、煤油等工业品也开始山东内地运销。③ 于是,德州、临清、聊城、济宁等地部分货物改由济南、青岛输出,所需部分工业品亦改由济南、青岛输入,从而影响了天津与这四个城镇间的商品流通。

最后,战乱对天津与德州、临清、聊城、济宁之间的商品流通也有重要影响。前述临清对外经济关系在1937年后由天津转向济南的一个重要原因,便是日本侵华战争使天津与临清间的商品流通被迫中断。

在上述诸因素的相互作用和影响下,天津与德州、临清、聊城、济宁等城镇间的商品流通在1860—1937年间均有所变化。尽管其变化因城镇而异,但总的趋势是1860—1911年间有所强化,1912—1937年间呈现出弱化趋势,1937年后加速弱化,最终天津与这四个城镇间的商品流通,大部分被济南和青岛取代。这一变化过程不仅从一个方面展现了近代华北城镇体系的变动,而且对相关城镇制定其发展战略也有一定的参考价值。

所谓城镇体系,是指一个国家或一个地区范围内由一系列规模不等、职能各异的城镇所组成,并具有一定的时空地域结构、相互联系的城镇网络的有机整体。④ 开埠以前,天津的发展颇受北京制约,1860年开埠后,迅速成长为华北地

① 龚骏:《中国新工业发展史大纲》,商务印书馆,1933年,第96页。

② 著者不详:《全国商埠考察记》,世界书局,1926年,第187页。

③ 参见《胶济路上工农业产品的流向1928—1935》,严中平等编:《中国近代经济史统计资料选辑》,科学出版社,1955年,第214—215页。

④ 顾朝林:《中国城镇体系——历史·现状·展望》,商务印书馆,1992年,第1页。

区最大的工商业城市，并与北京一起构成华北城镇体系中的两大中心城市。与此同时，青岛和济南也借助开埠通商和铁路交通发展而成为次一级的中心城市。这些中心城市的形成和发展必然带来本地区城镇职能、时空地域结构、城镇网络及其相互关系的变动和调整。由此，作为城镇间相互关系变动和调整的重要体现，天津与德州、临清、聊城、济宁间商品流通格局的变化，便从一个方面展现了近代华北城镇体系的变动。

城镇发展战略的制定不仅要着眼于现实，同时也要从历史中汲取有益的经验。就此而言，探讨近代天津与德州、临清、聊城、济宁等城镇间的商品流通，对当前相关城镇制定发展战略具有一定的参考价值。在 2014 年的考察中，我们获知聊城将“东融西借”作为城市发展的一个重要战略。据当地人解释，所谓“东融”就是向东融入济南、青岛经济圈，所谓“西借”就是向西借助中原经济区以谋求发展。应该说，仅就聊城自身而言，这一战略似乎并无不妥，但对其下辖的临清以及更北方的德州而言，除“东融西借”战略之外，似乎还应对北方以北京和天津为中心城市的京津冀地区给予更多的关注。一方面，就历史而言，自天津开埠至 1937 年间，德州、临清与天津间的经济关系十分密切。另一方面，就现实而言，天津滨海新区作为国家级经济新区，与德州、临清在地缘上也比较接近，交通亦相对便利，因此亦应能够为德州、临清等地的发展提供一些发展机遇。

（本文作者熊亚平、安宝，原文发表于《城市史研究》2014 年第 31 辑，收录时略有删改。）

近代天津村镇变迁研究*

——以运河沿岸为中心

有学者认为:“天津市多样的自然环境,平坦的地形,暖温带的气候,众多的河流,滨海的地利和丰富的自然资源,”前者广袤以盛人,后者丰饶以载物,“为人口的发展提供了良好的活动场所和优越的物质条件,提供了巨大的环境容量。”② 正是由于上述自然因素,天津聚落形成的历史非常悠久。如现在静海区的钓台、纪庄子、子牙、张村、民主庄一带,最晚在战国时期就形成村落。但多因历代水灾及兵祸,村落多迁移或被毁灭,“现存的村庄 70% 建于明永乐年间(1403—1424),5% 建于明末,15% 建于清代和民国时期”③。

根据道光年间《津门保甲图说》的相关统计,最晚至 1846 年前后,“当时的天津已经形成了由都市中心区——周围 15 乡镇——附廓 351 个自然村组成的严密的都市层次体系,大体情况是:都市中心区 9.4 平方千米;西北方和北方 5 大镇:大红桥、西沽、丁字沽、北仓、宜兴埠;东南方 7 大镇:大直沽、灰堆、咸水沽、葛沽、

---

* 国家社会科学基金一般项目“基于《满铁调查报告》考察的沦陷时期华北乡村社会研究(17BZS083)”阶段性成果。

② 李竞能等主编:《中国人口 · 天津分册》,北京:中国财政经济出版社,1987 年,第 14 页。

③ 张培生主编《静海县志》,天津社会科学院出版社,1995 年,第 68 页。

双港、新城、大沽；西南方 1 大镇：杨柳青；东方 2 大镇：大毕庄、军粮城。”①其中 15 个乡镇中又有 6 个较大的城镇即西沽、丁字沽、北仓、葛沽、杨柳青和大沽，除了大沽远离城区以外，其他“五镇人口由 0.7 万至 2.5 万不等，是为天津外围地区人口密度最大的五个地点”②。至光绪年间，根据《重修天津府志》，天津周边又进一步形成了围绕城区的南乡七镇（新农镇、白塘口镇、咸水沽镇、葛沽镇、新城镇、双港镇、灰堆镇），西乡一镇（杨柳青），北乡七镇（西沽镇、丁字沽镇、北仓镇、浦口镇、旱沟镇、三河镇、桃花口镇）以及 373 个自然村的村镇格局。③

在这其中，运河沿岸的村镇有着独特的风貌，宛如一颗颗明珠，散落在南北运河两岸，形成“运河两岸有人家，水田漠漠小江南”的美景。

一、运河沿岸村镇的得名原因

“天津是大运河载来的城市”，天津城市的形成与发展与大运河息息相关。早在元朝时期，天津大运河的格局基本形成，明清两代，天津因为扼守大运河通往京城的咽喉，又是漕运转船入京的必经之地，可谓“当南北往来之冲，京师岁食东南数百万之漕，悉道经于此；舟楫之所式临，商贾之所萃集，五方之民之所杂处”，④因此也就造就了天津地区运河沿线城乡的兴起与日渐繁荣。根据资料统计，在南运河、北运河两岸，村庄多沿河呈线型分布，居民点密集。南运河地带村庄 117 个，城镇 11 个，北运河村庄 100 个，城镇 12 个，南运河故道村庄 17 个，通过村庄的延续性可以佐证运河的延续性。

① 胡光明：《开埠前天津城市化过程及内贸型商业市场的形成》，《天津社会科学》1987 年第 2 期，第 90－91 页。

② 陈雍：《明清天津城市结构的初步考察》，《城市史研究》1995 年第 10 辑。

③ （光绪）《重修天津府志》，天津市地方志编修委员会编《天津通志・旧志点校卷》（上），南开大学出版社，1999 年，第 965－968 页。

④ 薛柱斗：《重修〈天津卫志〉序》，天津市地方志编修委员会编《天津通志・旧志点校卷》（上），天津：南开大学出版社，1999 年，第 6 页。

表一:南运河沿岸村镇

行政区域	区位	村镇
静海区	南运河南堤	梁官屯、王善政、靳官屯、赵官屯、只官屯、长张屯、大张屯、唐官屯镇、夏官屯、刘上道、刘下道、吕官屯、张官屯、王官屯、高官屯、东钓台、陈官屯镇、南长屯、东长屯、北长屯、袁村、杨家园、双塘镇、增富堂、八里庄、高家楼、范庄子、王家楼、杨李院、静海县城北兴楼、孙家场、韩家口、刘官庄、魏家庄、白杨村、府君庙、李家院、王庄子、南肖楼、北肖楼、北刘庄、杜家嘴、下圈、十一堡
	南运河北堤	前小屯、后小屯、程庄子、曲庄子、尚庄子、马集、林庄子、小张屯、翟家圈、马辛庄、鲁辛庄、良辛庄、大赵家洼、小赵家洼、胡辛庄、纪庄子、西钓台、邹家嘴、小钓台、曹村、潘村、小集、西长屯、谭村、双塘镇、董莫院、周家院、朴楼、小高庄、陆家院、花园、玉田庄、大口子门、小口子门、大河滩、小河滩、西五里村、冯家村、刘家营、苟家营、王家营、独流镇
	南运河故道右堤	尚庄子、李家楼、于家堡、邢庄子、倪家园、良一村、良二村、良三村
	南运河故道左堤	陆家村、张家村、胡家村、岳家园
西青区	南运河南堤	第六埠、小杜庄、毕家村、宣家院、郭庄子、冯高庄、木厂、娄家院、胡羊庄、东碾陀嘴、杨柳青镇、东马庄、西马庄、谢庄、李楼、大蒋庄、小蒋庄、雷庄、西北斜、中北斜、邢庄子、汪庄子、大稍直口
	南运河北堤	水高庄、小沙窝、辛口镇、中辛口、下辛口、郑庄子、前桑园、后桑园、西碾坨嘴、杨柳青镇、大梁庄、王庄、曹庄子
	南运河故道右堤	大杜庄
	南运河故道左堤	北岳家园、王家村、岳家开、大沙窝

表二:北运河沿岸村镇

行政区域	区位	村镇
武清区	北运河右堤	大友垡、水牛、秦营、北里庄、小沙河、木厂、马头、西双街、土城、河西务镇、北三里屯、上刘庄、小龙庄、苏庄、东白庙、中白庙、前白庙、大道张庄、蒙村店、大王庄、小王庄、寺各庄、大孟庄镇、霍屯、砖厂、南蔡村镇、定福庄、聂官屯、郭官屯、卞官屯、宋庄子、大白厂、小白厂、孔官屯、陈官屯、郑楼、杨村、南三里屯、黄庄、老米店、六合庄、马家口
	北运河左堤	西王庄、北陈庄、良庄、北八百户、上九百户、大十百户、小十百户、蒙村、蒙辛庄、南四百户、小王甫、大王甫、七百户、小三里浅、三里浅、西崔庄、北蔡村、上丰庄、丁家、中丰庄、下丰庄、尖嘴窝、港北辛庄、筐儿港、南辛庄、宝稼营、沙古堆、费庄、薛庄、柴官、徐官屯、杨村镇、下朱庄街、高楼、高王院、白疙疸、太平庄
北辰区	北运河右堤	庞嘴、上蒲口、下蒲口、下辛庄、李家楼、马场、屈店、桃口、王秦庄
	北运河左堤	小街、汉沟、郎园、张湾、杨堤、柴楼、沙庄、双街镇、西赵庄、常庄、李嘴、周庄、阎庄

以上两表根据《天津县志》《静海县志》《西青区志》《北辰区志》《武清区志》资料整理。

这些村镇的渊源大都与运河有着千丝万缕的联系。其形成与命名则多与下列情况有关:

一是运河两岸的河道地势。沿河村镇中有不少是以河道走势和特点命名。南北运河河道弯曲,凡是凸出的部位都被称为“嘴”,于是有了杜家嘴、邹家嘴、东碾陀嘴、西碾坨嘴、庞嘴、李嘴等村名;凹进的部分叫“湾”,于是又有了唐家湾、尹儿湾、张湾等村名。

如东碾陀嘴村,因村西北角河湾处常年被河水冲刷成尖嘴状,淤积处成圆形河滩,形状似碾坨状,又在运河东岸,所以取名东碾陀嘴村,与运河西岸的西碾陀嘴村相对应。杜家嘴也是在明朝初年杜姓迁到这里建村,因位于南运河的湾嘴处,故名杜家嘴。

还有北运河西岸的张湾村。在古代,张湾一带是很大的河湾,河道较陡。永定河一部分水流从这一带涌入北运河,流急量大。每逢汛期,常常是白浪滔滔,似万马奔腾,所以民间把这里叫做白马湾。明嘉靖年间,北运河被洪水冲毁改道,白马湾形成"U"形,又改称"马蹄湾"。到了清代,村中张姓家族兴旺,于是定名张家湾。

位于北运河左岸的汉沟,原来这里曾有一条沟渠,平时干涸,人们叫它"旱沟",沟旁的村落也成了旱沟村。这一带有永定河一股支流注入北运河,汛期洪水宣泄时,常造成堤岸决口,所以人们又叫它"汉口"。民国年间治理永定河,引洪水由屈店进入北运河,"汉口"不再决口,汉沟的名称便固定下来。

而始建于宋辽对峙期的独流镇则是因为"子牙河、大清河、南运河三河汇集到此,合为一流,故称为独流。"①堤头村也是在明永乐年间有不少移民来这里定居,渐成村落,这些移民有的从事农业,有的从事渔业,有的做船工。因该地在运河堤头附近,故称"堤头村"。

二是运河两岸的屯兵场所。明朝初期实行卫所制,在战略要地建卫屯兵,在天津卫的军屯则除了军事训练和作战、维护漕粮运输外,还开垦运河周边的荒田。这些军屯都是在官屯前冠以军事长官的姓氏,如梁官屯、唐官屯、吕官屯等。其中,梁官屯就是在明朝初期,"置百户所,驻扎士兵 112 人,由梁姓百户长统管"。② 王千户村则是唐官屯地区的千户指挥机关所在地,当时千户叫王龚武,永乐年间奉命押解移民到大运河畔驻防,圈地建营,屯垦荒地并保护漕运,王千户村由此而来。

又如马庄村,在古代曾是一片芦苇荒滩地。明初在尹儿湾建百万仓,常有官军在这里拴马督粮,到处立着拴马的石桩,永乐年间形成村落,称为"拴马庄",后改为"马家庄",简称为"马庄"。还有就是在运河堤防上的堡房,是为巡察水情的人员使用,如集中在子牙河两岸的一堡、二堡、三堡,直至十一堡,后来演化为村落,以数字区别之。

---

① 政协静海县委员会编著:《静海运河文化》,百花文艺出版社,2015 年,第 21 页。

② 王敬模编:《天津静海旧话》,天津古籍出版社,2007 年,第 25 页。

三是运河两岸的仓库重地。如北仓、中仓、南仓等。历史上,北仓村是漕粮储运重地,正式建村可追溯到元代至元十六年(1279),兴建包括“北仓”在内的“直沽广通仓”,亦有720年历史。南仓位于北运河左岸,元忽必烈在津建广通仓储粮,南仓即列其中,明永乐年间成村,因地处南仓附近得名。还有雍正八年(1730),在南仓和北仓之间还建有“中仓”,在中仓附近形成一个村落,叫中仓村,光绪年间被并入阎街村。①

位于北运河左岸的阎街村则是因为北运河通漕后,运往京城的官盐都要从这里转运进京,在此设立盐运码头,明代永乐年间形成村落。村中的街道被称为“盐街”,又有阎姓等人家来此定居,遂称为阎街村。

另外,还有一些村落的名称与运河两岸的职业,如静海的良王庄原名晾网庄,是渔民们晾晒渔网的地方;席厂村因储备大量苇席供漕运船只使用,故得名席厂村。穆家村则是得名于漕运人物,该村位于北运河左岸,有浙江钱塘人穆重和驻兵直沽小孙庄,后其子“袭御前带刀侍卫世职”,于永乐二年(1404)“以扈从銮驾,由水运漕船押运皇粮至通州,卸后即蒙殊宠,以漕船恩赐”,②于是顺流南返,至小孙庄“家焉”,遂称穆家庄。

二、运河两岸村镇的谋生方式

俗话说,“靠山吃山,靠水吃水”。运河的兴建不仅催生了两岸村镇的繁衍,而且也为世代居住于运河两岸的人民提供了谋生的手段和发展的机会。

(一)以水运渔业为中心的村镇

据《静海县志》载:“昔年漕运船帮一至,蜿蜒数十里,大有可观”。③ 据新中国成立前曾做过船工的老人讲,到20世纪三四十年代,运河上舟楫往来,桅帆交织,商贾云集,货运频繁。独流、唐官屯、静海、双塘等村镇,成为重要码头。其中,“独流镇一度成为最繁荣的码头之一,当地水运行业有大小船舶200多只,大多为货船,一般载重80吨以上,最大载重125吨,共有船工2000多人。货船主要

① 中国人民政治协商会议天津市北辰区委员会文史委员会编:《北辰文史资料》第9辑,天津古籍出版社,2003年,第109页。

② 天津市北辰区地方志编修委员会编著:《北辰区志》,天津:天津古籍出版社,2000年,第157页。

③ 《中国地方志集成·(民国)静海县志》,南京:凤凰出版社,2014年,第157页。

往来于天津与河南新乡之间，把独流及周边地区的农副产品运往天津，天津杂货运往新乡，再运粮返回独流。为方便出行，客运船只也不断增多，供人们往返独流与天津之间。”①

而在北辰区境内，清道光二十年（1840），境内83村中，74村有船户，共876家，村均11.8家。其中，北运河沿岸39村中，32村有船户，共656家，村均20.5家。船户最多的是霍嘴、柳滩、丁字沽，有258家，村均86家。境内从事船运者可达四五千人。天穆义德号穆朝政家几代人经营大船，专司漕粮转输。货运有对槽、粮划子、厂船、煤船、客运船等十几种。清末，天津常关按吨位分六等发牌照，标准依次为150吨、70吨、45吨、35吨、6吨、2吨，使用最多的是二、三、四、五种。② 北运河西岸的王秦庄，住户共有三百余家，人口约千余名，多为当地土著，外方迁居者甚少。因该村沿河为街，故住民多习水性，是以捕鱼为业者颇多，除此以外则多为从事田园生活者。③

（二）以商业交流为中心的村镇

此类村镇在天津运河沿岸为多数，且大都由村庄发展为集镇。独流自古就是重要的运河码头，扼守京、津、鲁、冀、豫的水陆交通，天津《益世报》曾刊载文章称："静海北区独流镇，位于运河、子牙河、大清河三河中间，濒邻津浦路，密迩天津，为本县第一重镇，水陆交通，均称便利。人口众多，商业繁盛。该镇出产干醋、干酒、老酱、酱油、粗器、国布、蒲包、蒲席、苇篓、苇席、苎麻、苇草、蒲棒、灰煤、炭砟、豆油、豆饼、花生果油等，异常丰富，是以买卖客商随时云集。"④

桃口，原名桃花口，位于北运河西岸、古驿道旁。元初就有人在这里定居，并在河畔栽种桃树，带动北运河西岸各村广植桃树，"十里桃花"成为津门一景，元代中期就已经成为商贩聚散之地。明清时期，桃花口成为远近闻名的水陆码头。清初著名史学家谈迁的《北游录》中，曾有两处提到"桃花口"和"桃花渡"。康尧

① 政协静海县委员会编著：《静海运河文化》，百花文艺出版社，2015年，第4页。

② 中国人民政治协商会议天津市北辰区委员会文史委员会编：《北辰文史资料》第9辑，第30页。

③ 阎麟符：《天津县王秦庄概况》，郭登浩编《天津县乡土志辑略》，天津古籍出版社，2016年，第430－431页。

④ 《静海商业繁荣》，《益世报》1931年7月4日，第10版。

衢有诗云:“酒旗风影向人斜,画意犹存点点霞。醉里不知村树尽,尚逢牧竖问桃花”①。

而延续桃花美景的西沽,最初只是北运河沿岸的小村落,后逐渐发展为人口稠密的村镇和码头。明万历十六年(1588),天津兵备道在西沽等七地设渡口,康熙三十三年(1694),下令修建通州至西沽、西沽至霸州之堤岸,人口大增,庙宇林立,商铺繁多。曾有诗赞曰:“柳边画舫多闻笛,水上红楼远见灯。”②

汉沟也是如此,从天津城到汉沟约20余千米,漕运时期,这里正是初程稍驻歇脚所在。岸上炊烟,河上渔火,交相辉映,十分壮观,成为繁华的水陆码头和物流集镇,一度与杨柳青齐名。民国年间,受战乱影响,境内其他集市均已冷落,唯汉沟集人流不减。

北运河西岸的上蒲口曾是天津县八镇之一。《津门保甲图说》载:“蒲口为道侧巨镇,前之岐者入村复合,民廛聚焉。由京至天津,此为入境门户。”并记有:绅衿3户、铺户65户、烟户83户、应役2户、当兵9户、佣作58户、负贩16户、僧道2户,共238户,大口1200口、小口730口。③ 从村落图上可以看到上蒲口村房舍井然,酒旗招展,俨然巨镇模样。

京杭大运河全线贯通后,杨柳青镇逐渐成为重要码头和物资集散地,至清代已发展为津沽重镇,史书记载:“杨柳青地方繁富,几与从前城治相埒,比之近时城治,则尚远也,然亦县治中之大镇也”。④《津门保甲图说》中关于大王庙、玄帝庙、真武祠、龙王庙、杨柳青驿站、运河渡口等的记载,充分证明杨柳青镇是因河而生、因河而长的运河古镇。民国年间,“杨柳青镇的北面有子牙河和津浦铁路,南面有南运河和汽车道,两河的船只,到这镇来往做买卖的不少,火车站上和汽车站上,来往的旅客也很多,邮政局、通天津的电话局都有,实是一个水旱交通便利的地方。因占这样地势的优点,所以虽是一个乡镇,而商铺甚多,街中繁盛”。⑤

---

① (清)张焘撰,丁緜孙、王黎雅点校《津门杂记》,天津古籍出版社,1986年,第115页。

② 梅成栋:《西沽夜渡》,缪志明编注:《天津风物诗选》,天津市文史研究馆,1985年,第161页。

③ 天津市地方志编修委员会编《天津通志·旧志点校卷》(下),南开大学出版社,2001年,第470页。

④ 王守恂:《天津政俗沿革记》卷一《乡镇(上)》,天津市地方志编修委员会编《天津通志·旧志点校卷》(下),第10页。

⑤ 庞德荫:《乡土材料》,郭登浩编《天津县乡土志辑略》,天津古籍出版社,2016年,第46-47页。

(三)以种植菜蔬花卉为中心的村镇

运河沿岸培植的一些优质土特产品蜚声海内外。陈官屯镇有23个村紧靠运河两岸,在这片土地上生产出独具特色的天津冬菜。“冬菜乃天津大宗出品,味香而稍辣,食之能去潮湿,南方人最为欢迎,倾销广东、汕头、香港及南洋群岛各地,每年输出估计约值国币六十余万元,营此业者,多为酒商,其制法,先将白菜切成小块,晒于日中,晒干后置于缸中,数日后取出,加蒜及盐拌匀(配合时每菜干十斤加蒜一斤盐十二两),放于坛内,封固,二十余日后,方成冬菜。”①民国初期,纪庄子村常氏后裔常富源创建“庆昌德酱坊”,主营冬菜,在天津设立经营机构,批发兼零售,所产冬菜名正式注册为“人马牌”。

府君庙村、白杨树村、王家院村一带运河河滩宽阔,园田种植达30公顷,瓜菜品质优良,秋季多产大白菜、萝卜类、瓜类,春季多产菠菜、韭菜等。全乡沿河园田上百公顷用于种菜,罗阁庄村鸭梨、十里堡村蔬菜、王家院村甜瓜、胡家村蘑菇、李家楼村山药得到较快发展,尤其是罗阁庄村鸭梨成了远近闻名的水果品牌。② 南运河南岸的姜家井村因附近茔地占大部,谷类产量不多,但园圃因临运河便于灌溉却收获尚丰。③ 西乡祁蒋庄原来是沿南运河东西并列之两庄,因其相距不足半里,遂联合为一庄,居民约二千五百名,“习性勤苦,多种菜为生,近年来棉产亦甚发达,每岁产额约五六万担……民国十八年,庄民因地质堿卤,若不设法改良,影响民生颇巨,遂集资两千元,装置抽水机二架,引河水以溉田,结果村郊不毛之田六百亩,皆变肥沃,今他庄亦有起而效焉者矣。”④以运河流经线路较长的静海县和武清县来说,1928年静海县白菜、大头菜、萝卜、山药等四种蔬菜的种植面积比重高达14.3%。⑤ 武清县的蔬菜种植面积则到1930年代已经达37 280亩之多。⑥ 在一些地方,“村民以园田之多寡为贫富之标准,旱田高粱视为不

① 王醒生:《乡土特产》,郭登浩编《天津县乡土志辑略》,天津古籍出版社,2016年,第13－14页。
② 政协静海县委员会编:《静海运河文化》,第26页。
③ 作者佚:《姜家井村乡土材料》,郭登浩编《天津县乡土志辑略》,天津古籍出版社,2016年,第210页。
④ 王毓昆:《天津县乡土材料》,郭登浩编《天津县乡土志辑略》,天津古籍出版社,2016年,第281页。
⑤ 河北省政府建设厅:《调查报告》,第三编,《农矿》,1928年铅印本,第219－220页。
⑥ 北宁铁路经济调查队:《北宁铁路沿线经济调查报告》,1937年铅印本,第1020页。

足轻重”①。

另外，花卉种植也多集中在运河沿岸，如城西运河沿岸的芥园、大觉、大园、小园等处，多以花卉为业。据 1925 年统计，大园村耕地面积的 43%、芥园村耕地面积的近 29% 都用来种花。② 有诗云：“小园村与大园邻，艳紫嫣红花朵新，五十二村春正丽，相逢都是卖花人。”③而杨家庄也是如此，“乡人的职业除去少数供职在市里以外，其余的都是‘艺园’，繁殖花卉，他们的花卉中以‘芭兰’最为著名，市里花贩的花都要到该村和一二个邻村去趸买。”④但这种都市型农业受水源影响较大，“每当三四月间，九宣闸提闸浇小站稻田，而闸口至天津一段，立即干涸矣，不但船户恐惶，田园蔬果枯萎，而饮料亦发生重大问题矣。”⑤

结语

运河村镇作为一种特殊类型的村镇，和运河城市一样，其形成发展都受到运河的影响，正所谓“成也运河，衰也运河。”

当运河作为重要的交通载体和物流通道时，运河村镇发展气势如虹，如丁字沽“人烟稠密，水陆冲要之区也”，北仓“漕船卸运，民舍填集”，桃花寺“河曲巨村”，赵家庄“民舍颇稠，村树茂美，运河径其前”，安光村“就堤为村，庐舍稠密”，小稍直口“近河大聚落”，卞家庄“民舍颇夥，河径其前”，大稍直口“为稽察河税之所，庐舍丛集”，大梁家庄“河经村前，流而复曲。庐舍稍集，林木蔚然”，杨柳青“西南一巨村也……滨河控道，水陆皆通”，马家口“倚河为聚，民舍颇多”，吴家嘴“倚河，巨村”，四里沽“亦近河巨村也。地多树，形势闲旷”。而相反的，南墙“村民亦稀……地势闲旷，去河较远”，陈家街“去河较远，村舍不多。”⑥

而当运河失去这种载体的光辉后，运河村镇也就与之俱废了，如桃口村，光绪二十七年（1901）北运河停止漕运，改由铁路和陆路运输。1922 年，运河西岸的京津大道通车，古驿道上人流减少，桃口村日渐衰落，1949 年村中仅剩 20 余

---

① 天津县实业局：《天津县实业调查报告》，1925 年铅印本，第 27 页。
② 据 1925 年《天津县实业调查报告》所载数据统计。
③ 蒋诗：《沽河杂咏》，来新夏主编《梓里联珠集》，天津古籍出版社，1986 年，第 89 页。
④ 王燮：《乡土杂凑》，郭登浩编《天津县乡土志辑略》，天津古籍出版社，2016 年，第 257－258 页。
⑤ 王毓昆：《天津县乡土材料》，郭登浩编《天津县乡土志辑略》，天津古籍出版社，2016 年，第 281 页。
⑥ 参见《津门保甲图说》，天津市地方志编修委员会编《天津通志・旧志点校卷》（下），第459－554 页。

户。盛名一时的杨柳青，到19世纪中叶，继津浦铁路通车之后，沿海轮船航运兴起，再加上大运河多年失修，大部分河段淤塞，码头湮废，赖以繁华的杨柳青集市也随之衰落下去。而天津开埠后，轮船盛行，卫船亏耗，无利可获，日渐衰落，以撑船为业者更是大半失业。

同时，正如费孝通在《江村经济》中认为的那样："江南水路运输抑制了村庄初级市场作用。"①天津周边便捷的交通导致了村民的交易圈远远大于村镇交易市场，而趋向于城市。如武清县因距平津皆近，10元以上物件多由平津购买，天津县"以四境均与天津市接壤，凡民众购置价额稍昂或数量较多之物品，俱至市境商店购买，是为本县商业不易发达之主因也"。② 就连水陆交通甚为便利的西沽，也因为"有天津东站、总站及津浦西站之关系，以致业务未能发达。"③

杨柳青虽然号称"巨村""大镇"，但也是村落＋市镇的结构构成，即以当地的运河为界，运河北岸是传统市镇中以鱼骨状街为中心的居住格局，御河南岸则存留着传统华北乡村内聚封闭型居住格局，北仓镇也是如此，"无多买卖，皆系农家大商酒店质铺而已"。④ 还没有完全成长为中心城镇，仍然属于乡村范畴的经济中心。这也是近代以来天津地区村落向城镇转变的数目偏少，而且经济职能突出的城镇规模较小的主要原因之一，更是这一时期天津城镇体系的重要特征之一。

（本文作者安宝、任吉东，原文发表于《中华文化论坛》2019年第4期，收录时略有删改。）

① 费孝通：《江村经济》，江苏人民出版社，1986年，第128页。

② 北宁铁路局编《北宁铁路沿线经济调查报告》，殷梦霞、李强选编《民国铁路沿线经济调查报告汇编》第2册，国家图书馆出版社，2009年，第622页。

③ 北宁铁路管理局编《北宁铁路沿线经济调查报告》（第2册），第622页、第247页。

④ 调查股编《津商会关于城区及市郊各镇社会经济情况的简要报告》，天津市档案馆等编《天津商会档案汇编》（1912－1928）（第2册），天津人民出版社，1992年，第1962页。

大运河沿线城镇交通设施类历史文化遗产保护与利用

——以天津、扬州、苏州、杭州等城镇为例

自隋炀帝下令开凿运河，沟通海河、黄河、淮河、长江、钱塘江五大水系以后，京杭大运河就成为纵贯中国南北的交通大动脉。每年有数额巨大的漕粮从江浙一带起运，途经浙江、江苏、山东、河北等省，最终抵达京津一带。随着漕运的不断发展，杭州、苏州、扬州、临清、德州、天津、杨柳青等沿线城镇日趋繁荣，大运河（本文所谓的大运河包括部分古运河在内）沿线地区也一度成为中国经济、文化最发达的地区之一，并且留下了丰富的历史文化遗产。其中，与运河密切相关的河道、桥梁、码头、渡口、水闸、水陆城门等设施的保护和利用，是一个有待深入探讨的问题。由此，在 2013 年 4 月进行的关于大运河沿线城镇历史文化遗产的调研活动中，交通设施类历史文化遗产成为我们关注的一个重点。

一、大运河沿线城镇交通设施现状

在大运河沿线城镇的各种交通设施中，河道与航运之间的关系最为密切。大运河天津静海段和杨柳青段、扬州段、苏州段、杭州段和杭州塘栖镇段呈现出的风貌，已与往昔颇不相同。由于静海段临近京福公路，因此在由天津市区乘车前往静海县城及静海县所辖独流、唐官屯两镇的途中，可以看到部分河道以及两旁荒凉的河岸与错落的植被。在独流镇的独流木桥上甚至可以直接俯视到运河河道，但只能看河道中浅浅的河水，河中并无船只来往。在杨柳青，虽然河中的流水和河岸上的杨柳使人能够依稀看到运河的身影，但河中空无一船的情景，与

静海段并无二致。扬州段东关附近的古运河河道与天津段相比要宽很多,水也深许多,但河中同样没有船只往来。此段河道已经变成了风景游览区。苏州运河公园至寒山寺段与前几段相比,不仅河面宽阔、水量充沛,而且可以看到不时往来的船只。在寒山寺附近的河面上,甚至可以看到由十多只驳船组成的船队。只是这些船只绝大多数以运货为主,数量也不是很多。杭州武林门至拱宸桥段由于有水上巴士可达运河博物馆,因此能够从船上直接巡视这段运河。由武林门码头起航,沿河向北航行约 40 分钟可至拱宸桥码头。途中运河风光尽收眼帘,两岸的花草树木及设施大都已无古朴气息,乘客则多为游客或老人,遇到的其他船只数量也不多。在杭州的塘栖镇,无论是在河边,还是在广济桥上,均可以近距离观察运河。与苏州段和杭州段相似,这段河道也存有一定的水量,河边有码头等停泊设施,不过河中的船只更为稀少,且以游船为主。

苏州运河段运货船

(寒山寺附近,拖船,共十二节)

桥梁是运河上重要的交通设施。在大运河沿岸数量众多的桥梁中,静海县独流木桥、苏州觅渡桥、杭州拱宸桥、塘栖广济桥是比较有名的四座。独流木桥跨于南运河上,东通新民路独流老站,西通独流二道街,全长 30 余米,宽约 5 米,是一座全木质结构的桥梁。该桥经过几次重修和整修,现在只能供行人和自行车等通过。觅渡桥位于苏州城东南,原名灭度桥,是古运河苏州段颇有名气的一座单孔石级桥。桥宽底部近 5 米,顶部超过 3 米,长逾 81 米,跨度 19 米多。该桥也经过多次修葺,现为苏州市级文物保护单位和旅游景点,很少有行人通过。拱宸桥位于杭州市区大关桥北的运河之上,东连丽水路、台州路,西接桥弄街。该桥桥身长 90 余米,高约 16 米,是杭州古桥中最高、最长的石拱桥,也是京杭大运河最南端的标志。现虽时有行人来往,但有相当一部分是前来参观运河博物馆和拱宸桥历史文化街区的游客。广济桥位于塘栖镇的运河之上,是一座七孔石拱桥，全长约 83 米，现在主要供来往的游客通过，桥北即为塘栖水北风情特色街。

扬州东关古渡（古运河两岸）

码头和渡口是运河沿线不可缺少的交通设施。扬州东关古渡、杭州武林门码头、塘栖乾隆御碑码头等均属于此类设施。扬州东关古渡原是扬州东城门外的主要渡口，直到 20 世纪末期仍有渡船停靠，现已成为"东关古渡——古运河风光带"的一部分，仅供游人参观。杭州武林门码头建成于 1979 年，是浙江省最大的内河码头。到 20 世纪 90 年代，码头岸线总长约 198 米，有泊位 5 个。在这样一个充满现代气息的码头，已然无法捕捉到古运河码头的影子。塘栖御碑码头位于塘栖镇水北风情特色街东面的运河边，不过在考察期间并未看到有船只在那里停靠。此外，天津段独流镇和杨柳青镇一带，原来也有数处码头和渡口。但随着河运的退出和现代化桥梁的建设，这些码头和渡口也已经废弃。

水闸是保障运河正常通航的必要设施。位于天津静海县唐官屯镇的九宣闸是其中颇有名气的一座。此闸位于大运河天津段最南端，是大运河进津的第一道闸口，原来既是一项农田水利工程，又在航运中发挥着重要作用，"当时的粮食、丝绸等物资都是从这里运往天津，或走水路沿北运河到京城"。今天的九宣闸只剩下了承担引黄济津分流入境的角色，而且随着未来新闸的建成和投入使用，已有 130 多年历史的九宣闸即将完成自己的使命。

水陆城门也是一类特殊的交通设施。位于苏州城西南运河畔的盘门虽然没有跨越运河，但却是运河沿线各城镇中现存最完整的古代水陆城门。此门水陆两门并列，有陆门和水闸门各两道。两道陆门之间为瓮城，陆门外城门门洞宽约 3 米，深约 7 米；内城门门洞宽约 4 米，深约 15 米。内外门洞之间是 20 米见方的空地，门洞可供两只小船平行通过。

综上所述，随着时间的推移，大运河沿线的运河河道、桥梁、码头、渡口等交通设施的数量和功能均已发生显著变化。

二、大运河沿线城镇交通设施类历史文化遗产形成的原因

由上述可知，大运河天津段与扬州、苏州、杭州等河段的交通类设施的现状已有较大差别。天津段由于运河已完全退出历史舞台，河道中已无船只通行，桥梁数大幅减少，石拱桥并不多见，渡口和码头等也已难见其本来面貌；扬州、苏州、杭州等河段由于原有功能尚未完全丧失，因此仍有少量货船和游船通行，运河上也还屹立着大量石拱桥，渡口和码头的功能虽已退化或丧失，但仍然部分地保持着原貌。不过，就总体而言，无论是天津段，还是其他三段，运河沿线的交通类设施均已大量减少，其中一部分已成为重要的历史文化遗产。

显然，大运河沿线交通设施类历史文化遗产的形成是多种因素共同作用的结果，而交通体系的变动无疑是其中最重要的因素之一。交通体系的变动，特别是铁路、公路等现代交通方式对运河航运形成巨大冲击，导致运河在交通体系中的地位迅速下降，从而直接影响着河道、桥梁、码头等的相关设施的前途和命运。

大运河天津杨柳青段交通运输在20世纪60年代以前以水路运输为主，道路运输为辅。1925—1936年间，每年仅内河民船的过境运输量即达250万吨左右；20世纪60年代以后，道路运输逐渐占据主导地位，水路运输逐渐停止。静海段原为漕船必经之道，航运十分繁忙。清末以后，随着上游水源减少、南运河的淤塞以及津浦铁路的通车，船只随之减少。到了20世纪60—70年代，由于各河上游水源断绝，导致河道无法通航，内河航运逐渐衰退以至终止。随着时间的推移和内河航运的逐渐衰落，大运河杨柳青段和静海独流段的碾砣嘴渡口、东桑园渡口等因碾砣嘴木桥、东桑园木桥的建成而废弃。与此同时，独流木桥等桥梁的作用也随着现代化公路桥梁的建设而日益减小。

扬州作为漕运中心地位的动摇和“南梢北辕”地位的丧失很大程度上是由于海运、铁路、公路运输的迅速兴起，特别是津浦铁路、陇海铁路以及润扬大桥等的建成通车对运河航运造成了沉重的打击。1855年时黄河北徙，导致运河梗阻不通，清政府因之试行漕粮海运。从1872年开始，轮船招商局承揽了漕运，漕粮不再经由扬州中转。随着20世纪初年津浦铁路、陇海铁路以及21世纪初润扬大桥等现代化交通的建成和投入使用，大运河扬州段的航运受到进一步冲击。位于大运河沿线的扬州东关古渡等，逐渐进入旅游景区之列。扬州漕运的昔日盛况也只能从扬州博物馆的展品中觅得一斑。

苏州原本是运河沿线一个重要粮食集散市场，但沪宁铁路的建成导致其地位日益下降。铁路通车以后，沿线城市之间的长途客运业务逐年增加，而苏州以西的无锡、常州、镇江等地同上海的贸易往来也不再经过苏州，大运河苏州段的航运因此受到极大影响，客运与货运量均急剧减少。

杭州塘栖镇水运地位的下降也部分归因于1979年以后公共交通的迅速发展。塘栖交通原以水运为主，民国年间开始出现公路。20世纪70年代以后，公路建设速度明显加快，塘栖与杭州等地以及附近各乡均有公路相通。1979年以后，随着杭州市交通公司32路公共汽车通车和塘栖至良渚长途汽车投入运营，塘栖水运量迅速减少，仅建材、燃料、粮食、水果等大宗货物仍以水运为主。

杭州塘栖镇广济桥

以上各地的发展历程充分说明，海运、铁路、公路等现代化交通运输的迅速发展极大地影响着大运河的航运事业，导致运河沿线为数众多的河道、桥梁、渡口、码头、水闸等交通设施逐渐丧失原有功能并大量被废弃，成为供人观赏凭吊的历史文化遗产。

三、保护和利用城镇交通设施类历史文化遗产的方法

可以预见，随着时间的推移和现代交通体系的加速发展，运河沿线将有更多的河道、桥梁、码头、渡口、水闸等设施成为历史文化遗产。在此情况下，如何更加有效地对此类历史文化遗产加以保护和利用，便成为一个十分重要的课题。对此，各地相关部门已经做了大量的工作，如天津静海方面通过建设新闸代替九宣闸，对后者加强保护；扬州方面提出“以人为本”“逐步推进”等工作方针；苏州方面借助“申遗”之机，将包括交通设施在内的整座苏州古城纳入保护范围；杭州方面则提出了“统一领导、市区联动、政府主导、市场运作”的原则。在这些成功

经验的基础上,我们可以总结出保护和利用大运河沿线城镇历史文化遗产的三个行之有效的方法:

首先,对于沿线城镇中能够发挥作用的河段、桥梁和码头等交通设施,应在保护的前提下尽量创造条件,使其继续发挥原有功能,这样才能够真正延续其寿命。这方面比较成功的例子,当数对大运河杭州武林门至拱宸桥段的保护与利用。该段不仅有水上巴士可供游客前往运河博物馆,使运河河道继续发挥作用,而且使大运河博物馆、拱宸桥及附近的历史文化街区联为一体,从而使相关交通设施在利用中得到保护。这一方法,可以运用于天津独流木桥等交通设施的保护和利用中。

杭州拱宸桥

其次,对于功能已经丧失的河段、桥梁和码头等交通设施,应在保护的前提下开发其旅游功能,通过转变功能来延续其寿命。在这方面,扬州打造"东关古渡——古运河风光带"的做法值得借鉴。这一做法就是将已丧失原有功能的东关古渡、古运河及附近历史文化街区开发为游览区,即使游客领略了古运河丰富的文化内涵,又延续了这些交通设施的寿命。这一方法也可运用于天津静海县九宣闸的保护与利用。随着新闸的建成和投入使用,原来的九宣闸必然会丧失原有的功能,如能在保护的前提下发挥其旅游功能,将是其价值的重生。

第三,对于既丧失原有功能,又无法进行旅游开发的河段、桥梁、码头等交通设施,应采取按比例缩小复制或图文介绍等形式,使其进入陈列馆、展览馆或博物馆进行保存。在苏州的漕运展示馆、杭州的运河博物馆以及扬州等地的博物馆中,均能看到不少关于此类交通设施的图片、模型和文字介绍,从中仍可感受到古运河文化的魅力。此类交通设施在大运河天津段等河段也大量存在。因此,应重视和发挥博物馆在历史文化遗产保护和利用中的作用。

以上三点,是从扬州、苏州、杭州等地做法中获得的一些启发。这些方法或许有助于天津在工业化、城市化进程中，更好地协调现代化交通体系的发展与河道、桥梁、码头与渡口、水闸、水陆城门等历史文化遗产的保护及利用之间的矛盾与冲突。

（本文作者熊亚平，原文发表于《城市》2014 年第 1 期，收录时略有删改。）

一言难尽的运河桥梁

天津地处九河下梢，拥有北运河、南运河、蓟运河及与之相连的白河、大清河、子牙河等多条河流，内河航运比较发达，同时建有为数不少的桥梁。在铁桥被引入天津之初，建于运河之上的几座铁桥多为活桥，以便舟楫从桥下通过。于是，在清末时津浦铁路建设方商定将跨过运河的铁路桥梁建成“呆桥”时，便发生了所谓的“活桥”与“呆桥”（“死桥”）之议。

据地方志书记载，明清时期今天津市内较为重要的跨运河（包括子牙河等）桥梁有西沽浮桥、钞关浮桥、院署浮桥、大红桥等。蓟县境内有溵溜桥、上仓桥、板桥、白龙港桥（均跨蓟运河）、静海县境内有瓦子头长桥（跨子牙河）等。时至19 世纪末 20 世纪初，今天津境内始有可开启的铁桥（即活桥）。其中始建于光绪八年（1882）的新铁桥（即大红桥）位于子牙河上，是天津乃至华北地区最早的一座可以开启的铁桥。① 光绪二十九年（1903）由英、日两国工程师设计建造的，位于北运河下游总督衙门前的金钢桥也是一座能够开启的活桥。此外，位于汉沽车站上行 1 千米处，横跨蓟运河上，始建于 1887 年的京奉铁路汉沽大桥最初也是一座活桥。这些活桥的一个重要功能，是为了便于舟楫从桥下通过。

由于有以上先例，当得知津浦铁路建设方于宣统元年（1909）闰二月商定在

---

① 《红桥区志》载其始建于 1887 年。次年，另一座可开启的铁桥—金华桥开始建造（一说 1904 年建）。

南、北运河及子牙河上修建呆桥时，天津商民便以“若于河路中间建筑死桥，航路断绝，天津商业民生何堪设想?”等为由，禀请天津总商会及直隶总督杨士骧，要求津浦路北段总局仿照已有办法，修筑活桥，“在火车未到之先，如有货船抵桥，则停候火车行过，再开桥放船。”北段总局则以“铁路桥梁负载之力甚巨，与寻常之桥迥殊，况天津为本路起点之区，机车及客货车往来频数，终年震撼，加以开桥摩擦，机轴日久必松，诚恐有意外危险”，“若建活桥，难期稳固”，不能仿照金华桥等活桥等为由加以拒绝。当年四月，北段总局不仅再次沥陈修建活桥会造成火车和商船延误通行，而且反过来要求商船（帆船）“改造活桅”，强调与其坐等开桥延误事机，不如“免桅而过”更为方便。同月，天津县在调查运河、御河、子牙河盐粮船只之后指出，普通运河船只大小不等，船身高约7—8尺左右，由北运河、子牙河往来的盐船和由河南、山东两省来的船只，高约一丈二三尺，最低也有八尺左右，在这种情况下，船身在水浅时与河岸持平，水涨时则高出堤岸，津浦路建设方若建造平桥，则桥要高于河岸一丈以上，才能便于船只通过，因此仍然恳请建造活桥。到了五月，天津商务总会也加入进来，指出修建死桥会造成“河路隔绝，运船不通，来往运货为难，客家溵而裹足”的局面，且改造活桅也非万全之策，同时以京奉路汉沽铁桥由活桥改为死桥后造成芦台镇一带商业“立变荒凉”作为例证，要求津浦铁路建设方遵循“成章”，仿照修筑活桥。

在几经往复函议之后，津浦铁路北段总局终于在宣统二年六月（1910年7月至1910年8月）一锤定音，决定修筑呆桥。其理由可归为五个方面：津浦铁路天津段的渡河地点有两处，一处由堤头村过北河，另一处从杨柳青上游的当城村渡过运河，因为杨柳青等处的桥梁本身就是呆桥，因此在北运河上修建呆桥也不会有妨碍；修建活桥风险较大，应建造呆桥，以免贻害无穷；往来运河的船只可以改造活桅；汉沽大桥由活桥改为呆桥的主要原因是经过反复详查，认为活桥危险；舍弃呆桥而改修活桥，会使“伏危机于不测”，从而导致“糜巨款于不资”。因此决定“将北运河一律建筑呆桥，以垂永远。”并要求天津府、天津县暨商务总会、议事会做好释疑工作。至此，围绕津浦铁路跨运河桥梁修建而进行的，持续达一年多时间的“活桥”与“呆桥”之议告一段落。

然而，修建呆桥这一最终结果显然并不符合天津众多商民的期待。由此，在时隔十余年之后,关于“活桥”与“呆桥”之议再起。这一次,议论的焦点转变为蓟运河上的京奉铁路汉沽大桥。

正如前文所言,京奉铁路汉沽大桥原为活桥,“无火车通过时旋开通舟楫。”光绪二十六年(1900)八国联军入侵时被焚毁,后由德国军队架设临时桥,从此不能开启,光绪三十年至三十一年(1904—1905)重建。或许是由于当时将活桥改为呆桥是侵略者所为,又或许是当时天津商民的力量尚不够强大,此次变动在当时并未引发较多关注。

到1925年5月9日,宁河县商会致函天津总商会,指出该县出产的粮米不敷食用,需要大量输入,运输以水路最为便捷,原先粮船可以从北塘口直接驶抵芦台。在京奉铁路建成之初,于汉沽车站迤西修建了一座活桥,往来船只可以通行无阻。但在庚子事变期间,该桥被炸毁,最终被建成死桥,以致“赴芦台船只被桥阻挡,不能通行”,从而使芦台商业大受影响。由此,该县商会以该桥保险期为20年“逾期出有危险,无人负责”为由,要求将“死桥”改修为活桥。天津总商会随即于6月20日呈请直隶省长转咨交通部设法将呆桥改修为活桥,在接到直隶省长的咨文后,交通部饬令京奉铁路管理局工务处长给予答复。工务处长则于7—8月间批驳了改修活桥的请求。其理由可以归为三点:改建后的汉沽大桥至少可以再用20—30年;虽然涨水时大船难以从桥下经过,但落水时足以行船;汉沽大桥为京奉铁路自修,“仅保险二十年”的说法不是事实。至此,天津商民将“呆桥”改修为“活桥”的愿望又一次落空了。

综观清末民初的两次“活桥”与“呆桥”之议,可以看到,铁路部门给出反对将呆桥改修为活桥的主要理由有两点,即“铁路桥梁负载之力甚巨”和呆桥并不妨碍活桅通行。然而,这显然仅是表面之辞。其背后则是铁路运输的迅速兴起和运河航运的相对衰落所引致的天津与内地间交通的近代转型。一个显而易见的事实是,在铁路开通前,天津与内地间的贸易“只通过陆路与河流来进行”。京奉铁路开通后,路运逐渐占到天津与内地贸易的20%。京汉铁路通车后,上升到44%。1909年和1910年又上升到48%,与河运持平。民国成立后,路运所占比例逐年上升,1912年为53%,超过河运(44%)和陆运(3%),1913增至55%,1916年突破60%,1920年增至71%,1922—1924年为74%,1925年虽有下降,仍占66%。这就表明,在1909—1925年间的多数年份里,近代化的铁路运输在天津与内地贸易中的作用,已经赶上和超过了以传统木帆船为主的内河航运。

因此,改修“活桥”之议最终无法敌过修建“呆桥”之论,也就不难理解了。

(本文作者熊亚平,原文发表于《天津日报》2018年12月4日,收录时略有删改。)

博物馆对运河城市文化的保护和展示

——以杭州、苏州、扬州为中心的考察

京杭大运河北起北京,南至杭州,全长近1800千米,在目前仍可使用的运河中,其规模最大,线路最长,历时最久。2000余年来,京杭大运河几经衰落繁盛,从隋朝大规模整修后,其成为中国大地上沟通内河、连接海运的南北水运交通干线,并兼具防涝、灌溉等重要作用,对历朝历代的政治、社会产生了重要的影响。流经之地皆受益其中,京杭大运河不仅泽被运河两岸土地,不少城市亦因之而兴盛,并孕育出了独具特色的运河历史文化。目前,京杭大运河的传统功能已发生了大的改变,但对于运河沿岸城市来说,仍然以自己为运河城市而自豪,最重要的原因在于京杭大运河的历史文化价值已被逐渐发掘并得到重视。与此同时,国家也将京杭大运河作为申报世界文化遗产的项目。目前,这个申报项目正处在最关键的阶段,参与城市均在积极准备各项工作。

大运河的价值不仅在于其仍在使用的水运功能,更来自长时间积淀所形成的运河历史文化遗产,这是运河城市历史文化的基础和源泉,也是传统中国辉煌文化不可或缺的重要组成部分。对于运河沿线城市来说,传承并弘扬运河文化不仅是保存城市文化的根基,更有助于提升城市形象,提升城市的综合竞争力。所以,运河城市在整治和利用运河提高本地经济发展的同时,都对运河文化遗产的保护、开发和利用非常重视。随着经济的发展、社会的变迁,运河的传统水运功能已发生改变,河道本身、沿河的自然风貌以及民众社会生活均发生了巨大变化,在当前城镇化迅速发展的时期,如果再不重视保存,遗存下来的运河历史文

化将很快消失，这不仅是运河沿线城市的惨痛损失，亦是中华文化的巨大损失。对运河历史文化进行保护已到了紧迫的阶段，建立博物馆是必不可少的一项措施。

一、博物馆是历史文化遗产保护和利用的最佳形式

博物馆是历史文化遗产保护、开发和利用的最佳形式。历史文化遗产没有保护就谈不上开发，更不可能利用。而没有开发、利用，就无以展示其蕴含的丰富历史文化内涵和价值。对城市而言，极为丰富的文化资源得不到开发、利用，就体现不出城市深厚的历史文化底蕴，城市的品位也就无以提升。博物馆是人类重要的文化存在形式，还原历史，再现文化，启迪未来，以文化之。对一个城市而言，博物馆意义非同凡响，上至城市精髓的养成，下至市民情操素质的滋养，无不依赖于博物馆的光热。从中国第一个博物馆 1905 年张謇建立南通博物苑开始，中国博物馆已经历了百年历史。据 2011 年底统计，中国登记注册的博物馆数量已发展到3589 个，并继续以每年 100 个左右的速度增长。其中，运河城市所建的相关博物馆在运河历史文化遗产的保护和利用中起到了不可替代的作用。

在对扬州、苏州、杭州运河文化遗产保护的调研中，对在保护、展示、宣传和利用等方面具有独特作用的博物馆进行了详细的考察，主要包括：扬州博物馆、苏州博物馆以及杭州京杭大运河博物馆和运河工业三馆（中国刀剑剪博物馆、中国扇博物馆、中国伞博物馆）。通过对上述博物馆的实地考察，以及与各城市相关部门的座谈，我们对博物馆在运河历史文化遗产保护与利用过程中所起到的作用有了更加深刻的认识。

二、中国京杭大运河博物馆

中国京杭大运河博物馆是唯一一座以运河文化为主题的大型专题博物馆，其旨在全方位、多角度地收藏、保护、研究运河文化资料，反映和展现大运河自然风貌与历史文化。博物馆筹建于 2002 年，2006 年 10 月 1 日建成开放，国家文物局认为它的建成填补了博物馆界的一大空白。该馆位于杭州拱墅区运河文化广场南侧，毗邻大运河南端终点标志——拱宸桥。博物馆建筑面积很充足，有一万余平方米，展览面积五千余平方米。整个展览分四个展厅。

第一展厅是大运河的开凿与变迁。厅内用人物雕像、历史图片展现运河连接中国五省四市、贯通五大水系。第二展厅是大运河的利用，很多和运河漕运有关的文物保存在这里。第三展厅大运河的综合保护。展馆重点回顾了运河杭州段的保护过程，描画了运河杭州段的发展蓝图。第四展厅主题是运河文化。山东聊城面塑、江苏扬州剪纸、江苏无锡泥人等运河沿线城市的文化遗产代表摆放到一起，反映大运河孕育出丰富的两岸文化。在四个展厅中穿插有漕运故事半景厅、运河模拟游舱两个多媒体展厅，将文物史料与高科技巧妙结合，生动地再现古运河曾经的繁荣景象，使参观者能身临其境地体验大运河悠久深厚的文化内涵。

中国京杭大运河博物馆不是一座单纯的、普通意义上的博物馆，它是一个全方位、多角度反映和展现运河自然特性、人文精华等各个方面的大型博物馆，又是运河文物、文献资料等的征集、收藏中心以及运河文化的研究和展示中心，同时，结合运河文化广场功能其又是运河旅游的中心枢纽和游客综合服务中心。可以说，中国京杭大运河博物馆已成为一座具有多样功能和多种特性的综合性运河文化中心。

三、杭州运河工业三馆

杭州运河工业三馆（简称三大博物馆）最有特色，引起了我们对运河工业遗产以及整个运河文化遗产保护和利用的深思。运河工业三馆是中国刀剑剪博物馆、中国扇博物馆、中国伞博物馆的合称，其中中国刀剪剑博物馆、中国伞博物馆在原来桥西土特产仓库的库房基础上改建，中国扇博物馆的前身则是杭一棉通益公纱厂厂房。三大博物馆以工业厂房为基础，结合了杭州三大老字号：张小泉剪刀、王星记扇子和西湖绸伞，是手工业和工业巧妙的融合。三馆位于京杭大运河杭州段拱宸桥桥西历史街区，与中国京杭大运河博物馆隔河相望，2010 年 9 月 29 日开馆。

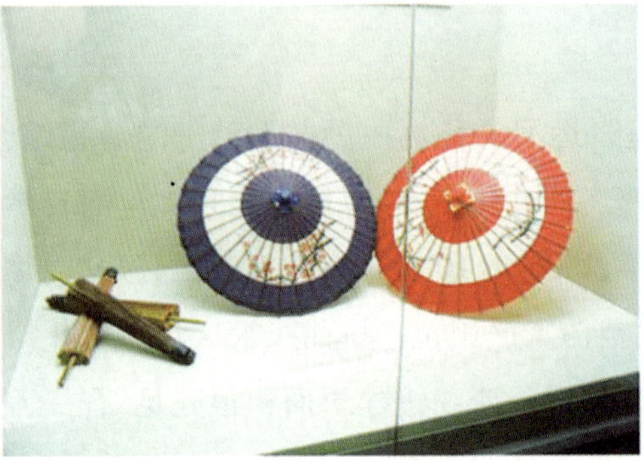

中国伞博物馆

运河拱墅段沿岸曾是杭州的老工业基地，沿河分布着浙江麻纺织厂、杭州第一棉纺织厂、长征化工厂、红雷丝织厂、大河造船厂、杭丝联等大中型工业企业。这些企业代表着杭州工业发展的历史,见证了运河产业发展的辉煌。近年来,随着城市改造步伐的加快、"退二进三"的实施和运河治理的推进,工业企业陆续外迁,留下大量具有历史价值、产业价值和工艺价值的工业厂房。如何保护和利用好这批珍贵的工业遗存,是运河综合保护的重要课题。三大博物馆为主体形成的博物馆群依托杭州与运河历史文化,在保护与利用工业遗产的基础上,结合运河综保工程的实施,传承杭州优势手工艺,将发达的手工业文明,在运河工业遗产的基础上向世人展示。将工业遗存用于建设中国刀剪剑、伞、扇博物馆,既填补了运河城市在运河工业类国家级博物馆方面的空白,更是保护、利用、展示工业遗存与运河历史文化遗产的一大创新之举。

中国扇博物馆

按照杭州市委、市政府的要求,中国刀剪剑、伞、扇三大博物馆被打造成"国内领先、世界一流"的大众化、专业性、国家级博物馆,以刀、剪、剑、伞、扇展示为主题,集收藏、宣传、教育、展示、购物、娱乐、美食、研究、文化创意等功能于一体。其中,"大众化"是三大博物馆最吸引人的特色。仅仅有特色的陈列主题,对于吸引观众是不够的。为此三大博物馆积极举办各类临时展览,比如 2011 年年初推出的以"袖里翰香"明清精品扇面展为首秀的"扇动风发"系列展,就是以突出展示"扇文化"为特色的展览。

三大博物馆从观众的角度出发,陈列中运用了各种陈列语言,包括现代多媒体科技、形象的场景复原和可参与体验的互动装置,尝试为观众营造一种独特的、学习型的"博物馆体验"的参观经验。如"传统剪刀作坊"的大型复原场景,让人身临其境感受旧时手工打剪的同时,也了解到手工制剪工艺的重点工序。三大博物馆还有针对中小学学生的手工剪纸、刺绣等课程。博物馆的这些措施都是实现最大可能贴近大众的目的。刚开馆的国庆节期间,三大博物馆接待游客 18.7 万人次。根据问卷调查统计,观众对三大博物馆满意度 98.2%。

三大博物馆的建设与运河文化遗产实现了有机结合,不仅传承了运河文化,促进了运河申遗,更为保护和利用非物质文化遗产、工业遗产,打造以运河为中心的世界级旅游城市,提高杭州市民生活品质起到了促进作用。

四、以运河文化为主题的相关博物馆建设

相比而言,扬州博物馆、苏州博物馆虽处在重要运河城市,但未就运河文化遗产进行专门展示,只是综合性地体现在了所在城市整体文化遗产的保护和利用中。认识到博物馆在运河遗产保护和利用中的重要作用,扬州、苏州、杭州等城市抓住大运河申报世界文化遗产的契机,正在积极展开以运河文化为主题的相关博物馆建设。扬州在 2007 年 1 月发布了《扬州文化博览城建设规划纲要》,根据《纲要》,扬州在"保护与利用并举,改造与复兴同步"的主旨上,拟在之后的 15 年内,以古运河为主线,突出运河文化主题,初步确定新建中国漕运博物馆、扬州运河文化博物馆,展示扬州对外交往为主要内容的运河文化长廊。与此同时,2012 年苏州市文广新局牵头规划的"苏州十大文化工程"的"博物馆城建设推进工程"也提出,将逐年规划新建一批博物馆,使"十二五"末市区博物馆总量从当前的三十家增加两倍,变为一百家左右,形成以国有为示范和引领,以行业、企业和民办为补充的完善的博物馆(美术馆、纪念馆)体系。作为"博物馆城建设推进工程"的第一步,市区将启动建设"苏州大运河遗产展示馆""古城墙博物馆"等五大博物馆。其中苏州大运河遗产展示馆由市文广新局负责实施。项目选址在万年桥西侧的胥胥路苏州规划展示馆内,陈列面积约 400 平方米。展示馆将主要运用声光电等科技手段,展示阐述苏州运河遗产的独特性。同时,利用互动体验装置实现现代观众与古老运河文化的对话。

已经取得不错成绩的杭州也在推行新的项目,中国刀剪剑、伞、扇三大博物馆的二期工程即将展开。二期项目是在保护原红雷丝织厂老厂房的基础上,对三大博物馆的扩容和升级。目前规划范围为:北起三大博物馆南,西至小河路,南近登云路,东与京杭大运河相望,总占地面积约为 12 亩,总建筑面积约为 1.2 万平方米。通过整合,红雷丝织厂老厂房将与中国刀剪、伞博物馆形成一个"U"字形的建筑组团,集主题展览馆、刀剪伞扇销售馆、博物馆、广场四大功能区为一体。这样,就可以形成布局合理、风貌明显的专业性运河工业博物馆群落。

五、对博物馆建设的思考

中国博物馆已走过百年历程，中华人民共和国成立以后，特别是近三十年，中国博物馆事业得到迅速发展。博物馆发挥着保护和展示文化与自然遗产、开展社会教育、提供休闲娱乐的功能，成为人民群众精神文化生活中不可缺少的一部分。博物馆一直被认为是一个民族、一个国家、一个城市文化形象和精神品格的代表。尤其在21世纪各种大众文化消费兴起的时代背景下，博物馆参观作为学习文化、了解历史一种必不可少的方式，日益被社会所重视。在此次大运河申报世界文化遗产期间，杭州、苏州、扬州各运河城市充分认识到了博物馆在运河遗产文化保护和展示中的重要作用，以此次申遗为契机，积极推动本市运河相关的博物馆建设。

在历史上，天津是重要的运河城市。在此次申遗过程中，文物局等相关部门也提出，结合城市建设，应在三岔河口或周边地区建立运河博物馆，重点展示天津的运河文化，但对博物馆的独特作用未充分认识。截止到目前，天津还没有以运河文化为主题的博物馆，仅有元明清天妃宫博物馆在一定程度上担负着天津市运河博物馆的功能，保存着有一些与大运河相关的文物。无论历史上天津有多么辉煌的运河历史文化，如果不重视和保护，这种历史文化都将会湮灭在城市快速发展的轨道下，甚至痕迹难觅。而其中，通过某种途径能够引领我们寻找这些历史文化的踪迹，这个途径就是博物馆。天津作为历史上重要的运河城市，理应重视博物馆对运河文化遗产保护和利用不可替代的作用。

通过实地考察以及对比天津运河文化遗产的保护和利用，针对与运河相关的博物馆的建设总结以下几点建议：第一，切忌盲目重复性建设博物馆，注意地方性和特色性。大运河是旅游资源的一大品牌，要打好这张牌，建大运河博物馆非常重要。然而如果相关博物馆已经建成，很难超越，就不要重复建设，要下大力气注重本地域运河博物馆的个性和特色。第二，平衡博物馆专业化与大众化之间的关系。在规划阶段就应该考虑到，怎样使二者合理结合，找到二者之间能保持平衡的最佳结合点，在注重专业性的基础上，着重突出大众的参与性，以及教育和娱乐性，以吸引参观者。第三，扩容的新建筑应与历史建筑和而不同。历史建筑要注重保护，需要修建亦应修旧如旧，新建筑要依托老建筑，在可识别的基础上有原则的创新,协调融合而又不照搬守旧。第四,博物馆建设应考虑所在区域发展,做到资源联通。博物馆的建设时应考虑到所在区域整体规划,不应单打独斗,最好与区域的运河资源甚至整个社会发展协调相容。第五,把博物馆做活,积极融入社会,实现自己的社会价值和社会责任。当前,许多城市的博物馆已经清楚地认识到,让参观者在增长知识的同时感受历史文化的深邃是博物馆价值的实现,但在文化形式多元化的当前,怎样提升博物馆的吸引力,已成为博物馆新的课题和不可推卸的社会责任。

参考文献

[1]扬州:15 年建成"文化博览城"[N]. 光明日报,2012 -06 -04.

[2]我国目前拥有超过 3500 座博物馆[EB]. 新浪网,2012 -11 -09.

[3]戚永晔. 一条河与一座博物馆——访中国京杭大运河博物馆馆长董觉华[J]. 观察与思考,2009(3).

[4]杨静. 京杭大运河遗址保护问题研究,中国城市规划学会. 生态文明视角下的城乡规划——2008 中国城市规划年会论文集[M]. 大连:大连出版社,2008.

[5]保护利用工业遗存的新举措[EB]. [2010 -04 -28]. http://kpb. hz. gov. cn/showpage. aspx? id =442&nid =3302.

[6]陶学锋. 彰显"文化个性魅力"做老百姓自己的博物馆——浅谈中国刀剪剑、伞、扇博物馆如何走进大众[J]. 杭州(我们),2011(5).

[7]三大国家级博物馆开馆,杭州市人民政府地方志办公室主编. 杭州年鉴[G]. 北京:方志出版社,2010:205.

[8]市区年内将启建五大博物馆[N]. 苏州日报,2012 -10 -10.

[9]杭州运河新城欲打造"岛居生活区"三大博物馆将扩容[EB]. [2009 -11 -17]. http://zjnews. zjol. com. cn/05zjnews/system/2009/11/17/016027543. shtml.

[10]王宏钧. 中国博物馆学基础[M]. 上海:上海古籍,2001:序.

[11]邓国芳. 打造运河主城区段最亮丽世界旅游产品[N]. 杭州日报,2008 -5 -27.

(本文作者丁芮,原文发表于《城市》2013 年第 7 期,收录时略有删改。)

大运河与天津饮食初探

一、运河与中国的饮食文化

如今，大运河研究如火如荼，取得了很多研究成果，涉及方方面面。既有运河本身的研究，也有运河文化的研究，更有运河沿岸城镇的研究。相对来说，运河与饮食关系的研究，还稍显不足。而这也是运河文化研究的一部分，它包含两方面的问题，一个是运河与饮食文化的相互影响问题，另一个则是运河沿岸的饮食文化，后一个包含有更为丰富的内容。

所谓饮食文化，是指“在食物原料开发利用、食品制作和饮食消费过程中的技术、科学、艺术，以及以饮食为基础的习俗、传统、思想和哲学，即由人们食生产和食生活的方式、过程、功能等结构组合而成的全部食事的总和。”①高成鸢先生长期研究中华饮食与文化的关系，出版过不少著述，②其著述部分章节也偶有谈及运河与饮食文化之间的关系，如他在《饮食之道——中国饮食文化的理路思考》一书谈到烹饪和京剧是中华文化并峙的双峰时说道：“从更大的时空背景，关于菜系形成的史、地条件，天津的漕运和盐商也非常重要。运河船夫的饮食，促进了天津小吃的繁荣，而小吃是烹饪技术出新的突击队。”③他认为天津包子与淮

① 赵荣光著：《中国饮食文化概论》（第二版），高等教育出版社，2008 年，第 2 页。

② 高成鸢著：《饮食之道——中国饮食文化的理路思考》，山东画报出版社，2008 年；高成鸢著：《食・味・道：华人的饮食歧路与文化异彩》，紫禁城出版社，2011 年；高成鸢著：《我们的国家：饮食与文化》，复旦大学出版社，2013 年；高成鸢著：《味即道：中华饮食与文化十一讲》，生活・读书・新知三联书店，2018 年。

③ 高成鸢著：《饮食之道——中国饮食文化的理路思考》，，山东画报出版社，2008 年，第 188 页。

扬的“汤包”有密切关系，认为关于馃子由来的传说也可以证明馃子是通过运河传到天津的。①

《中华文化通志 · 饮食志》有一节专门谈及南北大运河的开凿对饮食资源交流的意义：“从隋唐到明清，运河不仅是封建政权漕运的大动脉，也是南北人民经济交流的大动脉，东南的粮、棉、盐、丝绸和海味，北方的煤、铁器、枣、栗、药材和皮毛，都是重要的交流物资。”“各类城市，都是由各自的腹地供应大量的饮食物资或与饮食有关的各类物资的集散地，如各种粮食、禽畜、水产、蔬菜、水果、海味、腊味、干果、药材、盐、糖、油、酱、醋、茶、煤炭、各类炊具、食器等等。由于城市五方杂处，又集中了适应各地口味的饭馆和小食店。港口城市还常常进口高档餐具，如水晶、玛瑙、玻璃器皿，和高档海味，如南洋的燕窝、鱼翅，日本的干贝，墨西哥和日本的鲍鱼等等，供贵族社会享用。各大城市由于各族杂居和中外杂居，又是饮食文化的地域交流、民族交流和中外交流的基地。”②

有不少学者谈及运河沿线城镇的饮食文化与运河的密切相关，如张熙惟在《略论运河文化》一文中谈道：“运河区域诸城乡广大居民有着共同的节日习俗，甚至各地的饮食习俗也因运河而广泛交融。扬州居民煮茶独取运河之水，天津居民饮食亦‘皆运汲于河水’。扬州富商宴席上‘饵燕窝，进参汤’，德州豪贵同样把‘燕翅席’作为高档享受，故海参、鱼翅、燕窝、鱿鱼、火腿等贵重食品充斥于运河城镇市场。”③台前县甚至将本地的饮食文化视为“运河舶来的”，主要有糖醋鱼、酱菜和炸鹅脖三种。甚至很多名菜，随着运河的开通，而通达南北各地。到了清代，大运河仍为北京与华中、华南广大地区联系的主要动脉，每年仅漕船就有 7690 余只，连樯接帆，驶往通州。各种“南货”“广货”“洋货”的源源而来，使得朝廷在河西务设河主簿厅一所，设河西务巡检司。

周爱东所著《扬州饮食史话》，对运河名城扬州饮食文化与运河的关系也做

---

① 参见高成鸢著：《饮食之道——中国饮食文化的理路思考》，山东画报出版社，2008 年，第 190—214 页。

② 中华文化通志编委会编：《中华文化通志 · 第九典宗教与民俗饮食志》，上海人民出版社，1998 年，第 96—98 页。

③ 张熙惟著：《学思录》，山东大学出版社，2016 年，第 116 页。

了阐述:“由于运河的开凿,中国东南地区与中原地区的物产、文化、经济、政治的联系一下子变得紧密起来,而这个联系的关节点就是扬州。从此以后,关于扬州饮食的诸多话题最终都会扯到运河上来。”①隋唐之前,扬州饮食的基本风格是朴素,除去用料与风味,意趣上与其他地方并无太大的区别,但到了隋唐,扬州饮食开始表现出其精雅的风格。他认为:“在明清扬州鼎盛时期,扬州美食制作的主力军,开始并不全是扬州本地人,而是那些富商或官僚带来的家厨。但到了嘉道时期,这些商人在扬州生活日久,他们的家厨也逐渐本土化了。扬州衰落的时候,扬州本地的名厨纷纷外出去讨生活,很多人去了上海。”②

浙江菜的形成,也深受运河的影响。“随着京杭大运河的开通,南北的交通更为方便,特别是到了北宋,杭州作为国都,城里遍布全国各种风味的酒楼,各地的名厨均聚集在这繁华之地一显身手,使浙菜形成了‘南菜北烹’的独特风格,一度成为我国南菜的主要代表。”③“随着大运河的开通,杭州醋鱼、鱼羹等美味传至大运河沿岸城乡,直至北京宫廷。”④

关于天津饮食与运河的关系,谭汝为曾在《天津方言与津沽文化》中指出:“从运河漕运时代,淮扬菜与鲁菜已开始在天津融合,轮船通航又使大批胶东人从海路来津,使以‘河海两鲜’固有特色的‘津菜’技艺大为提高。”根据民初天津方志所列饭店、食堂、旅馆、栈房,即多达几百所。“其中饮食业极享盛名,出现了全国各地风味的饭馆,从而为南来北往的官吏、商旅提供了很大的方便。”⑤

许多饮食在运河沿线兴盛,和漕运船只的南来北往带动南北交流不无关系。

例如,包子大致始于北宋,南宋时流行于民间,陆游与乡邻聚饮时也经常吃包子。包子的特点是能够将主食与佐餐的菜肴统于一体,可以边走边吃。“清代运河线上堽城坝以北的纤夫就是这样做的。也因此运河沿线码头城市的包子都或大或小的有些名气,沿岸集镇渡口的饭摊上也多卖菜多肉少或干脆无肉的菜

① 周爱东著:《扬州饮食史话》,广陵书社,2014 年,第 18 页。
② 周爱东著:《扬州饮食史话》,广陵书社,2014 年,第 32 页。
③ 澳大利亚 Lonely Planet 公司编:《中国旅行指南系列浙江》,中国地图出版社,2015 年,第 388 页。
④ 冯品清著:《大运河史话》,百花文艺出版社,2005 年,第 82 页。
⑤ 陈峰著:《漕运与古代社会》,陕西人民教育出版社,2000 年,第 198 页。

包子。”[①]天津食品三绝之一的狗不理包子,最初也是南运河尾闾侯家后岸边的小包子铺的实惠便捷食品。“主顾除河坝上的脚行,就是停泊船只上的船工和待驳的纤夫们,都是些既图实惠又图方便快的负力忙人。”[②]

二、近代天津饮食业概况

开埠以前,天津因漕运而兴,近代开埠以后,天津更成为一个南北客商、中外人员往来集聚之处。人员的交流,带动了饮食业的繁盛。《津门杂记》说:“津地为九河下游,合众流汇归三岔河,皆由直沽入海。”又说:“天津一城,三面临河,大海在其东南,三角淀绕其西北,为河海之要冲,畿南之屏蔽也。”[③]《天津卫志》也说:“天津去神京二百余里,当南北往来之冲,南运数百万之漕,悉道经于此。舟楫之所式临,商贾之所萃集,五方之民所杂处”。正是由于这样的地理位置,使得天津盛产鱼虾蟹等水产品。加之东临渤海,西扼九河,北界燕山,南有港淀,各种食材丰盛,为天津饮食业的发展提供了基础。

天津自建城以来,饮食业极为繁盛,风俗诗中也常有谈及天津饮食者:“数到珍馐是食羊,西瓜饺子酸辣汤。今朝供客添佳味,烙饼加摊韭菜黄。”尤其河海产品每每见于百姓餐桌,是天津人的最爱。《秋吟诗草》说:“津门三月便持螯,海蟹堆盘兴尽豪。”清人羊城旧客所著《津门纪略》所列“食品”一卷,说道:“津沽出产海物俱全,味美而价廉。春令最著者则蚬蛏、河豚、比目等类;秋令螃蟹,肥美甲天下;冬令则卫河银鱼,驰名远近。更有铁雀,佐酒亦佳。黄芽白菜胜于江南冬笋者,以其百读不厌也。”唐芝九也有诗吟诵铁雀、银鱼之美味:“树上弹来多铁雀,冰中钓出是银鱼。佳肴都在封河后,闻说他乡总不如。”而清代津门诗人樊彬的《津门小令》则更为形象:“津门好,美味数初冬,雪落林巢罗铁雀,冰敲河岸网银鱼,火拥兽炉余。”《津门食谱》也说:“银鱼,为津门之特产,前清时曾充贡品。贩者每以卫河名;殆产于卫河者为佳,产于三岔河口者为贵。卫河即南运河;三岔河口即畴曩南北运河与海河会流之所,故址在望海楼前。”[④]正是因为天津人爱

---

① 顾道馨著:《绿波集——顾道馨著述选粹》,天津古籍出版社,2013 年,第 168—169 页。

② 顾道馨著:《绿波集——顾道馨著述选粹》,天津古籍出版社,2013 年,第 169 页。

③ 张焘:《津门杂记》卷上,“形胜”。

④ 《津门食谱·上》,《大公报》1935 年 12 月 27 日,第 14 版。

吃，会吃，故天津人有“卫嘴子”的称号。

天津饮食业比较发达的地区主要集中在运河与老城厢附近。清末民初，伴随着河海运输的繁荣，侯家后、北大关、官银号一带地区工商业兴起，旅馆、餐饮业日渐发达。据刊印于1898年的《津门纪略》食品一卷所记载，当时天津各类有名饭馆多达35家，如义和成、聚升成、聚源成、天和楼、天庆馆、真素馆等。20世纪20年代，根据统计南市比较有名的菜馆饭馆就有30余家，像天一坊、华宝楼、聚庆成、登瀛楼、义和成、天和玉、泰丰楼、燕春楼等都在这里。到了30年代，河北鸟市和侯家后、北大关、南市并称为天津饮食摊贩四大市场。河北的三条石、河东的东车站等地的饮食业也比较发达。根据1936年《天津游览志》后附的《津门小志》记载，本埠饭庄约五百有奇，其最著名者，为侯家后红杏山庄和义和成两家，其次为第一轩、三聚园，装饰之华丽，照应之周到，味兼南北，烹调绝精，大有“座中常客满，樽中酒不空”之慨。

天津不仅有天津风味的菜系，山东风味菜系、南方风味菜系和西式、日式的饭庄饭馆也纷纷出现。据统计，20世纪30年代，天津计有大型山东饭馆10家、河南馆2家、四川馆2家、广东馆2家、保阳馆2家、山西馆2家、清真馆2家、西餐馆4家、中西餐馆5家、日餐馆3家。① 此外，还有西点铺、中点铺等。据另一数据统计，20世纪30年代，天津知名的八大成、九大楼、十大饭庄均先后建立。八大成主营天津菜系，为明利成、聚德成、聚庆成、聚合成、义和成、聚兴成、聚乐成、聚合成；九大楼则主要是回民羊肉馆，即相宾楼、宾华楼、大观楼、迎宾楼、富贵楼、老会芳楼、会宾楼、鸿宾楼、畅宾楼；十大饭庄则为山东菜系，即同福楼、全聚德、天源楼、登瀛楼、松竹楼、天兴楼、晋阳楼、万福楼、会英楼、蓬莱春。至此，天津的各类饭庄及馃子铺、豆腐坊多达两千户。天津饮食业之发达，不仅吸引了南北往来的客商，更是连京城达官贵人、富商大贾也都闻名而来。据《中华全国风俗志下编》之“天津之社会观察谈”记载，“天津商肆之多且盛者，首推酒席馆”，“北京名公巨卿，遇有大宴会，辄苦拘束，不能畅所欲为。乃群趋于津埠，呼卢喝雉，任意挥霍。风会所趋，而酒席馆遂应时大兴。高楼大厦，陈设华丽，远胜

① 天津市志编纂处编：《天津市概要》，民国二十三年铅印本。

京师。每当夕阳西下,车马盈门,笙歌达旦。"①由此可见,当时天津饮食业之盛。

九一八事变后,由于日本不断在华北制造事端,使得华北局势日益紧张,人心惶惶,工商业受到极大影响,寓居天津的官僚政客、军阀富豪纷纷南下,或避居租界,使得南市一带的商号深受打击,很多饭庄、饭店和饭铺倒闭,天津饮食业出现一次衰落。尤其是七七事变后,天津饮食业更是遭到了严重打击。到 40 年代,随着日租界中原公司和法租界泰康商场、天祥市场、劝业场一带地区的畸形繁荣,饮食业才又呈现出一片繁荣景象。根据天津日本商工会议所编印的 1942 年度《天津华商公会名鉴》统计,当时天津有各类饭馆 200 余家,如著名的登瀛楼、永安饭店、聚合成、丰泽园、致美斋等都在其列。另有从事面食业的商户 300 余家。另据 1943 年的统计,"全市包括大饭庄、中型饭馆、小饭铺和馃子铺、豆腐坊等共有 2800 余户,另外还有天津闻名的侯家后(鸟市)、三不管、郭庄子、谦德庄四个饭摊市场和各地区走街串巷的个体户 2000 余户,较之以前发展可谓更上一层楼。"②

如果说在 1945 年之前天津饮食业是以北菜馆为主的话,那么伴随着国民党接收的到来,南方人日益增多,南菜馆也在逐渐增加,由原来的 15 户增至 34 户。到 1946 年天津市的饮食业达到顶峰,全市饮食业坐商多达 3900 户,职工人数为 15000 余人,另外还有饭摊和个体饮食户 4500 余户,从业人员 5000 余人。③ 按照菜系来分,天津菜系还是占据主流,多达百户;山东菜系 50 余户;江苏菜系 17 户;广东菜系 17 户;浙江菜系 3 户;四川菜系 3 户;西餐 13 户。另外还有其他各种菜系的餐馆及素菜馆十余户。从空间分布来看,劝业场、天祥市场、泰康商场附近有 80 户;南市一带有 50 多户;在官银号、侯家后、北大关一带有 40 多户;在河东、河西、南开等区有 40 多户。此后因受战争的影响,至 1949 年,全市饮食业坐商下降至 3500 户,饭摊和个体户歇业者更多。

---

① 胡朴安编著:《中华全国风俗志》(下),岳麓书社,2013 年,第 453 页。

② 中国民主建国会天津市委员会、天津市工商业联合会文史资料委员会编:《天津工商史料丛刊》第四辑,1986 年,第 9 页。

③ 中国民主建国会天津市委员会、天津市工商业联合会文史资料委员会编:《天津工商史料丛刊》第四辑,第 10 页。

近代以来，伴随着天津的开埠和租界的设立，天津的直接对外贸易日益繁荣，西方的饮食文化也伴随着外侨的到来而发展起来。最初是起士林和义顺合两家西餐馆。起士林位于旧德美租界交界处，义顺合位于小白楼。义顺合于1932年改为维格多利。此外，比较有名的还有福禄林饭店、国民饭店、惠中饭店。福禄林饭店始建于1931年，后改为永安饭店，位于法租界原明星电影院旁（今新华路和平影院旁），当时不少军政官僚、官绅巨商等多在此举办喜寿丧宴，1944年停业改为黄金市场。国民饭店建于1923年，位于原法租界天增里（今赤峰道52号），是成立最早的西餐饭店，1933年吉鸿昌曾在该饭店被捕杀。该饭店以西餐为主，设备比较讲究，且附设旅馆业务，并有舞厅、中餐等部，装潢也富丽堂皇，颇受当时官商富绅的喜欢，很多红白喜寿宴会多安排在此举行。惠中饭店位于劝业场华中路，1931年开始营业，产权为前热河督军汤玉麟所有。饭店内部不但有西餐部，还有中餐部、舞场、高尔夫球场、屋顶露天电影等，是当时全市最大的餐厅。此外还有小规模的西餐厅，如大华饭店、太平洋饭店、安乐饭店、熙来饭店、华园大菜馆、德义楼等。日租界的设立以及日侨的大量来津，使得日本饮食文化也逐渐在津门生根发芽。像当时比较有名的大和旅馆、敷岛、神户馆、芙蓉馆等都兼具旅馆和饭馆。此外还有专门的日本料理店，如清月、末广、樱花食堂、东洋轩等；还有寿司店，如奴寿司、曙寿司、新桥、美登里寿司、一休、若乃等，虽然规模未必有多大，但日本味道十足。

另一方面，辛亥革命之后，清王朝灭亡，很多遗老遗少寓居津门，他们又带了宫廷饮食文化。如此一来，天津成了中外美食的汇集地，相互融合，五方杂烩，形成了颇具特色的天津饮食文化。到了20世纪二三十年代，天津餐饮业达到顶峰，甚至成为中国北方之最。即便时至今日，外地人说起天津，首先会想到“煎饼馃子、狗不理包子和十八街麻花”，外来游客来天津游玩，一定会去南市食品街、古文化街品尝天津美食。

近代天津饮食业之发达，不但闻名国内，国外一些汉学家也都予以关注。日本明治大正时期的历史学家稻叶岩吉，曾于义和团事变前后前来中国华北、华中地区考察，后来他与曾任日本驻齐齐哈尔领事古泽幸吉合著的《北方支那》（冈崎屋书店1902年版）一书，专门有一节记述天津的餐饮业情况，即“天津的饭馆子”。他在书中写道:“天津北门外有一条狭窄的斜巷,仅能容一辆车通过,当地人称为侯家后,房屋连排,户户藏娇。而且天津的茶园饭馆主要集中在这里,有名的为义和成和聚盛成两家,两者都是中国饭馆,皆能容纳数百人。天津自古以来都是奢侈之地,而且一般商贾商谈交易都是在饭馆茶园进行,由此不难想象侯家后的繁荣。现在要问中国饭馆的情况,主要是由山西、山东两省的人经营,南方来的人从事此业的以前完全没有,而且饭馆也都是纯粹的饭店,饭饱之后没有嫖妓的规矩。如果有的话,也是最近出现的一些饭馆。饭馆为了迎合客人的嗜好,可以拿出单子点菜,不过是鱼翅、海参和鸭子,作为一桌的主人还要说明所需的佐料,酒主要是绍兴酒,偶尔也用烧酒,也只是为了迎合客人的嗜好。需要提前预订,艺妓的陪酒也都是一般性的。”①从他的这一记载来看,最初天津的饭馆多为山西、山东人所经营,著名的登瀛楼饭庄就是以经营鲁菜而闻名。后来在津南方人日益增多,粤菜馆、湘菜馆、宁波菜馆等日益兴盛,形成了南北菜系汇聚津门的情况,即有“鲁、粤、苏、川、浙、闽、天津饭馆和回民饭馆。”②正如津门诗人崔旭所言:“曾经最说天津好,运河荟萃八方菜”。陈克也认为:“山东菜和淮扬菜对天津菜的影响离不开运河的沟通作用。”③

三、运河培育的风味食品

运河,除了让风味各异的菜系汇聚津门,同时也造就了风味独特的食品,如杨村糕干、独流老醋、嘎巴菜和金家果子。

杨村糕干是位于北运河畔的武清区杨村的杜姓人家所制作的。杜家本是浙江省绍兴府山阴县人,后沿运河来到武清杨村。因不懂北方耕种习俗,故以做小本生意为生。他们从官家运粮船购得私米,将其磨成面粉并加白糖加工成糕干,沿河叫卖。由于他们做的糕干甘甜可口,价格便宜,很受南来北往客商的欢迎,生意越做越好,后来杜氏家族生产糕干者多达十余家。康熙皇帝南巡驻跸杨村时曾品尝过杨村糕干,赞不绝口,并将其列为贡品。乾隆皇帝也非常喜欢,甚至

---

① 万鲁建编译:《津沽漫记:日本人笔下的天津》,天津古籍出版社,2015 年,第 60 页。

② 中国民主建国会天津市委员会、天津市工商业联合会文史资料委员会编:《天津工商史料丛刊》第四辑,第 18 页。

③ 陈克著:《东鳞西爪天津卫》,天津大学出版社,2015 年,第 163 页。

御赐“妇孺恩物”四个大字，并赏龙票一纸，使其可以购买官价白米，更使得杜氏糕干名声大振。据说还曾获得1915年巴拿马万国博览会三等“嘉禾”奖。1946年后担任天津市长的杜建时曾自称出生于杨村万全堂糕干世家，故被时人戏称为“杨村糕干。[①] 1956年，周总理陪同柬埔寨国家元首西哈努克亲王和夫人到杨村参观筐儿港八孔闸水利枢纽工程时，在品尝杨村糕干后说道“不减当年！不减当年！”甚至还风趣地吆喝一声“杨村糕干老铺的好！”时至今日，杨村糕干仍旧深受大众的喜爱，2008年被天津市批准为“天津市非物质文化遗产”。

独流老醋，也因运河水而闻名于世。因为“食醋好不好，用水最重要。”而独流镇又恰位于南运河和子牙河、大清河交汇处，有着得天独厚的便利条件。1927年《益世报》曾报道说：“醋为独流特产……以其水土宜于制醋，故味佳，醋商亦发达。”独流老醋的生产早在明朝嘉靖年间的《河间府志》就有记载，后来在清朝乾隆年间还一度成为贡品。关于独流老醋的由来，静海地区还有一则美丽的传说，元明清时期，流经独流镇的南运河水甘甜可口，康熙知道后命令独流的造酒师来福利用运河水酿造御酒进贡。但来福不愿意献技皇上，撒谎说甜水加热要变成酸酒的。康熙便命令他造酸酒，最终在一个仙师的指点下得以造出酸酒，因二十一日酉时出，故名醋。康熙曾特意颁旨，赐名“独流老醋”，使得其声名远播。1922年，大总统黎元洪经过独流时专门去老三立作坊品尝老醋，并为其题写了牌匾。后来在1922年的直隶省第一次工业观摩会上，独流老醋还获得了食品类一等奖。据1906年成书的《直隶全省商务概况》记载，“天津府静海县独流醋行销天津、河南、山东等地。”1913年《直隶第一次实业调查记》也说：“独流所制之醋，品质极佳，久已运销进京及各县。”1932年的《益世报》也有报道说：“独流醋，气香味醇，为他处所不及，邻近诸县，视为珍品，故恒以此送礼。该镇所产之醋各省驰名，独留老醋无不知者，畅销于长江南北及平津一带。”新中国成立后，独流老醋得到全面的继承和发展，并确立了“天立”商标，2001年被国家工商行政管理局认定为“中国驰名商标”。如今，天立独流老醋早已行销全国各地，甚至远销美国、日本、俄罗斯、新加坡等世界各地，成为天津饮食的一道名牌。

---

① 天津市档案馆编：《天津运河故事》，天津人民出版社，2014年，第222页。

据说嘎巴菜也与南运河沿线的农民有关。根据顾道馨先生的说法，清乾隆年间鲁北冀南运河沿线农民下卫，行囊中多自带煎饼以充主食，开水冲青酱（即酱油）泡一下，即可泡软煎饼，又有了咸味，这就是一顿饭。后来西码头一带（现红桥区蒲包店一带）的小店、小饭铺做起了这种生意，葱、辣椒、酱油炝锅，既有滋味又有浓度。这就是嘎巴菜的雏形。此后这种食品不断从远郊向近郊传播，不断改进，最终形成现在的嘎巴菜做法。武清河西务的饮食习俗，也与漕运有着千丝万缕的联系。“河西务具有特色的食品大油饼，就是为了适应漕船上的船工们和仓库的搬运工们专门食用的。这种食品个大味香，外焦里嫩，论斤卖。卖苦力的船工们花上有限两钱儿，就能填饱肚子，大油饼又贱又经饿，颇受体力劳动者的欢迎。数百年来，河西务大油饼誉满南北大运河。”①

此外还有河西务的金家果子摊儿。这是一个名为金振山的回族小伙子开设的。最早只是一个临时果子摊儿，只炸“套包子”果子。所谓“套包子”，就是炸出来的果子是椭圆形的，就像套在马匹肩上的套包子，故而得名。后来金振山又改进了技术，面剂加大，擀成薄薄的大片，用刀在上面划几道口子，再放油锅里扎。如此炸出来的果子焦、脆、香，特别好吃。后来还烙大饼，变成了大饼卷果子吃，使得其早点摊更加受欢迎，甚至连卖豆浆、豆腐脑的摊点老板，也都聚集在金家果子摊旁边做生意。此后，金家又将这一制作工艺传授给了同行，使得大饼果子逐渐成为河西务镇的特色小吃。

至今，大饼卷果子，也是天津人早点的重要食物，甚至当年在津的日本人也非常喜欢。

日侨丰田势子在回忆录中曾谈到天津的食物，她说儿时在津的早点吃的是素面包和大饼。素面包一般都是自己做，而大饼则要出去买。一般都是丰田和她姐姐去。她们会高兴地看如何制作大饼。她写道：“面粉抹上芝麻油，摊得薄薄的，来回摊几十次，变成直径四十厘米的面饼，在铁板上烤。”然后把大饼切成三角形，卷上馃子吃，味道非常美。还有就是“将大饼切成放射状，卷上馃子吃。馃子是在面粉中加入砂糖和油等作料，做成长度为三十厘米，表面泛着芝麻油的

---

① 刘仲孝著：《北京铁路分局文学卷：青云志》（第七册），中国铁路出版社，2002 年，第 245—246 页。

油炸东西。稍微带有咸味的大饼和甜味的馃子简直是完美结合，不知道是否还有什么比这好吃的。第二天，还可以将变硬的大饼切成宽条，与剩下的馃子和肉及野菜一起煮，也非常好吃。”①

日侨近藤久义同样也有很多美好的回忆，他在回忆录中也写道：“和这个肉店并排，还有卖馒头、包子、锅贴、大饼、馃子和烧饼的商店。早饭经常吃大饼馃子。包子根据季节和食材，加之秘传手法的不同，其配料也有细微变化。包子只有趁热才好吃，还能从里面流出汁。那种令人怀念的味道，至今还无法忘记。”②他甚至还记得烤饼的情况：“烤大饼时，要用半圆形屋顶形状的素陶器做成的东西，上面有直径五毫米的小洞，每个小洞间隔三四厘米。小洞发热，大饼上面就会形成针灸一样烧焦的痕迹。”③

久村千惠子对于天津的饮食，也有满满的回忆。她写道：“我们在中国生活时，厨师给我们做一日三餐。早晨，母亲是咖啡和面包；我们则是面包餐，有西式的面包、火腿、鸡蛋；父亲买来豆浆，撕碎新炸的‘馃子’，放入有咸味的豆浆里，每天都是如此。我们也偶尔吃，觉得非常好吃。天津的豆浆也非常好喝。”④还说他们的小吃就是大饼夹馃子，非常可口。大饼还有厚薄两种，薄的卷起来更好吃。

四、运河形塑天津饮食业

饮食文化的发展，受到诸多因素的影响，是多种因素的合力而成。它“除了依存于社会经济的发展和地域交流、民族交流，还依存于国土开发和生态环境的发展。”彼此之间又互为条件、互相促进。因此，天津饮食文化的发展，也离不开上述这些因素的影响。

天津地处渤海西岸，是子牙河、大清河、永定河、南运河和北运河交汇之地，河多，湾多，还有各种湖、池塘等，水域宽阔，水产极为丰富，河鱼、海鱼、虾、蟹、蚌类，应有尽有，天津人也因此喜欢海鲜、河鲜。周楚良在《竹枝词》中提到：“争似春来新味好，晃虾食过又青虾”。张焘也有诗云：“二月河豚八月蟹，两般也合住

---

① 藤江真文等著、万鲁建编译：《近代天津日侨回忆录》，天津人民出版社，2014 年，第 354 页。
② 藤江真文等著、万鲁建编译：《近代天津日侨回忆录》，天津人民出版社，2014 年，第 463—464 页。
③ 藤江真文等著、万鲁建编译：《近代天津日侨回忆录》，天津人民出版社，2014 年，第 464 页。
④ 藤江真文等著、万鲁建编译：《近代天津日侨回忆录》，天津人民出版社，2014 年，第 502—503 页。

津门”。天津人更有俗语“当当吃海货，不算不会过”，还有“吃鱼吃虾，天津为家”。可以说，天津人对于河海鲜的喜好，既与特殊的地理环境有关，也与运河带来的各类饮食习惯有关。随着大运河沟通南北，“各地风味开始涌入津门，逐步‘津化’，使津菜形成多元的风格，由简便、实惠、质朴的民间本色发展成为以咸鲜为主、酸甜为辅、小辣微麻、复合烹调、风格独特的地方风味流派。”①1935 年的《津门食谱》说：“津门处五河下游，土产最富，举凡羽毛鳞爪之类，可充庖厨而属餍于饕餮者，四时不绝。”②1938 年出版的《天津旅游便览》也曾如此写道：“天津五方杂处，当南北之卫，故南北饮馔，皆有专门烹调之处。”并说：“山东馆为北方固有之品……四川馆之烹调，鲜美可口，美丽为其巨擘。……紫竹林为宁波馆，北安利为广东馆，兼售西餐。小食堂为江南馆，而兼售川菜，皆宜于小吃。”③总之，天津因运河而为南北交汇之地，为了适应来自全国各地民众的需求，各类餐馆和食品应运而生，呈现出百花齐放的局面，并最终形成独具特色的津门饮食文化。天津风味具有代表性的菜肴为八大碗、四大扒、冬令四珍等。八大碗有粗细之分，粗八大碗是熘鱼片、烩虾仁、全家福、桂花鱼骨、烩滑鱼、独面筋、川肉丝、川大丸子、烧肉、松肉等，细八大碗有：炒青虾仁、烩鸡丝、全炖、蛋羹蟹黄、海参丸子、元宝肉、清汤鸡、拆烩鸡、家常烧鲤鱼等。四大扒则是成桌酒席的配套饭菜，有扒整鸡、扒整鸭、扒肘子、扒方肉、扒海参、扒面筋、扒鱼等。冬令四珍则是指铁雀、银鱼、紫蟹、韭黄。天津著名餐馆“八大成”的代表菜，如罾蹦鲤鱼、熘黄鱼扇、炒青虾仁、煎烹大虾、酸沙紫蟹、金钱雀脯、麻栗野鸭等，大都是海产品煎制而成。这无疑与运河有很大的关系。

此外，天津盛产高粱酒，也与运河有着密切的关系。康熙《天津卫志》所载之“接运海粮官王宫董鲁公旧去思碑”中提到：“直沽素无嘉酝，海舟有货东阳之名酒者，有司市以进。”④说明直沽地区作为河运和海运的交汇点，成为漕粮的中转码头，得以通过船运带来别处的好酒。明人作的《直沽棹歌》曰：“天妃庙对直沽

---

① 孙凤芝、李志刚著：《黄河流域餐桌的记忆》，山东人民出版社，2013 年，第 194 页。

② 《津门食谱·上》，1935 年 12 月 27 日《大公报·天津版》第 14 版。

③ 北宁铁路管理局编：《天津旅游便览》，北宁铁路管理局，1937 年，第 13 页。

④ 天津市地方志编修委员会编著：《天津通志·旧志点校卷（上）》，南开大学出版社，1999 年，第 77 页。

开，津鼓连船柳下催；酾酒未终舟子报，柁楼黄碟早飞来。”所描述的乃是漕工抵达直沽后在天妃庙前以酒行祀的风俗。由于有祭祀和消费的需求，漕工便开始取大直沽后街的优质小溪之水，自设烧锅酿酒。“先是自给自足，后是余酒出售。天津酿酒业，自此开创。”①但是在 1884 年以前，天津烧锅业的整体产量每年不超过 2 万担，1900—1917 年天津烧锅业得到飞速发展，1910 年至 1916 年更是天津酿酒业的黄金时期。1916 年达到了 153246 担，折合 1500 多万斤。② 到了 30 年代，天津的烧锅业达到鼎盛时期，1931 年出版的《天津志略》记载：“天津烧锅最盛时，多达 72 家”。③ 从这些烧锅的分布来看，“大量的烧锅其实都分布在运河和海河两岸，是漕运船民的活动地区。”④虽然天津人以饮烧酒为主，“但是在江南风味的饭馆内也可以品尝到南酒，有竹枝词为证：‘消夜钟方一点交，无非蒸饺与汤包。花雕酒佐江南菜，小碗乾丝几片肴’。”⑤由此可见运河对天津酒文化和餐饮业所带来的影响。

天津是一个五方杂处的地方，河海漕运的兴起，又便利了南北往来，使得南北餐饮文化的交流和借鉴成为可能。从菜系的丰富、菜品的多样、饭馆的位置来看，在某种程度上都与运河有关。饮食文化学者许先说：“‘九方杂居’借河海漕运之兴，沟通了南北餐饮文化的交流与借鉴。从津味醋椒鱼、香榭虾扁到杭州的西湖醋鱼和龙井虾仁；从津味的‘八大碗’与津人饭俗到安徽的‘九规十大碗’及扣模蒸食；从津味煎饼馃子、锅巴菜到山东大煎饼；从津味八大扠、翡翠鸭舌到浙鲞闽糟；更有天津灶上的大炒勺顺着大运河飘到了杭城戛然而止……这一切都展现了南北餐饮文化经过长期交流而遗传下来的文化基因血缘。”⑥正是由于大运河南北沟通，使得各地的菜系走向他处成为可能。饮食文化学者高成鸢认为：“运河交通必然带来文化融合。‘天津菜’的形成，肯定融会有淮扬菜的精华，狗

① 赵永强：《津味儿》，生活·读书·新知三联书店，2016 年，第 245 页。
② 张博：《天津老烧锅》，天津教育出版社，2007 年，第 83 页。
③ 宋蕴璞辑：《天津志略》，北京蕴兴商行民国二十年（1931）铅印本。
④ 陈克：《东鳞西爪天津卫》，天津大学出版社，2015 年，第 165—166 页。
⑤ 陈克：《东鳞西爪天津卫》，天津大学出版社，2015 年，第 166 页。
⑥ 许先著：《许先说食》（典藏版），爨香书院编印，2017 年，第 258 页。

不理包子的含有汤汁（高汤），就是有力证明。”①天津市食文化研究会执行会长许先也说：“贯穿祖国南北大地的大运河是一条文化纽带，不但飘出了天津这一方热土，更是给斯地凝聚了一腔灵气。正是这股灵气铸就了天津近代餐饮文化的辉煌历史。”②又说“津派菜的形成得益于大运河的孕育与培养，是祖国南北餐饮文化互相交流借鉴的结果，而新时代餐饮文化的发展，同样也离不开大运河这个文化纽带的串联与凝力。”③学者陈克也说：“有了运河，南方的食品也不断地出现在天津的市场上，如广东、福建出产的海参、鱼翅、燕窝等干制水产品，江南的腐竹、干笋、火腿等特产以及各种调味品，极大地丰富了天津的餐桌。”④因此，他说：“运河不但孕育了天津这座城市，而且给天津人带来了各地的佳肴美味，不论是达官贵人还是贩夫走卒，都能在自己的圈子里共享祖先创造的饮食文化，同时天津人也为中国饮食文化的发展作出了自己的贡献。”⑤

大运河申遗成功以后，各地对大运河的保护利用日益重要，开展大运河研究更是重中之重，运河文化研究亦是重点，但系统性、整体性研究大运河与各地饮食文化的研究成果还不多。天津作为大运河的重要河段，其城市发展又深受大运河的影响，开展大运河与天津饮食文化互动的研究具有重要意义。

未来，我希望探讨运河与天津饮食文化的互动关系，既要探讨运河对天津饮食文化的影响，是如何形成“运河荟萃八方菜”的？各菜系究竟在天津餐饮业当中占据什么样的地位？这就同天津经济社会史、城市生活史等联系起来。同时我也想探讨天津饮食文化又是如何借助运河走向全国的。通过这样的互动研究，我想更能全面认识大运河与天津饮食文化的关系。

（本文作者万鲁建）

---

① 高成鸢著：《饮食之道——中国饮食文化的理路思考》，山东画报出版社，2008 年，第 197 页。
② 许先著：《许先说食》（典藏版），爨香书院编印，2017 年，第 257 页。
③ 许先著：《许先说食》（典藏版），爨香书院编印，2017 年，第 259 页。
④ 陈克著：《东鳞西爪天津卫》，天津大学出版社，2015 年，第 163 页。
⑤ 陈克著：《东鳞西爪天津卫》，天津大学出版社，2015 年，第 166 页。

那时风景那时人：民国文人眼中的西沽赏花

“最是一年春好处，西沽桃花遍地开”。作为天津久负盛名的赏花盛景之一，西沽桃花美景早就成为天津城市文化名片之一，不同时代的天津人和外地人都会在早春三月底四月初争相赶赴西沽赏桃观柳，堪为一时盛事。民国时期的文人雅士亦是如此。

据时人记载，当时的西沽“为津埠唯一之天然公园，桃枝夹道。每届初春，香雪弥漫，游者接踵于途。上为方盛开之桃花，香红满眼，下则络绎途中之游人也，良晨难再，盍兴乎往”①。1930年左右，去西沽的道路可供选择的有两条，一条是水路，“在河北金钢桥下雇一舢板船，如果愿驶往西沽，不过需价六七角钱，可直抵西沽桃林。”一条是陆路“如果愿乘车或步行，可由河北黄纬路一直走了下去，是一条很长的直径，需半小时，即达北洋工学院”②，因为在那时“北洋大学门前修了桥，车便飞了过去，不用再坐船了”。③

一位记者的小文给我们描绘了一幅惬意的运河春游图景：“一行九人都上了船，撑船的是祖孙两个……在船上发起笑话、猜谜、联字的各种游戏，那篙子划水的声音和笑声相答和……北洋大学的钟远远的可以望见，在望远镜中隐约可以瞧见那娇艳的颜色”。④

---

① 浪漫：《西沽寻春记》，《国闻周报》1927年第14期，第60页。

② 《西沽桃花》，《大公报》天津版1935年3月14日，第15版。

③ 《北洋画报》1931第13卷第610期，第2页。

④ 浪漫：《西沽寻春记》，《国闻周报》1927年第14期，第60页。

等到了西沽，“从桃林中穿过去，从近处看，每枝上绽着已放的花瓣，含笑向人，从远处看，一片粉红色的桃云下，点缀着一队队的游人，尤其是日本客人最多。哪里来的雅人，带着一支笛，坐在亭子里按拍吹着，一位四十多岁的先生，一只手捋着胡须，一只手拍着膝盖，正唱着昆曲。”和今天的我们一样，彼时的人也热衷于照相和野餐，“在桃林下互相照了几张相片，才拣了一块比较清静的田间，席地而坐。一切食品刚放上，大家已经伸手去抓，因为我们已经挨饿好久了”。①

而文人雅士相聚，少不了吟诗作对，“西沽距闹市稍远，很有一些诗意。那儿有湾湾的绿水，弓一样的桥，红的桃花，如茵的青草，茅草的屋舍，远远的树林，都是很好的诗料。在这春天，绒一样暖的春天，不用说，诗人们早都寻找他们的诗趣去了”。②

民国时期的文人很多都有深厚的国学底蕴，于是便给我们留下了许多意境深远的优美诗篇。有写实朴素型的，如“鼓鼙声裹报花开，多少游人访艳来。我与桃花无一面，惜花心事倩花猜”；③也有抒情委婉型的，如“红云千树压堤头，诗客寻春悔不早。嫣然含笑惊初逢，人面花光相映红。极目画桥烟柳外，断肠春色小亭东。故园回首春如梦，无端客里将春送”；④也有借景表意型的，如“醉人春色浓于酒，落魄情怀老更狂，回首隽游心未冷，小桃红处遇何郎”；⑤更有长篇以点评时事的，如“桃花岁岁如故春，人生飘转无穷地。昔人种桃多苦辛，今人看桃非昔人。入林花光惊四照，风沙北地弥足珍。况复中原鼓声恶，人生宁厚何为薄。坐期平治须几时，花前永日良非错。花亦如人视时命，穷通荣悴非人令。十年原野自幽芳，一朝车马来相竞。来者如花尽少年，与花比媚花亦怜。岂知栖迟有枯槁，欣时一例春风颠。颠态由人呼老丑，故人相赏无不有。狂吟未许少年听，雄谈肯落高车后。数遍长林婀娜枝，一株浅碧最含痴。无多颜色争倾国，几许风情自怨离。兹日来游春已暮，再游更惜兹游故。去后刘郎定有人，重来崔护知何

① 浪漫：《西沽寻春记》，《国闻周报》1927 年第 14 期，第 60 页。
② 《津门一点春消息》，《大公报》天津版 1935 年 3 月 14 日，第 15 版。
③ 吴儒：《花外歌声》，《大公报》天津版 1927 年 4 月 22 日，第 8 版。
④ 《西沽寻春歌》，《大公报》天津版 1927 年 4 月 14 日，第 8 版。
⑤ 马仲莹：《小詩》，《大公报》天津版 1928 年 4 月 4 日，第 5 版。

处”。①

令人意外的是，还有当时的小学生游记作品，和我们今天的学校教育类似，估计是老师布置的作业，如当时十四岁的罗守彝就写道：“我便在星期六那一天，随着家里的人到了那里，看见许多桃花同北洋大学的校舍，在这幽美的地方玩了些时候，真使我精神愉快极了”。② 当然也除了这些“以文会桃花”的大小文人以外，还有一些醉翁之意不在酒的“不良”文人，“来往的游人，除了赏鉴桃花之外，还顺便赏鉴那游春仕女的新妆”，可谓“人面桃花相映红”，以至于有人撰文评论“近来到西沽看桃花的人多了。固然以超然的态度领略春光的人不是没有，但是大多数还是趁热闹。与其说是鉴赏潋滟的花光，勿宁说是盼盼士女的春妆。这种人从脚底到头顶都是世禄，任什么风雅的地方，只要他先生一光临，便马上大煞风景。所以我为避躲他们，便索性不上西沽。宁负春色，不忍看春色被蹂躏”。③

面对游人如织的大好机会，很多机构组织也纷纷“美景搭台、经济唱戏”，趁机举办各种宣传活动以扩大影响，“日来天气和暖，西沽桃花盛开，北洋大学为引起社会对于工业之兴趣起见，特定今明两日完全开放，招待各界参观，前昨两日赴该校参观者已不少”④。给参观的人们试验各种机器及展示机件标本模型等。

还有一部分学生，为点缀这醉人的风景，给游客更多的调剂，现正筹传开个各国邮票展览会。“他们都是青年集邮家，没有什么稀世珍品给游客看，他们多是穷学生而以集邮为消遣，专为桃堤上增加点缀，给游客点余兴而举办的”。⑤ 另外，除了三四月份的赏桃，在端午节来临时，这里还有泛舟会等活动，如青年会就曾经组织“成立端阳泛舟会，定于本日（十一）下午二时半在青年会齐集，然后登舟赴西沽武库北洋大学校，备有演说、游戏、音乐、唱戏等以助兴趣，并备野餐，参加者出费大洋五角，船饭均内，并欢迎携带眷属同往”。⑥

---

① 念希：《花底歌声》，《大公报》天津版 1927 年 4 月 16 日，第 8 版。
② 罗守彝：《快哉西沽之游》，《大公报》天津版 1928 年 4 月 15 日，第 9 版。
③ 吴绮：《西沽之春》，《大公报》天津版 1929 年 4 月 15 日，第 16 版。
④ 《北洋大学全部开放》，《大公报》天津版 1928 年 4 月 7 日，第 7 版。
⑤ 《春的消息》，《大公报》天津版 1937 年 4 月 1 日，第 13 版。
⑥ 《端节泛舟竞渡》，《大公报》天津版 1929 年 6 月 11 日，第 5 版。

面对处于都市一隅的西沽桃花,民国文人赞美者有之,“西沽的桃花,它的妖艳清隽,惹起了不少文人们的吟咏,也引起不少游览者的鉴赏。这里虽然没有如江南的山清水秀,可是在黄土弥漫的天津里,它亦可以调润人们的忧郁,使人们的精神上,得到不少的安慰”。① 暗讽者有之,“(这是)穷人的享乐,在这些烟气铁锈的大城市,痛苦的穷人阶级,一天到晚和死灰般的社会挣扎,希冀能得到一些生命的享乐,但是这万恶市井的环境,无时不在给穷人以刺激以反抗,压迫终至于走入歧路,自欺着去觅灰色的快乐,来麻醉自己的身心,这是多么可怜的事。啊!春来了,穷人的翻身机会到了,这明媚的春光,这爱人的宇宙,唯有自然界安慰穷人的唯一伴侣,唯有这大自然去结合才能得到生命的真享受”。②

然而无论出于何种心态,西沽桃花给不同历史时期的人们带去了同样的美的享受与快乐,桃花就在那里,所不同的只是每个人的眼光与角度。

(本文作者任吉东,原文发表于《今晚报》2018 年 10 月 1 日,收录时略有删改。)

---

① 王川之:《西沽桃花考》,《大公报》天津版 1935 年 3 月 29 日,第 15 版。

② 心子:《穷人的享乐》《大公报》天津版 1929 年 3 月 13 日,第 16 版。

第三篇　思考与建议篇

关于打造天津运河文化带的建议

"天津是大运河载来的城市",天津城市的形成与发展与大运河息息相关。天津大运河北起武清木厂闸,南至静海九宣闸,流经武清、北辰、河北、红桥、南开、西青和静海7个区县,纵贯天津西部,境内全长195.5千米,以三岔河口为界分为南、北两段,其中三岔河口以北段为北运河,以南段为南运河。大运河至今在天津留有历史遗存216处,代表性文物古迹68处。

一、天津运河开发现状与问题

历届天津市委市政府都高度重视运河遗产的保护和利用。2000年以来,天津市有关部门先后完成了天津大运河三岔河口至三元村及武清城区段、三元村至密云路及西青区杨柳青段、静海杨家园至三里村等河段的疏浚、截污、护岸和两岸市容环境综合整治工作,建成了御河人家等景区。同时为配合京杭大运河申遗,从2009年开始,天津市城市规划行政主管部门会同水务和文物等部门及区县政府,历时近4年,组织编制了《天津境内京杭大运河保护与发展规划》,为天津大运河的保护与开发利用提供了可靠的规划保障。总的来看,天津大运河的保护与开发利用取得了巨大的成绩,但在肯定成绩的同时,还应该清醒地看到,天津大运河的保护与开发利用还存在以下不容忽视的问题。

(一)缺乏统筹管理,地方各自为政

近年来虽然天津市有关各方对大运河保护和开发利用倾注了大量心血,投入了大量财力、物力,但由于没有建立综合开发治理的市级建制的管理机构进行统筹策划,明确各地方的定位和角色,因此各区县和部门往往出于地方需要进行建设,结果导致天津大运河保护与开发利用缺乏整体观、系统性,出现不必要的重复建设。

(二)缺乏文化意识,内容千篇一律

在具体建设中,相关部门通常采用惯用的堤岸硬化、道路平整、增设公园等景观环境建设,无法彰显各地的地区特色,更忽视了对运河珍贵内在历史价值的挖掘,以致降低了天津大运河的历史、文化、艺术、旅游、科学、经济和社会价值。

二、打造运河文化带的建议

(一)创建领导机构,发挥智库功效

由市委相关部门牵头建立以市级领导挂帅的“运河文化带领导小组”,作为统合全市相关的指挥机构,在此基础上联合天津高校科研力量,组建专家团队,设立运河文化研究院作为咨询机构,开展运河文献的收集、整理、研究与利用,建设运河主题图书馆,丰富运河文献典藏。举办专题讲座,加强运河文化网站建设,发行报纸杂志。大力创作运河文化艺术精品,编撰包括集学术研究、普及读物和数据统计等题材多样、体裁丰富、雅俗共赏的系列丛书,为运河文化带建设提供智力支撑。

(二)兴建博物场馆,创建文化景区

在现有博物馆系列的基础上,整合沿岸各地资源,建设国家级运河文化博物馆和盐业、漕运、码头等专业博物馆群,修复和重建运河沿岸历史景点,营造反映从隋唐到清末民初各个时期特点的历朝历代景观建筑,形成展示运河文化风貌的“没有围墙的博物馆”。把天津运河沿岸景区景点、历史文化遗存、生态公园等串珠成链,积极创建4A级景区,打造世界级旅游产品。

(三)开展水系治理,营造休闲空间

水系治理工程是运河文化带中的重中之重。可以通过分段勘测,分段恢复的方式,通过清淤疏浚、控制污染、补水循环等多种方式,进一步改善水环境,并加强堤岸的绿化力度,运河堤岸营造一个在宽度和密度上都具有一定规模的高大乔木林带。在可行的基础上增设画舫、游船等水上娱乐设施和近水平台,增加游客对运河景观的体验方式,满足游客的休闲娱乐需求。

(四)打造节点城镇,突出地域特色

以运河沿岸的重点城区为主,启动码头河埠文化库存普查、挖掘工作,推进运河沿线桥、塔、寺、码头的保护性开发,重点打造各个节点富有传统色彩的地域文化，推出代表性的文化典型和文化人物、文化节庆，以不同特色、各具风情的亮点串联起运河一带的沿岸明珠。

（五）发掘民间骨干，培育文化名片

积极发现和培养民间文化骨干，推出一批在全市乃至全国具有一定影响的本土文化名人，推出一批非遗文化传人、收藏名人、杂技名人、手工名人和艺术名人等具有影响力的运河文化名人作为天津市运河文化的名片。

（六）举办系列活动，搭建互动平台

选择天津地区气候宜人的时机，举办展示天津运河文化和加强运河沿线城市互动交流的“运河文化节”，包括运河文化高端论坛、国际骑游大会、运河美食节、运河龙舟赛、运河垂钓比赛、运河烟花大会等系列主题活动，与运河周边城市与地区轮流主办，促进各地区间的交流合作。

（七）借助运河抓手，实现转型升级

以运河保护工程为抓手，推动相关区域城镇建设的有机更新和产业转型升级，结合文化带建设现代化的商住区域，设立运河生态园区和文化产业园区，使之成为活力无限的“智慧加工厂”。推动运河旅游产品的设计、推广，带动特色街和风情小镇发展，精心设计打造富有运河特色的文化演艺项目，加快形成运河演艺市场。

（八）联通三地水运，打造大运河带

不断拓展加大运河通航长度，与京冀两地进行适度联合，通过生态、人文、历史等多方面符号元素的交融，明确和凸显各河段特色，合力推动京津冀各河段形成一条既多姿多彩又完整连贯的景观带，从而推动京津冀地区生态环境的改善、城市文化品位的提升。

运河造就了天津，也必将会助力天津实现更好的发展，这就需要我们全面提升运河生态、文化、旅游、休闲、商贸和居住功能，努力把运河打造成为具有时代特征、天津特点、运河特色的景观河、文化河、生态河，成为展示天津昨天、今天和明天的世纪“新地标”，成为凸显东方文化韵味特质的申遗“样板段”。

（本文作者任吉东、许哲娜）

关于规划建设天津大运河诗词碑林的建议

天津素有“运河载来的城市”之称,大运河是城市文明和地域文化的重要符号。明清以来的文人墨客创作了大量关于大运河的诗词歌赋,充分展现了优秀传统文化的精髓和天津地域文化特色。在天津大运河文化带建设中需充分挖掘整理这些宝贵资源,丰富大运河文化带的文化内涵,提升大运河文化带的文化品位。

一、诗词歌赋是天津大运河蕴藏最深厚的历史文化资源

天津大运河诗词歌赋很多,归纳起来,大致可以分为如下几类:

一是讴歌大运河漕运壮观景象。大运河是舟楫时代的交通运输通道,古代文人墨客在亲眼目睹大运河漕运的壮观景象后,纷纷赋诗,讴歌运河漕运盛景。如清代天津诗人查曦的《杨柳青舟中》写道“青青杨柳色,十里大河边。岸岸鱼虾市,帆帆米豆船。”描写了小镇杨柳青青、粮船穿梭河中、岸上水产交易繁忙的运河景象。清人英廉的《秋宿杨青驿》中“孤村依长河,客枕依秋圃。知有南船来,烟中闻吴语。”和沈俊的《棹歌》“杨柳桃花三十里,客船都惯唱南腔。”让读者仿佛听到南来漕船中的吴侬软语。黄钊的《舟过杨柳青有作》写道“天津桥南酒初醒,轻帆已抵杨柳青。夕阳未落月已上,市风卷出鱼虾腥。河流之字凡百折,漕船衔尾催严程。”描绘了河道弯曲,漕船首尾相接、徐徐行进的场面。于豹文的一首《天津口号》“西来杨柳茜青青,北去桃花覆野寺。打浆有人频目送,清歌何处不堪听。”描写了人们或在运河之上划桨,或在两岸田地耕耘,伴着歌声劳动、交流情感的场景跃然纸上,栩栩如生。

二是歌颂大运河沿线两岸美丽风光。昔日的大运河沿线风光无限美丽，吸引无数游客赞叹。最值得关注的是康熙皇帝南巡回京时在津留下的诗句："再见桃花，津门红映依然好。回銮才到，疑似两春报。锦缆仙舟，星夜眄辰晓。情飘渺，艳阳时袅，不是垂杨老。"抒发了康熙皇帝回銮途中，复见桃花盛开的欣喜之情。李调元的《杨柳青》"管弦随画舫，曲折逐邮亭。天雨蔚蓝碧，人烟杨柳青。烟深村不辨，雨过市微腥。"描写了运河城镇杨柳青雨后天空碧蓝，景色朦胧，空气中略带腥味的情景。梅宝璐的《竹枝词》"桃花寺外桃花口，杨柳青边杨柳青。七十二沽沽水阔，半飞晴絮半飘萍。"华长卿的《津沽竹枝词》"杨柳青边多杨柳，桃花寺里近桃花。"将天津的几处著名风物景点桃花寺、桃花口、杨柳青都嵌入其间。冯文洵的一首"红桥春水路三叉，兰桨轻摇背晓霞。舟子问将何处去，且停武库看桃花。"描写了坐小舟去武库（今红桥区桃花堤附近）观赏桃花的情景。

三是歌咏大运河沿线居民生活情景。大运河沿线以其便利的交通水利条件吸引了众多人口栖息而居，他们沿河劳作居住，构成一幅幅栩栩如生的生活画卷，成为诗人创作的素材。如崔旭的《咏杨柳青》"满釜鱼羹气味腥，小船偶傍树荫停。侬炊香饭郎沽酒，两岸春风杨柳青！"展现了渔民在劳作之后，小船停在春风习习的树荫下，女主人烹鱼煮饭，男主人买酒佐餐的生活情形，充满诗情画意。高承埏的《杨柳青》"青青杨柳堤边，且系住乌篷小船。荻笋新芽，河豚欲上，拚醉炉前。"将渔民富足的生活描写得更加形象贴切。无名作者的"相迎笑问炊熟未？黍饼银刀共一锅。"则表现了水上人家在船上忙碌烹煮、贴饽饽熬鱼的生动的生活场面。运河边的生活也常常唤起游子的思乡之情，他们以诗表达眷念家乡亲人和故土美食的感情，如徐大镛的"我所思兮杨柳青，近水为居如列屏。河豚河鲤村家饭，十里五里齐扬舲。扑连便是桃花口，一片夕阳红映柳。"表达的正是这种苦恋情思。

四是颂扬大运河畔青年爱情生活。大运河养育了一代又一代炎黄子孙，演绎着许多动人的爱情故事，一些诗词歌赋就是这些爱情故事的真实写照。如杨映昶的《津门竹枝词》："临水人家傍岸居，门前秋水映芙蕖。临流结得千丝网，网得双双比目鱼。"较之这首较为含蓄的诗，史梦兰的一首《天津竹枝词》则更为直白："杨柳青边杨柳青，郎来系马妾扬舲。莫漫回腰学妾舞，也须垂丝牵郎情。"此外,清人吴锡麟的诗作也很感人:“郎去芦台柳又秋,妾家柳口忆卢沟。柳丝若绾郎心住,共守芦花到白头。”这些诗都表达了对爱情的坚贞,至今读来令人为之动容。

二、借鉴国内碑林建设经验,规划建设天津大运河诗词碑林

纵观全国,通过规划建设碑林,挖掘历史资源、传承优秀文化,将文化保护和旅游开发融合的成功经验很多。我市规划建设大运河文化带,需充分吸收这些经验,搞好载体建设。

从碑林的选址看,目前碑林的选址大多与自然或人文景观相融合。如毛泽东诗词碑林和广东韶关梅岭诗词碑林,都建在自然风景优美的山麓,将旅游资源和文化资源有机融合起来,让游人在欣赏自然风景中体验文化,在文化熏陶中品味自然,增加休闲旅游的文化品位,提升文化旅游的自然情趣。

从碑林的主题看,大致按照历史名人、红色革命文化、历史文化遗产和特色题材等进行分类。如四川江油太白碑林和前述的韶山、梅岭诗词碑林属于以历史名人为主题的碑林。重庆歌乐山烈士陵园的步云桥烈士诗文碑林、河北平山西柏坡丰碑林以及四川绵阳平武的红军碑林则属于反映独特的红色革命文化碑林。这些碑林将红色文化与诗词歌赋有机结合起来,形成了新的文化景观。西安碑林、少林寺碑林、河北定州碑林、杭州碑林和宁波天一阁碑林等则属于历史文化遗产。这些碑林有的是收藏我国古代碑石时间最早、数目最大的艺术宝库,有的是融历史、科学和艺术于一体的“石质书库”,都具有很高的文物价值和艺术价值。还有一些其他碑林,如安徽马鞍山当涂县太白碑林,系全国新建碑林中的精品,珍藏了当代100余名著名书法家书写的李白经典诗文,厦门新碑林收录了100幅诗词书法精品,这类题材的碑林小而精、小而专,具有鲜明特色。

从碑林的规划设计看,大都根据时间顺序和内容规划设计若干板块。如韶山毛泽东诗词碑林共划分为五区,前四区按照毛泽东的革命生涯和诗词作品创作年代划分,第五区为纪念性大碑区。太白碑林则根据李白诗风的脉络,分为李白诗精品园、清风明月园、故园山水园、磨针寻梦园和诗仙醉酒园五个部分。这些碑林在建设中,对主题、风格、内容、内涵都进行了充分的创意设计,不仅考虑诗词歌赋自身的文化传承,也把地域文化展示、文旅融合发展、文化资源和自然资源协同保护、文化资源和社会资源的整合利用等多元因素统筹考虑进去，这都为天津规划建设大运河诗词碑林提供了极其宝贵的经验。

三、规划建设天津大运河诗词碑林的几点建议

第一，将天津大运河诗词碑林建设纳入到天津大运河文化带建设规划中。建议由项目选址所在地的区政府作为实施主体，公开征集规划设计方案，并组织专家评审，择优录用，提高大运河诗词碑林规划设计水平。

第二，建议由有关部门牵头，组织文史专家抓紧搜集整理与大运河相关的诗词歌赋，对这些传统文化资源进行挖掘论证，明确不同类型主题体现的地域文化特色和当代文化价值，为天津大运河诗词碑林规划建设提供充足的文化支撑和智力支持。

第三，精心谋划确定天津大运河诗词碑林选址。建议由相关规划和园林设计单位联合论证，确定天津大运河诗词碑林适宜地址。结合天津城市文化发展的历史脉络、城镇演化进程及风土民情，可以将红桥区西沽公园或西青区杨柳青元宝岛等作为参考选址。

第四，合理设计诗词歌赋的几大板块。建议根据诗词歌赋题材，将诗词碑林规划设计为“漕运盛景、两岸风光、运河生活、河畔爱情”四大板块。同时，将诗词碑林与城市雕塑有机结合起来，结合天津地域文化特点，在诗词碑林景区点缀一些城市雕塑，增加诗词碑林的生活气息和艺术氛围，使诗词碑林更加生动活泼，更有吸引力，更具艺术价值。

（本文作者任云兰）

关于筹建大运河国家文化公园(天津段)的建议

近期，中央全面深化改革委员会第九次会议审议通过了《长城、大运河、长征国家文化公园建设方案》，指出建设长城、大运河、长征国家文化公园，对坚定文化自信，彰显中华优秀传统文化的持久影响力、革命文化的强大感召力具有重要意义，这是对大运河文化带建设的又一精心布局与统筹规划。天津作为大运河城市的重要组成部分，应该充分发挥区位优势，借助地方特色，努力推动国家文化公园的落地与建设。

一、大运河国家文化公园（天津段）建设的背景与理念

作为大运河载来的城市，天津境内运河流域北起武清木厂闸，南至静海九宣闸，流经武清、北辰、河北、红桥、南开、西青和静海 7 个区，纵贯天津西部，在天津留下了历史遗存 216 处，代表性文物古迹 68 处，有着雄厚的物质基础和先天条件。同时历届天津市委市政府都高度重视运河遗产的保护和利用，无论是发展规划的编制。领导机构的组建还是流域河道的治理都投入了大量财力、物力，取得了巨大的成绩。因此大运河国家文化公园（天津段）的筹建具有可行性。

同时，大运河国家文化公园（天津段）建设也是一次从宏观层面全方位挖掘天津大运河及其沿线地区的历史文化资源，有效串联起天津大运河沿线线性文化遗产和重新定位建构历史文化景观的绝佳机会，以此为龙头带动整体流域开发提升。而且，通过国家文化大运河的建设，还可以因地制宜地融入多元城市功能，带动各个地区的区域复兴和板块活力的提升，并融合天津市原有的历史、文化、自然和生态等多种资源，进一步打造全域旅游的纵深化、体系化。

二、大运河国家文化公园(天津段)筹建的建议

1. 宏观布局协调,整体规划设计

在天津市大运河文化保护传承利用领导小组的协调领导下,统合全市水利、旅游等相关部门,以运河沿线7区(武清、北辰、河北、红桥、南开、西青和静海)为主体区域,加入与运河紧密相关的减河、引河及海河沿线6区(和平、河西、河东、东丽、津南区、滨海新区)以及蓟运河流域的蓟州区、潮白新河流域的宝坻区、宁河区,构建以大运河为中心、海河水系为辅助的"7+6+3"格局,通过建立全新的规划管理体系、技术标准和操作规范来完善保护与利用的整体性,并通过建立统一的标识系统、游线系统、数字展示系统来强化价值挖掘与彰显的整体性。

2. 划分不同等级,体现区域特色

按照历史遗存、文化资源的级别与规模,规划出若干核心展示园,以及若干集中展示带和特色展示点。在天津运河的关键点位,如静海区九宣闸、西青区石家大院、红桥区三岔河口及武清区筐儿港建立以博物馆、实景园为代表的核心板块,打造出天津段大运河的文化地标。在历史遗址、非遗文化集中的地带建立集中展示带,如静海区陈官屯运河博物馆、河北区问津园、红桥区桃花堤;在具有天津知名品牌的地段设立特色展示点,如特色饮食、重点任务、特色风俗、武术技艺等,从而充分发挥不同地带的区域特色优势,形成点线面相结合的运河文化布局。

3. 创建智库机构,提升文化含量

由市委相关部门牵头,联合天津高校科研力量,组建专家团队,设立运河文化研究中心作为咨询机构。建设运河文史专家、生态管理专家、文化产业专家等专家资源库与基础数据资源平台,开展运河文献的收集、整理、研究与利用,建设运河主题图书馆,丰富运河文献典藏。

同时,大力创作运河文化艺术精品编撰包括集学术研究、普及读物和数据统计等题材多样的系列丛书,为国家大运河文化公园建设提供智力支撑和文化内容,衍生系列文创产品,更好地推动旅游发展和文化建设。

4. 设立发展基金,鼓励多方参与

在政府统筹的基础上,设立大运河文化旅游发展基金,利用文物保护、文化

产业、旅游业、水利、交通运输、环保、生态补偿等各类专项资金,积极争取国家有关专项资金,有条件地吸收民间资本,保证国家文化公园的扶持力度。鼓励企业、社会团体和志愿者队伍等参与政策的制定和执行环节。

可在条件成熟的情况下成立专门的文化公司,作为运河文化公园资源整合的运行主体,构建统一的运营平台和投融资平台,使文化展示和文旅相关产业的投资主体和经营方式日益多元化。

5. 强化区域协作,推动公众共享

加强与沿线省市合作共建,推进生态区域共保、协调输水送水、文旅品牌塑造等工程,更好地发挥大运河连线织网、融汇交流的重要作用,通过生态、人文和历史等多方面符号元素的交融,借势借力开拓运河沿线区域高质量发展新空间,合力推动京津冀各河段形成一条既多姿多彩,又完整连贯的景观带。

同时,秉持公众共享的理念,通过优化功能、完善设施、提升空间品质等规划设计方式增强大运河国家文化公园的公共属性,为公众提供更具亲和力、体验感和教育属性的公共空间,让建设大运河国家文化公园与改善人居环境、增强居民文化自豪感之间形成良好的互动关系。

6. 整合文化资源,打造全域旅游

在充分利用大运河活态文化遗产、建设国家文化公园的基础上,结合天津市其他优秀文化资源,打造以运河传统文化、爱国主义革命文化、水利设施科技文化、博物场馆艺术文化以及山海河湖自然文化为核心,以天津城乡历史遗存、文化名镇名村以及非物质文化遗产为辅助的水陆一体化资源体系,形成时间上有接续、空间上有错落的跨越古今、纵横市内的全域旅游新地图。

同时借助当代媒介手段与体验方式,设立游客参与环节,完善餐饮住宿配套设施,吸引老中青少不同层次受众,融观赏性、教育性、休闲性、养生性和互动性于一体,使天津全域成为乐享历史文化、自然文化的休闲胜地,感受科技文化、艺术文化的教育基地和弘扬红色文化与社会主义先进文化的综合平台。

(本文作者任吉东、刘凤华)

第四篇　心得与游记篇

运河岸边有书市

从中国京杭大运河博物馆出来后，正要过拱宸桥到桥西街时，运河广场的左侧，不经意间看到一间类似报刊亭的小屋子，但并非卖报，而是书屋。我一阵欢喜，毕竟前两站地，尽管书店近在眼前，却未能一逛，很是遗憾。在此忽见此书屋，自然是不愿放过，马上过去一探。初看并没有什么喜欢的书，大都是一些畅销或通俗类书。寻觅良久，竟然在诸多旧书之中发现一本林希先生所著《天津人》，浙江人民出版社 1997 年版。该书为都市人丛书，我之前没有见过。林希先生是著名的津味小说家，写过不少充满天津风情的小说，也出版了不少天津地域文化及民俗方面的书。了解天津，了解天津话，林希先生的书不能不读。通过此书，或许你会看到一个鲜活的天津人形象。继续寻觅，又看到一本浙江省地方志编纂室出版的《浙江在台人物录》，内收浙江籍在台人物 380 人。当然，该书与我没有直接的关系，只不过来到浙江，也应该多少了解一些地方文史。在书架上还发现一本杭州文史丛编第五卷《教育医卫社会卷》，杭州市政协文史委编，杭州出版社 2002 年版。杭州文史丛编共计六册，该书屋只有这一册，而且价格也比较贵，要价 20 元。最后我以 18 元购得。后来我去浙江省图书馆的周末书市，发现这里有该丛编的完整一套，价格则需 200 元。一方面我觉得有点贵，另一方面实在拿不了，只好作罢。该书内容还是比较丰富的，对于了解杭州近代的教育卫生等方面的人和事，颇有帮助，具有一定的史料价值。由于时间紧迫，我没法再细看，只好转身离开。

在桥西街，从晓风书屋出来后，我又看到桥西街路边还有几个书摊，尽管都是二手书市场,但在这样的历史街区,还存有二手书市场,颇令人称奇。我自然是不会放过的,同事们也都在这里为孩子买了一些再版的小人书。我闺女还小,连环画还不能看,只好寻找我自己心仪的书。在一书摊发现一本《书影》,系上海远东出版社2003年版,该书乃是中国新文学作品系列书影,姚志敏、王忠明、张振华、卞强生主编。可惜只有下册,但我还是不忍放弃,收入囊中。内中除了书影外,还配有简单的文字介绍,可以让我们了解一些中国新文学作品的大概。继续寻找,又见一本《史海拾珍》,乃浙江省政协文史资料委员会编,浙江人民出版社2004年版。该书其实是《浙江文史资料》第74辑。看来各地文史资料除了系列书外,也都会出一些专辑,因此搜集起来就会变得困难。作为浙江文史资料,自然多为浙江省地方文史旧闻。譬如关于弘一大师杭州行迹、马一浮先生与故乡先贤的交往等,以及民国奇人张静江轶闻,都值得一读。有发现总是令人高兴的,我便睁大眼睛,继续在书摊寻觅,又得两册王力先生的著作,即《龙虫并雕斋琐语》和《王力汉语散论》,皆为商务印书馆出版。王力先生曾入清华大学国学研究院学习,后赴法国留学,获得巴黎大学文学博士学位。是北大教授,也是中国现代语言学奠基人之一。记得大学时,我们语文课所用教材就是王力老主编之《古代汉语》。我向来语文不好,有过惨痛的经历,无论是中考还是高考,总是在语文卷上丢分,很是让人气短。进入大学以后,大约是有所醒悟,开始努力看书,加强学习,以弥补昔日读书之少。尽管有所长进,然基础太过薄弱,至今写文章,都觉得很啰唆,难以表达内心所想。读书乃一生之事,当继续努力。王力先生的两种著作,正好可以好好补补我的文字课。

2013年5月2日

(本文作者万鲁建)

漫步平江历史文化街区

此次南行苏州、杭州、扬州之地，除了考察运河沿线之城镇的历史变迁，自然还要考察如今在旅游开发热潮的大背景下，各地历史街区的保护与开发情况。当然由于时间紧迫，自然无法遍览，只能选择各地有代表性的历史街区。苏州是一个具有两千余年历史的古城，其历史街区很多。我们只有短短的两天时间，除了座谈外，也只有一天的时间去考察，而到历史街区的时间，就只有半天了，这也是没有办法的事情。因此，很多时候根本无法驻足细观，只能浮光掠影，感受一下各地街区之异同！历史街区的保护和开发，得益于各地政府的重视旅游，但同时也让历史街区具有浓厚的旅游色彩。很多时候充满历史沧桑感的历史街区，成了一个现代包装的假文物，尽管期间也不乏真东西在，但比例的失衡，让很多街区早已面目全非，失去了原有风采。

到苏州，我们所选之地乃是平江历史街区。根据网络资料介绍，平江历史街区位于苏州古城东北隅，是苏州迄今保存最完整、规模最大的历史街区，堪称苏州古城的缩影。如今还基本保持着“水陆并行、河街相邻”双棋盘格局以及“小桥流水、粉墙黛瓦”独特风貌，并积淀了极为丰富的历史遗存和人文景观。其中，有世界文化遗产“耦园”1 处（亚太世界遗产培训与研究中心）、人类口述和非物质文化遗产代表作昆曲展示区“中国昆曲博物馆”1 处、省市级文物古迹 100 多处，城墙、河道、桥梁、街巷、民居、园林、会馆、寺观、古井、古树和牌坊等 100 多处古代城市景观风貌基本保持原样。早在 1986 年国务院批准的苏州市城市总体规划中，平江历史街区就被列为绝对保护区。2002 年以迎接第 28 届世界遗产大会在苏州召开为契机,市委、市政府启动了平江路风貌保护与环境整治先导试验性工程,并邀请历史文化名城保护专家阮仪三领衔编制街区保护整治规划。该整治规划获得一致好评,2005 年荣获联合国教科文组织颁发的亚太地区文化遗产保护奖,并成为中国十大历史文化名街之一,2011 年被批准为国家 4A 级旅游景区。

我们时间有限,只在平江路上漫步,无暇旁及更多地方。狭窄的道路,一边是小河流淌,不时还能看到小船载着游人,悠然而行;另一边则是古建鳞次栉比,颇有昔日之风景。之前,我来江南之地甚少,虽然早有耳闻,但置身其中,仍旧让人颇富想象。尽管无法停留脚步,但我看到指示牌上猫的天空之旅概念书店,很是兴奋。我迈步而入,心情也骤然安静了下来,周边的书架排列着书,沙发环绕其中,咖啡的香气飘荡室内,看到一些游客或伏案读书,或两两轻声细语,真是让人有驻足不愿离去之念。然而也只是心中暗想,脚步却无法停留,因为时不我待啊。我想他日有闲,当独自前来,好好享受这美好时光。小桥、流水,枫叶,一个平江客栈,让我们仿佛又回到了从前。我也尽情观看,确有旧时风景。我想起了天津的五大道风景区,记得也有这样的风景,利用老房子,改建为旅馆,进去参观过,可惜还没有住过。我喜欢这满是历史沧桑感的街区,住在这里的老房子里,去感悟历史,感悟时光。这里没有很多景区的喧嚣,有的是幽静与深邃,并不是游人不多,而是大家都安静地享受这一切,多余的话语,反而会打破历史的寂静!我不知道小资情调是何风情?但在这里,我觉得有这样的感觉,尽管我没有那么的情怀,只想让自己的心安静下来。每家店面,陈设的物品,也都是那么精致,那么让人亲近,你可以不买,只看看也满心喜欢。偶尔会驻足留影,企图融入这街区,希望与她共度美好时光。无论如何不情愿,我们终究还是从这一头走到了那一头,转弯前望,苏州博物馆已至眼前。身后的历史烟云,依然流淌着,那是让更多的人去感叹,去体验!

2013 年 5 月 9 日

(本文作者万鲁建)

行走塘栖水北风情街

塘栖古镇是典型的依靠运河而兴的古镇，是杭州市的水上门户。明清时期更是富甲一方，贵为江南十大名镇之首，后因大运河的衰落而衰败。这些年借着大运河申遗之东风开始进行保护和开发。第一期工程为塘栖水北街，该街原长2500米，现存1386米，街区内除民居外还有油坊、庙宇、染坊等建筑，目前保留比较完好的有乾隆御碑、大纶丝厂、广泰丰米行、仁和木行、同福永酱园及国家储备粮仓旧址、杭州府水利通判厅的遗址等。该街区的历史建筑时间跨度长达500多年，既有明代的广济桥、清代的大宅深院，也有民国初年建造的小洋楼、建国后营建的民宅；其中清代、民国时期建筑沿街有700米左右，建筑面积达15000平方米，2004年被列为杭州市文物保护点。

塘栖古镇水北街比较好地保持了历史原貌，广济桥、乾隆御碑、水北粮站、西姚宅、郭璞井等历史遗存，都得到了妥善保护，还有非物质文化遗产传承人在此开讲"杭州评话"。工程重点是打造小吃一条街。游走于此，于品尝美食之余，让人有重回历史之感。

考察之际，我曾走进一条小胡同，发现一位老者在售卖自己的著作。我上前查看，发现是一本描写塘栖古镇的书，书名即为《古镇塘栖》，作者吴茂林，也就是面前的这位老者。该书2008年8月由浙江人民美术出版社，2012年6月又第2次印刷，可见还是颇受欢迎的。翻看书中内容，多为旧时塘栖的风俗人情、历史遗址等介绍，对于了解塘栖古镇很有帮助。于是，我买了一本，并请作者题名留念。据作者介绍，此书曾引起当地政府部门的关注，浙江省委书记、省长也曾向他索书，并签名留念！让我深感南方文化底蕴之深厚。这里有一家塘栖茶馆，可以吃饭，也是书场，可以欣赏杭州评话。为了感受当地特色文化，我们特意进去听了听，正好是杭州评话优秀演员、著名平话艺术家吴耀祥先生在播讲《再续小五义》。尽管只能听懂一半，但感觉还是不错的。这个评话表演，每天下午一点至三点两个小时，附近很多老人都专门过来喝茶聆听，这已经成为他们日常生活的一部分。

2013 年 6 月 12 日

（本文作者万鲁建）

淮安韩信故里行

此次考察仍旧是运河沿岸的城镇为主，我们上午 10 点从天津南站出发，乘坐动车先到徐州，然后再乘坐汽车前往淮安。我们从天津出发时，雨就没有停下，我们到达徐州时大约 12 点半左右，由于车站位于郊区，并没有可以吃饭的地方，因此我们便在转乘的火车站简单吃点面。从徐州至淮安的汽车要三个小时，我们只好以打扑克消遣。大约 5 点钟到达淮安，尽管此前大雨倾盆，但是我们下车后，已经雨过天晴。有朋友来接，我们很快去宾馆，办好入住后，我们便去吃饭。朋友招待我们淮扬菜，很有特色。边吃边聊，很是尽兴。回宾馆时，顺道去清江大闸看了看，还是很美的。虽然很多建筑是复建的，但是有一个桥是旧的，就已足够。回到宾馆大约 10 点钟，便先记下这些文字，免得自己忘了，也算是一个日记吧！

此次去淮安，最重要的目的当然还是考察运河遗址，以及在大运河后申遗时代应该如何保护和利用。在淮安博物馆一位考古专家的带领下，我们还参观了几个地方。淮安市淮阴区作为西汉淮阴侯韩信的故里，自然还有一些历史遗存，然而由于时代久远，究竟留下多少，颇令人存疑。如今各地都借历史而开发旅游，各地的名人效应是必须利用的。因此作为西汉名人韩信的故里，淮阴也是如此。韩侯故里园，我们没有进去。不过倒是去看了韩母墓和漂母墓。这可都是对韩信有养育和救助之恩的人。不过现在的墓究竟是真是假，只可意会不可言传。韩母墓位于公路旁的田地里，周围也还有一些当地人的坟墓。我们 13 日前去探寻的时候，旁边正有一些人在烧纸。尹老师一边给我们介绍情况，一边说起当年挖掘的往事，可惜我时断时续地听，不能完全了解其来龙去脉。我认为恐怕所谓韩母墓，多半是靠不住的，或许是别的墓，为了旅游开发所需而名为韩母墓。不过从现状来看，似乎也并没有多少可开发的价值。

从韩母墓离开，我们又驱车前往另一处与韩信有关的地方，那就是漂母墓。漂母墓位于淮阴县码头镇东约三华里处，俗称泰山墩。据说韩信少年时胸怀大志，但因穷困潦倒，寄人篱下，生活很惨。而他又整天不事农活，光想着干大事，因此天天浪荡，犹如今日之不良少年，故经常吃不上饭。有一次他去钓鱼，午饭又找不到吃饭的地方了。正好此时河边有一些老年妇女在漂洗棉絮，看见韩信饥饿难耐的样子，就把自己的饭菜拿出来给韩信吃，这样一直让他吃了十几天。韩信非常感激，发誓以后一定要报答这位老人的大恩。老人听了这话后，生气地说："大丈夫不能自己养活自己，我是可怜你才给你饭吃，根本没有指望你来报答。"这位老妇人就是漂母，称其漂母，是因为其身世姓名无法考证。后来韩信便随刘邦建立霸业，获得不世之功勋，衣锦还乡，准备报答老人之恩情。然漂母已经去世了，为感激她那份恩情，韩信命部下 40 万将士每人捧一捧土积而成冢。当然现在的漂母之墓，究竟是否当初之墓，已很难考证。据考古专家称，现在的墓很可能是一座战国墓。

2015 年 4 月 22 日

（本文作者万鲁建）

大运河淮北段考察记

2015 年 4 月 12 日—17 日，我和历史研究所副研究员张献忠等一行四人再次出发，继续前两次的京杭大运河沿岸城镇的考察。此次考察的运河河段是从淮安开始，然后北上至枣庄、微山湖和济宁，行程六天。在淮安，我们与淮阴师范学院运河研究中心的老师们举行座谈，并在他们和淮安博物馆老师的陪同和引导下，考察了京杭大运河江苏段的重要遗址，如惠济祠遗址、通济闸遗址、清口枢纽遗址以及原江南河道总督署等地。此外我们还参观了依托历史遗址开发建设的河下古镇和淮安区古城墙遗址公园等处。

从淮安北上，我们进入山东境内的枣庄。在这里我们得到枣庄广播电视局、港航局等部门同志的热情帮助，不仅与枣庄运河研究中心的研究人员进行了交流，并实地参观了新挖掘的运河枣庄段的通航情况。与此同时，台儿庄还充分利用古运河遗址，开发建设了台儿庄古城，尽管城内多为新建的仿古建筑，但是古色古香，颇有昔日繁华之景。城内的众多博物馆成为一大亮点，且展品颇为丰富，很值得一看。由于时间仓促，未能细看，但是台儿庄古城的开发利用无疑是成功的，也是值得我们学习的。而后我们还参观了位于苏鲁边界结合部的微山湖。它是北方最大的淡水湖，京杭大运河穿湖而过。尽管如今湖泊面积缩减了很多，但是仍能依稀看到当年运河与湖泊交汇的情景。

从枣庄北上，到达此次考察的最后一站——济宁。我们在济宁市港航局同志的陪同下，首先参观了济宁市博物馆，大致了解了大运河济宁段的历史与现状。而后我们前往位于汶上县的京杭大运河南旺分水枢纽遗址公园和博物馆。

这里既是南北交汇之地,又是昔日技术含量最高的运河工程,让人感叹古人的高超智慧。考察组实地考察了正在建设中的船闸,这是为了解决南水北调工程所带来的影响。最后我们参观了市内已经废弃的古运河,据陪同的同志介绍,这里正准备进行开发建设成为旅游带。

尽管时间短暂,但是经过将近一周的考察,考察组收获颇丰。不仅得到了大量一手资料,更亲身感受到了古运河带给沿岸城市的深远影响。

2015 年 6 月 3 日

(本文作者万鲁建)

沧州文庙相遇书

很早知道沧州，是因为铁狮子，但我至今一次都未去过。不过机会还是来了，这次我们考察河北，最后一站就是沧州，终于可以亲眼看一看沧州的历史与现状了。虽然我们在沧州的时间很短，只有一天的时间，因此很多地方无法细看。但为了了解沧州大运河的基本情况，我们在沧州市图书馆与当地几位研究沧州地方史和大运河的专家学者举行了座谈，下午在当地学者的带领下，我们考察了大运河的几处遗址，实际上真正的遗存并不多，有一处国家重点文保单位即捷地闸，但并没有看到多少真正的历史遗存，有一个乾隆年间的石碑，也因为此前长期保存在一家农户家中，据当地学者介绍说，京杭大运河申遗成功后，地方政府想将这块碑移至捷地闸，保护起来。但该户居民不同意，说我们保存了这么长时间了，凭什么你们说搬就搬呀。结果，便形成了现在的局面。看到该户墙壁上还写着“文物保护重地，闲人不得入内”，颇有些讽刺意味。

我们下午参观了沧州市文庙。既然是文庙，周边自然还是有些文化气息的。和各地差不多，文庙周边也有一个古玩市场。陪同我们参观的沧州师范学院的于老师说咱们先逛一逛古玩市场吧，看能否淘到宝。于是，我们便去古玩市场看一看，或许不是周末，也或许是下午的缘故吧，实际上市场里并没有多少摊位，不过就在入口处不远，却发现了一个书摊，摊主是一位看上去应该至少古稀之年的老先生。摊上摆放着不少旧书，有些总感觉是盗版书，也有一些沧州地方文史类的书。我正在翻看的时候，听到一个同事说这里有《良友》杂志呢。我马上起身查看，果然看到三大册合订本的《良友》，品相还算可以，不过是影印版。我问摊主这是从哪里收来的,他说不清楚,也不太了解该杂志的价值。我问价格,他说120 元。我说这是影印版,而且品相也不太好了,100 元如何?最后以 100 元购得这三大册合订本,每册有 6—10 期不等,总计 20 余期。时间跨度也比较大,但都是 20 世纪 30 年代出版的。当时随手一翻,就发现了一则有关天津的史料,还有天津日人越界的照片。对于《良友》画报,大家都比较熟悉了。它是一份大型综合画报,1926 年创刊于上海,创办者是伍连德先生。初办就大获成功,深受读者喜欢,其中主编梁得所发挥了巨大作用。但后来梁因与伍理念不合而离开。《良友》也历经波折,几度停刊,1984 年又复刊继续发行。

考察结束后,我们再一次前往沧州市图书馆,不为别的,就为购买有关大运河的相关书籍,我自然也不能放过这样的机会。沧州市图书馆本身设有地方文献专藏室,内中收藏有大量沧州地方史料,也有很多当代人编辑出版的文史读物。由于所内选购了有关沧州大运河的书籍,我自己便选了一些沧州市地方文史资料。其中有两本是《肃宁文史》,也就是沧州市肃宁县文史资料,其内容设定和我们大部分的文史资料差不多,有人物春秋、地方抗战历史以及民风民俗。譬如有一篇文章是讲冯国璋的家庭主教王文玑,还有贺龙在肃宁的情况,日寇在肃宁的暴行等事。另两册则是有关沧州市地方党史的资料集。一本是《中共河间地方史(1926—1949)》,可以了解中共建国前在河间的发展过程。另一本则是《津南星火》,是沧州地委党史研究室编的。初看,我还以为是天津市津南区文史资料呢。实际上这里的津南地区是指天津以南,黄河以北,以津浦铁路为轴线,以沧州为中心,西达河间、献县和肃宁,东至渤海,包括今沧州地区绝大部分县市和沧州市,以及衡水地区和山东德州、惠民地区的部分县市。可以说是冀鲁交界一带地区。该辑主要反映的是共产党在创建时期、第一、二次国内革命战争时期津南地区党的革命斗争。对于我们了解当时沧州地区的革命活动、工人运动等情况有帮助。最后一本是石占坡主编《光明戏院话今昔》。光明戏院位于河间县古城红牌楼街,先后成为“河北省重点文物保护单位”和“全国重点文物保护单位”。光明戏院始建于 1934 年,至今也不过八十余年的历史,却能成为全国文保单位,说明该戏院还是很有价值的。主要是该戏院见证了很多历史事件,河间党政军民曾在这里举行庆祝抗战胜利的盛大集会,1947 年朱德总司令也曾在这里观看过冀中京剧实验团的演出，河间县首届人民代表大会也是在这里召开的。当然作为戏院，早期很多演员都曾在这里登台演出，如银达子、桂三宝、花桂荣和新凤霞等人。当然，之所以购买该书，还因为对书中的几篇文章比较感兴趣，如《华世奎其人》《孙犁在河间戏院看戏》等文章。文史资料等书由于都是内部资料，没有定价，都按照10元一本给我的，此外两本则是打了九折。

虽然一路行来，没有时间去逛书店，但仅有的两次购书，却有了不小的收获，也算是繁忙的考察途中的一点乐趣吧。

2018年8月29日

（本文作者万鲁建）

知行合一

——行走在大运河畔的杨柳青

2018 年 8 月 30 日,虽然已近秋日,暑气仍未退去,天气依然炎热。课题组成员一行按照事前安排,一早前往西青区就大运河历史文化遗产资源进行调研。本次调研得到了西青区委宣传部暨西青区新闻中心相关负责人的热情接待。

首先,调研组成员在西青区新闻中心大演播厅观看了西青区新闻中心录制的西青区寻根大运河活动电视汇报片。大演播厅充满了杨柳青地域文化氛围,四周墙上挂满了喜庆吉祥的大幅杨柳青年画。首先,新闻中心主任杨鸣起介绍了活动缘起和过程,随后大家认真观看了《大运河 母亲河——“寻根大运河”活动综述》。整个精选电视片长达一个小时,大家仔细观看,认真倾听,并做了笔记。

之后,一行人在杨鸣起主任和西青区运河文化研究学者宫桂桐、冯立老师的带领下,考察了西青区运河遗存现状和保护情况,并实地参观了杨柳青的老城遗址、大院群落等运河文化遗存。杨柳青古镇在城市化浪潮的冲击下,正在进行旧城改造,所到之处,一些历史文化遗存或已夷为平地,或已拆除房顶,只剩房屋框架。尚未拆除的,除了一些非常重大的历史事件旧址如平津战役天津前线指挥部遗址等以及一些民居外,屹立在暑热中的房屋已不多见。大大的拆字,似乎昭示着一个新城的崛起和老城的消失。

最后,一行人来到了杨柳青年画的代表画店古一张画店进行调研。古一张画店坐落在一个小区的边缘地带,掩映在一片绿树丛中,是杨柳青木版年画国家级非遗传承人霍庆有的工作坊。这是一座四层小楼的一部分，既是霍先生的工作坊，也是霍先生收藏木版、年画和工具的博物馆，命名为“霍庆有年画博物馆”。不巧的是，霍庆有先生正好有事外出，其儿媳带我们参观了年画博物馆，并向我们介绍了博物馆收藏的特色年画、稀有木版和陈列的工具。由于她在学校代课教授杨柳青年画的绘画技巧，口齿清晰，对家藏的藏品也非常熟悉，所以介绍得非常详细。加之原杨柳青博物馆馆长宫桂桐先生的补充，大家获益匪浅，对杨柳青年画有了初步了解和感性认识。

下一步课题组计划对杨柳青木版年画国家级非遗传承人霍庆有先生进行访谈，请他介绍杨柳青木版年画的传承发展情况，并进一步了解西青区其他运河历史文化资源，如与运河相关的古村落和华侨城文旅地产项目等。通过今天的实地调研，课题组成员对完成项目充满信心，我们一致认为，社会科学研究者走出书斋，走向田间地头，走近民间，使我们的科研成果为社会服务，是我们义不容辞的责任和义务。

（《深入挖掘历史文化遗产资源 促进西青区大运河文化带建设》课题组，熊亚平执笔）

国家级非物质文化遗产杨柳青年画传承人霍庆有的“年画人生”

杨柳青年画是天津市的文化名片,也是大运河文化带建设的重要元素之一。在2018年8月30日下午前往杨柳青进行关于大运河历史文化资源的调查研究活动时,我们就曾慕名来到古一张画店参观,这里是国家级非物质文化遗产杨柳青木版年画传承人之一的霍庆有先生的工作坊。但当时恰逢霍先生外出,未能谋面,课题组一行人颇感遗憾。当得知霍先生9月12日前后在家时,我们便提前和他约定12日上午在西青区文广局进行一次采访和座谈,以了解霍先生的“年画故事”。

当天上午9时40分左右,当我们课题组一行人驱车来到目的地时,霍先生等人已在那里等候。于是围绕杨柳青年画而进行的座谈随即展开。在一个多小时的时间里,霍先生将关于杨柳青年画的故事娓娓道来,如数家珍,其中他对祖辈年画事业的传承、对杨柳青木版年画传统工艺的坚守和对杨柳青木版年画未来的思考,给我们课题组成员留下了极为深刻的印象。

一、继承祖辈的年画事业

杨柳青年画(全称杨柳青木版年画)是与苏州桃花坞年画、河北省武强年画、山东省潍坊年画等齐名的民间木版年画之一,是天津市的城市文化名片,也是大运河文化带建设中不可忽视的重要元素之一。杨柳青年画产生于明朝崇祯年间,历经明末、清代、民国和新中国成立以来几个时期的曲折发展,形成了独特风格,并于2006年5月20日被国务院列入第一批国家级非物质文化遗产名录。

在杨柳青年画的传承人中，霍庆有颇具代表性。他于 1952 年出生于天津市杨柳青镇，自幼年时起，便得到父亲霍玉堂的亲传，掌握了杨柳青木版年画全部制作工艺和技术，“成为天津一带唯一的勾、刻、刷、画、裱‘五项全能’的杨柳青年画艺人和杨柳青年画世家的第六代传承人之一。

在座谈中，霍先生首先给我们讲述了他的家族对杨柳青年画事业的继承和发展。据他讲，杨柳青年画在清朝末年还比较兴盛。其后在诸多因素的影响下开始走向衰落。到新中国成立初期，可以说已经尚存一息了。他特别提到，当时国家文化部拟将杨柳青年画列为保护项目，派人到杨柳青进行实地考察。因杨柳青车站离西街较近，来人便首先来到西街进行查访，但一无所获，没有发现有人在制作杨柳青年画。后来就在他要失望而归的时候，有人告诉他说东街可能还有一家在做杨柳青年画。来人经过一番查找，终于找到了霍庆有父亲的画店，发现还有 3 个人在制作年画。于是在资金、场地等方面给予支持，并试图通过成立互助组、合作社等形式促进杨柳青年画的发展。

在讲述程中，霍先生对国家当时曾给予 500 元资助和特批场地等事记忆非常深刻，感激之情溢于言表。令人感到欣喜的是，自 20 世纪 80 年代以来，霍庆有先生及其家人继承了其父亲的志向，使得曾经近乎绝迹的杨柳青年画又得以复苏。这其中既有霍庆有的儿子、儿媳和孙女等人，又有霍庆有哥哥的家人。这种祖辈相传，从一定程度上保证了杨柳青木版年画能够后继有人。

二、坚守杨柳青年画的传统工艺

正如前面已经提到，杨柳青年画的制作工艺和技术，包括勾、刻、刷、画、裱等五项，其中每一项都需要相关工具和原材料作为保障。从霍先生的讲述中，我们了解到了不少关于刻刀制作、木材搜寻、颜料购置以及旧版的搜集等方面的故事。

关于刻刀制作，霍先生特别提到，他所用的刻刀，都是自己亲手制作的。这些刻刀可谓制作精良。他给我们举了一个例子，说有次开会跟一个韩国人交流，得知在韩国也有人制作杨柳青年画，但其刻刀及使用方法，类似中国人使用凿子，显得十分笨拙。当说到这里时，我们看到霍先生的脸上，露出了自豪的笑容。

关于木材搜集，霍先生告诉我们，杨柳青年画制版用的木材，以杜梨木为佳。这种木材在杨柳青当地并无出产，而是需要到山东、河北一带搜寻，不仅需要花费大量的时间和精力,而且需要厚实的经济基础。但为了保证传统工艺的传承,霍先生从未想过用其他木材来代替,而是一如既往地坚持自费外出搜寻可用的珍贵木材。

关于颜料购置,霍先生介绍说,杨柳青年画所用颜料以矿物颜料为佳。与之相比,化学颜料并非好的选择。有时候为购得上好的矿物颜料,他不得不辗转于国内外诸多地方搜寻,所耗费的人力、物力和财力可想而知。

对于坚守杨柳青年画的传统工艺而言,旧版的搜集是十分重要的一环。霍先生告诉我们,他每年都要花费一定的时间到国内各地搜集杨柳青年画的旧版。有两个小故事,颇能说明旧版搜集的不易。有一次,霍先生发现了一个不错的旧版,但卖家坚持要 1100 元,霍先生当时身上只有 1000 元,还差 100 元,因此使得购版之事大费周折。还有一次,霍先生听说某一人家旧屋里有一个极为罕见的杨柳青年画的旧版,于是急忙赶去,但仍然晚到了一步,那个旧版已经遭到了破坏。说到这里,霍先生的脸上露出了极度遗憾的神情。使我们这些听众无不为之动容。

从霍先生的讲述中,我们深刻地感受到,杨柳青年画的传统工艺之所以能够得到传承,正是由于有霍先生这样的年画艺人的坚守。

三、对杨柳青年画未来的思考

在给我们讲述自己从事杨柳青木版年画制作的一个个感人至深的小故事的同时,霍先生还穿插了一些自己关于杨柳青年画未来的思考。这些思考既是其故事不可缺少的组成部分,也有助于我们进一步思考如何更好地保护和传承杨柳青年画这一重要非物质文化遗产。

首先,霍先生认为,政府相关部门应给杨柳青年画以必要的扶持,但这种扶持,不应仅仅以提升政绩和经济利益为考量,造成一哄而上申请非物质文化遗产的局面。这样将会无谓地耗费传承人大量的时间和精力,从而对杨柳青年画的制作产生干扰,而非帮助。

其次,霍先生认为,政府应酌情减轻杨柳青年画的税负。他指出,由于受到成本更低的非传统工艺的年画的竞争,传统木版年画在市场上已无多少竞争优势,能获得的经济利益也比较有限。若政府能在税负方面采取一些可行的措施,对杨柳青木版年画的传承与发展，将是一大利好。

再次，霍先生强调，杨柳青木版年画的传承，必须要注重人才的培养。他坦言，由于杨柳青年画的传统制作工艺的学习不仅需要一定的基础和禀赋，而且需要长时间的坚持。因此年青一代能够持之以恒进行学习的人已不多见。即便有一些人能够坚持到学有所成，但因为待遇较低而纷纷中断学习。因此，如何培养年青一代学习制作杨柳青木版年画的传统工艺，发现和培养传承人，是杨柳青木版年画能否得到传承和发展的关键环节。

第四，霍先生还提到，杨柳青木版年画的制作，需要一定的场地用于存储旧版和原料等，也希望能够得到有关方面的支持。

最后，霍先生也希望，社会各界，尤其是学术界应给予杨柳青年画必要的支持。

他强调，有了各方面的支持和传承人的不断努力，杨柳青木版年画的传承和发展，一定会大有希望。

通过倾听霍庆有先生一个多小时的讲述，我们不仅了解了他的“年画人生”，而且听到了杨柳青木版年画背后诸多鲜为人知的故事，同时也清醒地认识到，促进杨柳青木版年画的传承和发展，仍有很长的路要走，仍然需要社会各界的关注和努力。在大运河文化带建设中，应重视像杨柳青木版年画这样的传统文化遗产，注意挖掘这些传统文化遗产的时代价值，将这些传统文化遗产与新时代文化创意产业结合起来，创新文化发展理念，促进城市文化的发展与繁荣。

（《深入挖掘历史文化遗产资源 促进西青区大运河文化带建设》课题组，熊亚平执笔）

从杨柳青年画到“黄大发”故乡的旧事新闻

2018 年 9 月 12 日,课题组成员一行人再次驱车前往西青区进行关于大运河历史文化遗产资源的调研。依照事先的计划安排,此次调研分两步进行,即上午在西青区文广局与国家非物质文化遗产杨柳青木版年画传承人霍庆有进行座谈交流,了解关于杨柳青年画的发展历史、制作技艺与现状,下午赴中北镇华侨城美亚创意文化园进行参观和考察。

上午 9 时 40 分,我们抵达位于杨柳青的西青区文广局,霍庆有先生及西青区相关部门领导已经先期抵达。大家落座后,首先由西青区文广局负责文化产业的胡科长介绍了西青区文化产业的一些情况。然后由课题组负责人任云兰研究员介绍课题组此行的主要目的和任务。接着由霍庆有先生及其家人介绍了关于自己从事杨柳青木版年画制作的情况。

霍先生的介绍,主要包括以下三个方面:

首先是关于其父辈和自己从事杨柳青年画制作的情况。主要通过对杨柳青年画在建国初期被文化部拟列为保护项目,在国家有关方面的帮助下恢复生产并有所发展的情况,以及 20 世纪 80 年代以来,霍庆有先生及其家人传承了其父亲的手艺,使得曾经近乎绝迹的杨柳青年画又得以复苏的事迹。

其次是关于杨柳青木版年画的制作工艺,如关于刻刀的制作、木材的搜寻、颜料的购置和旧版的搜集等。尤其是霍庆有先生讲述的关于旧版搜集过程中所耗费的大量人力、物力、财力及其中的酸甜苦辣的故事,给我们留下了极为深刻的印象。尤其是当听到霍庆有先生亲自制作刻刀,亲赴全国各地搜寻珍贵木材和购置矿物颜料,辗转于国内外求购旧版时,我们对其坚守传统工艺的敬佩之情油然而生。

第三是关于杨柳青年画未来的思考，他认为，政府相关部门应给杨柳青年画以必要的扶持，但这种扶持，不应仅仅以提升政绩和经济利益为考量，造成一哄而上申请非物质文化遗产的局面；政府应酌情减轻杨柳青年画的税负；杨柳青木版年画的传承，必须要注重人才的培养；杨柳青木版年画的制作，需要一定的场地用于存储旧版、制作原料等。以上种种，希望能够得到有关方面的支持；希望社会各界，尤其是学术界应给予杨柳青年画必要的支持。

最后，霍先生强调，自己坚信，在传承人的努力和政府相关部门和社会各界的帮助下，杨柳青年画一定会有一个美好的未来。

下午 2 点左右，我们课题组一行人又驱车来到中北镇华侨城美亚创意文化园进行调研。这里曾是天津“黄大发”汽车的生产基地，现在已经成功进行了改造。

除了围绕生产基地原有房屋进行考察外。我们一行人还进入旁边的展览馆进行了参观。进入展馆，首先映入眼帘的是一个大屏幕。大屏幕上正在播放的是大运河沿线重要文化遗存的鸟瞰画面，其中包括天津段运河的几处遗存。画面优美，动感十足，使人们能够在短时期内领略到大运河沿线优美的自然景观和丰富的文化资源。

在展馆中，我们还看到了由该公司所属的大运河文化研习社编印的宣传册。其中刊载了他们近年来在大运河历史文化遗产资源研究和宣传方面所做的主要工作，如举办相关的研讨会等等。他们将大运河历史文化元素与现代创意文化有机结合起来，既宣传了大运河文化，又促进了相关产业的发展。

在参观将要结束之际，我们又遇到了该公司市场部的负责人，当他得知我们的身份和此行的目的时，与我们进行了交流，表现出了希望能够进行合作的意愿，课题组成员也予以积极回应。

通过上午和下午两个半天的座谈和参观考察，我们对西青区的大运河历史文化遗产资源又有了更深刻的认识。

（《深入挖掘历史文化遗产资源 促进西青区大运河文化带建设》课题组，熊亚平执笔）

杨柳青又添文化景观

——杨柳青民俗文化馆

2018 年 11 月 1 日,秋末冬初之际,天气晴好。课题组成员听闻杨柳青民俗文化馆于近期落成开张,于是前往参观调研。

2018 年,西青区政府以杨柳青古镇游客服务中心为基础,建立了杨柳青民俗文化馆,并于 10 月 26 日向社会开放。该馆总建筑面积 4100 多平方米,位于游客服务中心,共有 4 层,馆内藏品、展品千余件。它科学设置展区,既向游客展示杨柳青厚重的历史文化,又寓教于乐,使观众亲身体验传统文化。首层为接待大厅兼 DIY 互动体验区、手工制作训练区、文创产品售卖区及咖啡水吧,设置了大屏幕电视,向观众介绍杨柳青的历史地理、民风民俗、旅游亮点、发展现状。二层为民俗文化内容,向观众展示了杨柳青的婚丧嫁娶民俗、商业习俗、民居习俗等。三层展示杨柳青年画及其他非物质文化遗产如剪纸、风筝、砖雕、石雕。四层展示了杨柳青赶大营文化。在这里,各种岁时节令、人生礼仪、建筑民俗、戏曲艺术、非遗传承、老物件、老故事和老习俗既让本地人追忆历史、寻根,又使外地游客深入了解杨柳青。杨柳青突出的年画文化、大院文化、民俗文化、运河文化以及赶大营文化得到了传播和宣传。

杨柳青民俗文化馆的开张,标志着西青区对文化事业的重视,进一步提升了杨柳青古镇的文化魅力,是大运河文化带建设的有力举措。

下午,课题组一行又专程赴辛口镇小沙窝村,参观了沙窝萝卜生产基地,并就沙窝萝卜的历史与生产现状与农民朋友进行了交流。今年沙窝萝卜长势旺盛,陆地萝卜已逐渐上市,绿油油的煞是喜人。

(《深入挖掘历史文化遗产资源 促进西青区大运河文化带建设》课题组,任云兰执笔)

运河装扮园林风貌

历史上的运河曾美如画卷。既有码头渡口的帆樯云集,繁华喧嚣,也有水上人家的夕阳唱晚,渔灯蟹火,更有园林名胜的曲径通幽,风流蕴藉。

历史上的运河曾灿若华章。既有舟楫穿梭、川流不息的繁华景象,如繁弦急管奏响浪花拍岸的壮阔音律,也有园林如舒缓恬淡的片段,抒写“大隐隐于市”的闲适心境,用幽静闲适的灵魂气质,为运河装点出另一种雍容深邃之美。《天津历史名园》考证出的许多园林恰好就坐落在运河两岸,为读者重新寻回了这些珍贵的记忆。

运河水悠悠,波心倒映或经历过多少园林的春华秋实,风花雪月。翻开《天津历史名园》,每一个悦耳动听的名字都留下了一段云蒸霞蔚、美轮美奂的记忆。问莲浦“荷芰弥漫渠……风露生香”,让荡舟览胜者“尘襟为之一涤”。浣花村的“疏窗残雪”和“小苑梅花”时时勾起诗人对旧游的思忆。艳雪楼留下了才女赵艳雪“楼头艳雪莹于玉,每课新诗到日西”的传奇,似乎依然回荡着她掷地有声的铿锵吟咏:“美人自古如名将,不许人间见白头。”

运河水脉脉,把江南水乡缱绻的柔情带到了苍莽坚实的华北大地上。园林便是江南的似水柔情与北国的大地飞歌交融酿就的真实梦境。在这里,北方文人在“三分芦花七分水”的乡土景观之外,第一次邂逅了“惹烟笼月影檀案,无数秋光上修竹”的曼妙风光,领略了“幽兰夕萎芸书阁楼,缺月秋寒残梦楼”的风雅意境。在这里,南方文人在“柳荫满地夕阳晚,一幅春郊牧马图”的雄浑之外,再度重温了“二分修竹三分水”的秀丽,回味了“烧笋斗春盘”的谐趣。

运河水浩浩，在运河涛声中拔地而起的园林也在人们所熟悉的小桥流水之美以外，开辟了另一重波澜壮阔之美。环水楼，篆水楼，登上这一座座高峻的楼台，仰望是宁静皎洁的秋月，俯视是奔腾澎湃的怒涛，远眺是空蒙依稀的大海，收获的是“河通大海声弥壮，人上层楼眼愈空”的豁达。

运河水润物无声，为天津灌溉滋养出四季分明的风景，精雕细琢的亭台楼阁就是季节之美轮番展演的舞台。每一座园林都借助天时地利，在不同时节各放异彩，把这座城市一年中的每一天都点缀得更加充实而快乐。春有浣花村的“门前杨柳万行斜”，宜亭的“堤上青青柳万行”，杨柳依依，透过镂空的花窗，在粉墙上变换着婀娜的舞姿。夏有问莲浦“野水弥漫一望迷”送来的阵阵清凉，“芙蕖香里夕阳低”掩映着兴致正浓、响遏行云的笙歌箫鼓。秋有宜亭的“秋色赛园丁”，菊香烂漫，将游人的杯中美酒湛染得更加清冽纯粹，更有芦花飞雪满天飘卷，簇拥着园林中一草一木，宛若飘浮在如梦似幻的云端。冬有浣花村的“寒烟淡锁光凝户，斜月低垂香满楼”，梅花幽淡莹洁，梅香清雅悠远，驱走了华北冬夜所有的萧瑟和黯然。

天津被称为“大运河载来的城市”，说的是大运河造就了天津的繁荣。园林的兴盛同样是大运河的馈赠。据学者研究，漕运、盐业的飞速发展，使得天津商人累积了丰富的财富，为他们铺张豪奢的文化消费提供了雄厚的物质基础。园林是他们文化消费能力与品味的一种集中炫耀，也是他们举行各种文化盛宴的重要空间，更成为他们结交名流，跻身上层的重要阶梯。假如时空可以任意穿梭，从南运河扬帆北上，可以在水西庄一睹乾隆皇帝南巡途中四次驻跸时“鲜花着锦，烈火烹油”的盛况，可以跻身查日乾父子主持的文化盛会，聆听文渊阁大学士陈元龙等名宦、浙江文人厉鹗等文化名流高谈阔论、挥斥方遒，可以在艳雪楼与以文采闻名一时的女主人赵艳雪舞文弄墨、吟诗作对，可以在帆斋与词人学者朱彝尊煮酒论书、赏析奇文，可以与诗人樊彬在篆水楼前、数帆台畔共赏“秋月白”、“晚烟青”。

这些园林之所以多修建在运河两岸，既是从园林设计“借景”角度的考虑，借来流水三分绿，添得园林十分秀，也有更为实际的考虑。天津地处九河下梢，港汊交错，水路纵横，运河曾经是这座城市的主要交通要道，人员往来，物资流动，都有赖于舟楫便利。比如,正是运河送来了苏州、临清的砖瓦,甚至云南、贵州的楠木、梓木、楸木和柏木,才造就了南运河畔华北第一大院——石家大院。

运河水如穿针引线,把天津这座在运河岸边新生的城市织入了中华文明古老而又悠久的锦绣长卷。园林就是这画卷中最闪耀的装点。建筑或许倾圮了,故事已经飘散了,但是运河仍在流淌,风景日新月异,那些在史册上熠熠生辉的园林彰显了昔日的美好,也令人畅想未来的辉煌。

(本文作者许哲娜,原文发表于《天津日报》2018 年 12 月 10 日,收录时略有删改。)

运河红桥段考察随记

2019 年 8 月 16 日，我们研究所一行在红桥区文化局刘儒杰副局长、学者陈克、赵永强等人的陪同带领下，考察了京杭大运河天津红桥区的相关遗存。尽管只有一天的时间，但去了不少地方，还是很有收获的。

一、天津义和团纪念馆

第一站，我们来到了位于红桥区永丰屯吕祖堂的“天津义和团纪念馆”，这是目前国内唯一保存完整的坛口遗址，也是国内唯一反映义和团运动的纪念馆。1962 年被列为天津市市级文物保护单位，1982 年被列为全国重点文物保护单位。这里，昔日是供奉吕洞宾的道观，后来几经修缮，定名为“吕祖堂”。吕祖堂建筑由山门、前殿、正殿、西配殿等组成，全院面积 3900 平方米。明宣德八年(1433)始建，清康熙、乾隆、道光、咸丰和民国年间多次修葺。门口悬着“吕祖堂”三字额匾，前殿作卷棚硬山顶，檐下悬“纯阳正炁”匾额，中间供奉吕祖神像，两旁有药王和药圣。正殿作卷棚悬山顶，通脊饰双龙戏珠浮雕，殿内供“北斗星君”神像。西配殿供道教“五祖”，故称“五仙堂”。义和团事变时期，这里成为义和团在天津的总坛口，乾字团首领曹福田驻扎于此。吕祖堂濒临南运河，距离天津城西门也仅有三里路，因此津西各地的义和团民来津时，也大都落脚于此。

近代以降，国势日衰，自 1840 年鸦片战争，国门洞开，各国列强在中国攫利权，占土地，国家陷入水深火热之中。太平天国运动使清政府深受打击，“洋务运动”由此而起。然而中法战争、甲午炮火击碎了洋务派“富国强兵”之梦，“中体西用”也宣告破产。有志之士再掀“百日维新”，但终因时代所限，归于失败。所谓“天下兴亡，匹夫有责”，农民再次揭竿而起，开展“扶清灭洋”的义和团运动。

天津义和团纪念馆（吕祖堂）

义和团原名义和拳，首先兴起于山东地区。不久便传至天津，到 1900 年 5 月底，老城厢一带已有坛口近三百处，团民 4 万多人。乾字团首领曹福田统率数千团民入津后，即在上述之“五仙堂”设立总坛口，成为天津义和团活动的中心和大本营。著名的义和团坎字团首领张德成、红灯照首领黄莲圣母等经常到此拜坛，商讨斗争策略。曹福田在这里向“联军”发出了义正词严的宣战书。著名的紫竹林战役、老龙头战役和整个天津保卫战的战斗计划，也都是在此拟定的。

在这里，红桥区文保所的王冬副馆长给我们介绍了该馆的情况，带领大家进行了参观并予以详细讲解。记得去年 11 月份，我因为要撰写有关义和团的文章，还曾来馆采访过王冬先生，并了解了该馆的基本情况。距离上次来，这里又发生了一些变化，那就是存放在院内的石碑、匾额，都已移到旁边的空地，并配以玻璃罩，以防风化。大家对存放于此的碑刻很感兴趣，仔细查看。我在想要是能整理出来就方便实用了。遂询问王冬先生，他说已经整理出版了，正好馆里还有些副本，可以送给大家参考。这样，在我们考察结束后，又得到了该馆所赠送的《天津市红桥区碑石铭刻辑录及释文》（天津市红桥区文化和旅游局编，天津社会科学院出版社 2011 年）一书。该书共选录了 70 通碑石铭刻，大部分系红桥区文物保护管理所珍藏，部分为其他文保单位收藏，还有部分来自文献史料。该书除了辑录碑石铭刻，重要的是还做了释文，这对于利用者来说更加方便，是很值得称赞的地方。

更早之前，我也来过两次。一次是陪同日本的八木哲郎先生，他来华考察近代西风东来问题，那是 2007 年 9 月份的事情了，我已经不记得具体情况了。还有一次是 2009 年的深秋，不知道是深秋尚天寒还是什么其他原因，馆内不见人影，只有我一个人孤独行走，思绪仿佛也回到了往昔。回来后我曾写了一篇《漫步吕祖堂》的文字，以抒心绪。

二、水西庄遗址

第二站，我们来到了水西庄遗址。水西庄之名，早就耳闻过，这几年编集《九河寻真》，也拜读过师友的多篇有关水西庄的大作。可惜，在这之前，我一次都没有来过。这次总算知道了水西庄旧址之所在。

水西庄是一座私家园林，位于天津城西北三里、南运河南岸。始建于雍正元年(1723)，为盐商查日乾、查为仁父子所建，当年他们在南运河边买了一块三面环水的荒地建成此园。因在卫河之西，故命名为水西庄。该园曾多次增建，前后经营长达五十年之久。占地约 160 亩，园内楼台亭阁，花木竹石，尽收其中。园内有藕香榭、揽翠轩、数帆台、枕溪廊和花影庵等景点。水西庄建成后，很快成为津门文人学士雅聚之地，甚至南来北往的文人墨客，也都慕名前来，所谓"名流宴咏，殆无虚日"。这里一时成为天津文化学术中心，也是南北文化交汇处。在这里，文人墨客经常举行诗歌酬唱活动，也完成了纂辑天津府县两志，还刊刻图书，如汪沆的《津门杂事诗》、查为仁的《蔗塘未定稿》等，都由查氏解囊付梓。水西庄也因此盛极一时。

由于乾隆皇帝数次驻跸，查为仁又在水西庄右侧另建"介园"，后乾隆赐名"芥园"，并提诗四首。但是在查莲坡兄弟相继去世后，皇帝也没有再光临过。清同治年间，查家没落，水西庄也因年久失修和遭受水灾而受损严重，后来又经过八国联军的入侵，更是"人畜践踏，草木全枯"。1912 年这一带被辟为自来水厂，水西庄日渐湮没，再后来，聚丰酒厂、贫民小学和北洋火柴公司也相继在此设校建厂，水西庄更是烟消云散，不见旧时影了。

或许是因为水西庄乃查氏所建，著名武侠小说家金庸 2000 年夏天来津时，曾到南运河边的水西庄遗址查看。后来金庸曾对人说："查家在天津有一份祖业，叫水西庄。"近些年，又有学者认为曹雪芹《红楼梦》里大观园的原型是水西庄，甚至说曹雪芹也曾隐名埋姓在水西庄待过。

正是由于水西庄在历史上的赫赫声名以及与查家的密切关系，近些年一直有学者呼吁在原址重建水西庄，有关部门在 2012 年启动了水西庄复建工程。可惜，因为产权问题，至今难以实现。如今，这里依旧是水厂，甚至还建了一个"水趣园"，然终究与过去相距甚远，只能令人感叹，时光一去不复返。陪同前来的同志也希望我们共同呼吁,以便早日实现原址重建。不过,在我看来,能否重建已经不是最重要的了。最重要的是如何让人们知道这里曾是水西庄,是昔日的文化圣地。我们去考察时,看到南运河边有人正在悠闲垂钓,不知道当年水西庄的文人墨客,是否有此雅兴呢?

三、天津清真大寺

红桥区是天津市回族居住比较集中的区域,因此在此区域内有几座清真寺,如清真南大寺、天津清真大寺等。我们这次考察的是天津清真大寺。天津清真大寺始建于清顺治元年,最初规模较小,只有十几间土坯房而已。此后不断增减,始成今日之规模,并成为天津市诸多清真寺的首郡。

新中国成立以来,市政府多次拨款维修,并于 2007 年全面修缮。天津清真大寺早在 1982 年就成为天津市文物保护单位,2005 年又被列为特殊保护级别的天津市历史风貌建筑,2013 年获得“第二届全国创建和谐寺观道堂‘先进集体’”称号。我还看到墙壁上挂着毛泽东中华民国二十九年(1940)九月所提的“清真寺”。我一直弄不明白,还专门询问寺内的工作人员,似乎也没有给出令我信服的说法。当然,这三个字应该不是给天津清真大寺题写的,或许是当年在延安为当地清真寺题写的。放在这里,只是为了说明中国共产党人从第一代领导人起就非常尊重各民族的宗教信仰。

天津清真大寺

清真大寺的建筑,宏伟壮丽,风格独特,由照壁、门厅、礼拜殿和阿訇讲堂四组厅堂组成。门前镶嵌的汉白玉石匾的照壁始建于 1905 年,而上面的“化肇无极”四字,则为清肃亲王善耆所写。善耆是晚清贵族重臣,他有一个很有名的女儿川岛芳子。清朝灭亡后,他一心要复辟大清,先后发起两次满蒙独立运动,最后都归于失败,1922 年病死旅顺。但是他为清真大寺题写“化肇无极”,我还是第一次知道。考察,总能在不经意间遇到您所熟知的历史人物,或许这就是它有趣的地方吧。

四、谦祥益相声茶馆

从天津清真大寺出来，我们步行到位于陆家嘴商务中心的谦祥益相声茶馆。谦祥益相声茶馆，原来在估衣街谦祥益绸缎庄旧址，或许其名字也源于此。前几年我们做相声现状的调研，曾到过谦祥益文苑，并采访了茶馆老板史清元先生。当时还在那里听了一会相声，确实很好玩。不过，那时候估衣街还热闹非凡，谦祥益相声茶馆的生意也不错。然而谁又能料到形势会如此变化，2017 年大胡同商业区要进行商业规划调整，在估衣街经营的商户外迁，昔日人流涌动的估衣街顿时冷清下来，相声茶馆的生意自此一落千丈。不得已，史先生遂决定于 2018 年 8 月迁入红桥区西北角的陆家嘴中心，仍名“谦祥益”，继续给大家说“相声”。也因此，此次接待我们的仍旧是史清元先生。

史清元先生说由于空间所限，昔日的天津相声博物馆展览，只能局促一角，令人颇多无奈。但是整体格局，依然沿用估衣街谦祥益的布局，让人犹如回家的感觉。或许是时近中午，没有演出。史先生给我们介绍茶馆的情况，并说泥塑作品《茶馆相声》，就是当年他从拍卖场拍下来的，生动地展现了传统相声的场景。柜台里展示着高英培等名家的书信，还有很多老照片，让人可见昔日著名相声演员的风采。史先生还将和娱乐有关的收藏展示在这里，有长江牌电影放映机、老冰箱以及马三立先生签名的一把大扇子。据说当时史先生本来想求得一件马三立先生的马褂，可惜未能如愿，朋友遂送给他这把扇子。虽然马三立先生已经远离我们十余年了，但看到这把扇子，犹如他老人家近在眼前，仿佛还在关注着相声的发展。

我们前来参观的时候，看到一些学生正在跟老师学习，据史先生介绍，这些都是大学生，他们非常喜欢相声，因此来这里学习。老师都是免费教授，这是谦祥益相声茶馆的特色，也是他们培养相声人才的使命使然。后来我们还去了演员的休息室和后台，空间真的不大，方知他们之不易。因为没有演出，我还特意在台上拍了一张照，假装在说相声，也算是忙里偷闲。

下午，我们又故地重游，去了昔日谦祥益相声茶馆所在的估衣街。如今此地早已人去楼空，不见昔日繁花似锦。估衣街是天津的一条老街区，更是早期天津繁华的见证。所谓“估衣街，一里长，裘皮店来绸缎庄。旧衣花上几个子儿，皮衣只有八块洋。谦祥益、瑞蚨祥都在北方响当当。喜事来买好绸缎,白事买走寿衣裳。”估衣街约形成于清康熙年间,后来各类商铺日多,尤以专卖旧衣裳的摊点和店铺居多,“估衣街”之名逐渐形成。清代诗人崔旭曾作竹枝词说到估衣街,诗曰:“衣裳颠倒半非新,挈领提襟唱卖频;夏葛冬裘随意买,不知初制是何人。”后来旁边又出现了锅店街、单街子,1975 年经过政府改造,形成了新的估衣街,1986 年估衣街新建仿明清建筑 106 处,各类店铺门面齐全,一时繁盛。后来估衣街改造,老建筑仅留下谦祥益旧址等几处,2011 年谦祥益文苑入住此地,遂得以扎根。2013 年,著名相声演员姜昆为谦祥益文苑题字“相声之家”,这里逐渐成为各地相声演员来津的落脚处,天津众多相声名家也都在此演出。谦祥益文苑自 2010 年起每年都举办“天津相声节”,如今已经成为知名品牌。

不过,世事难料,如前所述,2017 年估衣街再一次进行商业规划调整,商户陆续迁走,人气一落千丈,致使此地一片落寂。如今距离谦祥益搬迁也有一年时间了,然而估衣街仍旧是不闻人声。不知道昔日繁华,何时才能重现?

五、三岔河口忆往昔

离开荒凉的估衣街,我们来到了三岔河口。当然,此三岔河口并非昔日之三岔河口。旧的三岔河口位于今河北区望海楼、狮子林桥地方,是子牙河、南运河、北运河三河交汇之处。后来海河进行了六次裁弯取直,其中 1918 年第三次“天主堂裁弯”工程主要是针对三岔河口,三水交会处北移,成为今日之新三岔河口。我们考察当天,蓝天白云,放远望去,真是让人心情愉悦。亲水平台,有钓鱼者正悠然垂钓,好不惬意。岸边则立有“中国大运河遗产区界桩”,只不过小得有些可怜,如果不注意,都不知道这是界桩。

旁边则是引滦入津工程纪念碑。该纪念碑正面刻有邓小平 1986 年 8 月 20 日亲笔题写的“引滦入津工程纪念碑”9 个大字,背后的碑文则记载了引滦入津工程的丰功伟绩,具有重大的政治意义和社会意义。该纪念碑的碑座为大理石材质,上面耸立的妇女形象则是汉白玉雕刻而成。引滦入津工程,作为一项重大水利工程,结束了天津人民喝咸水、苦水的历史,扭转了天津市工业用水短缺的被动局面,大大改善了天津的投资环境,成为天津经济和社会发展的重要“生命线”,使天津获得了新生。该纪念碑就是为了纪念这一伟大工程而修建的。纪念碑与界桩大小形成了鲜明对比。纪念碑不远处还有一栋建筑，说起来建成也有好多年了，但是至今未见他用。据说这里本来是要建成博物馆的，不知何故，闲置至今，令人叹息。

不远处就是天津著名的景点“天津之眼”，据说现在已经成为外地游客来津打卡地，成为所谓的“网红”景点。几年前，我也曾登上俯瞰津门夜景。如今，早已不复少年狂，不再有那样的心境了。不过，这里，好像还是第一次来，也算是了却了一个心愿。当然，以后还要多来，为文物，也为风景。

六、河北工业大学校史馆

如果从这里沿北运河下去，就会到达运河上的另一个著名景点桃花堤，桃花堤岸边就是河北工业大学，也是昔日北洋大学堂所在地，也叫西沽武库。河北工业大学校史馆就在原北洋大学堂南楼，入门就能看到河北省立工业学院首任院长魏元光题写的校训，即“勤慎公忠”。由于时间所限，我们无法细看，主要侧重于早期的校史。河北工业大学的前身是北洋工艺学堂，是袁世凯委派天津知府凌福彭创办的，最早在天津旧城东南隅贡院草厂庵，1903 年 3 月正式开学，聘请日本工学士藤井恒久为教务长，赵元任为庶务长，单晋和为董事。1904 年学校改为直隶高等工业学堂，并设立附属实习工场。1912 年根据教育部令又改为直隶高等工业学校，1913 年 2 月又改为直隶公立工业专门学校。1928 年因直隶省改为河北省，校名随之改为河北省立工业专门学校。1929 年 5 月升格为学院，定名为河北省立工业学院，学制四年。1946 年 10 月，教育部颁令改为河北省立工学院。1950 年 9 月 8 日，更名为河北工学院。1951 年 6 月，中央人民政府教育部又将河北工学院和北洋大学合并成立新的大学，即天津大学。1958 年 8 月复校，任命潘承孝为河北工学院院长。后来又几经合并和重组，最终于 1995 年更名为河北工业大学。由此可见，河北工业大学的曲折发展之路。如今，所在的桃花堤校区，仍旧是昔日北洋大学的旧址。

在校史馆里，看到很多老照片，仿佛昔日历史重现。还有很多名人的题词，如宋哲元、于学忠、张廷谔等人。这些人都与天津有密切的关系，他们或主政天津，或战斗在天津，在天津留下了深深的足迹。而河北工业大学虽然隶属河北省，但却留在了天津，颇令人唏嘘。好在现在正大力推进京津冀协同发展，天津工业大学未来一定会更好。

其实,我也不是第一次来校史馆了。记得几年前,我还住在距离这不远的地方,每到桃花盛开的时节,都会来桃花堤逛一逛,顺道也会来这里看看。我们所也曾组织过考察,亦曾来过这里,只不过当时的关注点并不在此,似乎并没有留下太多的印象。因此,很多时候,是需要机缘的,只有到了,才会让人更好地相遇。人是如此,事物亦如此,历史更是如此。

七、西沽公园话收获

最后一站,我们来到了西沽公园。西沽公园,我是很熟悉了,都不知道自己来过多少次了,和媳妇来过,也带孩子来过,这里也留下了媳妇很多的童年记忆。我们当年恋爱的时候,也没少漫步于此。但是,对于它的历史并没有多少关注。看西沽公园简介可知,其前身是“西沽武器库”的一部分,1958 年 4 月被辟为公园,是天津四大公园之一,占地面积达 35 万平方米。旁边的西沽也是天津最早的村落之一,文人墨客曾留下很多赞美西沽的诗篇。

进入西沽,我们穿过西沽公园的石刻,来到了红楼非遗馆。这里也是益德成闻药庄。来到这里,我才知道什么是鼻烟和鼻烟壶。其实,鼻烟最早产于外国,后来逐渐进入国内,并为一部分人所喜欢。现在收藏界还有专门收藏鼻烟壶的,也可见其价值。

在这里,我们与红桥区的相关专家举行座谈会,双方就如何保护文化遗产和开展大运河文化研究做了深入的沟通和交流,认为此次活动很有意义,希望未来可以有更多的机会就更多的课题展开交流与合作。

总之,这是充实的一天,收获的一天。在全国开展大运河研究热潮的今天,作为天津研究学者,我们应当迎头赶上,深入挖掘天津的运河历史文化资源,为天津大运河的保护与利用,贡献自己的力量。

2019 年 9 月 30 日

(本文作者万鲁建)

第五篇　报道与综述篇

市社科院和天津师范大学专家学者来静开展历史文物保护专题调研

5 月 26 日，天津社会科学院历史研究所和天津师范大学历史文化学院专家学者一行 4 人来我区开展历史文物保护专题调研活动。区委宣传部和区文化遗产保护中心负责同志陪同。

调研组一行先后来到静海教育基地的碑林、台头镇幸福村孙氏宗祠、独流木桥、陈官屯运河文化博物馆和唐官屯铁桥进行实地调研，认真听取有关人员的详细讲解，对静海历史文化、文物保护和文化资源开发情况做了深入了解。专家们表示，静海历史悠久、人杰地灵、文化底蕴深厚，与雄安新区地理区位临近、自然条件相似、生态脉络相连、地域人文相亲、历史文化相承，是滨海新区和雄安新区的交通要冲，也是天津对接雄安新区的战略支点。下一步，应加大对静海历史文化的研究工作，为历史挖掘和文物保护提供更多的支持和服务。

据了解，静海区委、区政府高度重视文化遗产保护，积极开展挖掘、整理和申报工作。全区现有文物点 179 处，区级文物保护单位 12 处，市级文物保护单位 8 处，贯穿静海全境的京杭大运河成功申报全国重点文物保护单位和世界文化遗产。通过文化遗产申报和文物保护工作唤起了静海人民对家乡的认同感和自豪感，提升了静海规划建设和保护历史文化的美誉度和影响力。

原载“文明静海”2017 – 05 – 27，收录时略有删改。

静海你从哪里来?

近日,每日新报联合天津社会科学院历史研究所、天津师范大学历史文化学院和天津市历史学学会民间文献专业委员会部分学者在本市开展民间文献田野调查活动。考察团的目标,是传承20世纪初学者提出的“到民间去”的号召,通过探访与解读以往多被忽视的民间文献,力图复原多维立体的天津地区历史脉络。

静海地处天津西南,境内的钓台砦(寨)、独流东西二砦(寨),与雄安新区的白洋淀等水泊曾经连成一线,有着延续千载的地理与政治渊源。境内的南运河是我国南北交通大动脉——京杭运河的重要组成部分。由于天津境内的河流大多是东西走向,南北走向的南运河才得以发挥勾连作用,为静海和天津成为我国北方重要商贸中心作出了重要贡献。

通过这次调查和探访,我们发现静海的历史发展过程是一个融合的过程。无论是我们查阅的许多当地的县志、镇志或村史,还是我们调查的民间收藏的族谱,大多将家族历史上溯至明朝初年的洪武和永乐年间,提到最多的历史事件是“燕王扫北”“靖难之役”和山西洪洞大移民。但是,静海人口迁入时间并不限于明初,迁出地也不限于南方的一些省份和山西,尤其是到了清朝,山东和河北等地的移民因各种原因来到了静海。静海的历史不仅是一部民族融合的历史,也是一部与周边经济和文化融合的历史,体现了这一地区在历史发展中的开放性和包容性。静海冬菜兴于静海,得到河北师傅的改进,吸收了天津市内的工艺,才最终享誉全国乃至海外,就是这样一个明证。

静海地名：印证人口迁移

静海的历史可以从静海的地名中找到许多线索。今天，顺着静海境内的南运河由南往北走，依次将经过唐官屯、吕官屯、王官屯、高官屯、陈官屯……而另一些村庄则都有个"营"字，如王口镇的南万营村、唐官屯的蛮子营村、独流镇的王家营、荀家营、刘家营等。

由于年代久远，又没有相关的文字记录，这些地名形成的年代和来源已经大多无法可考，有的只是传说。例如，据说吕官屯的名字，来源于明永乐年间曾率屯军在此驻扎的吕长斗。不光是吕官屯、唐官屯，许多静海的村镇在说到自己的来历时都有类似这种说法，但是正史中对此并没有记载。与此可能相关的仅是《明实录》中提到的永乐年间在天津设立天津卫和天津左右卫。"卫"是明朝的军事建制，天津三卫士兵定额 16800 人。卫下面设千户和百户。据载，唐官屯镇西 2 千米处就设有一个千户所，王龚武任千户长，下辖陆官屯、孙官屯（今属河北青县）、梁官屯、靳官屯、赵官屯等 10 个百户所。按照明律，这个千户所在唐官屯一带屯田 6000 余亩。

而且除了军屯，还有民屯。军屯八分稼穑，二分守城，因此多携家带口。民屯虽然大多也是由政府组织，但是并不像军屯那样组织严密。其中最著名的要数山西洪洞大槐树移民，其实这不是传说，而是确有其事。据大致统计，明初的洪武和永乐年间，政府组织了 18 次的全国性人口大迁移，目的地就包括了像静海这样在元末明初遭受战争蹂躏的地方。我们此次调查的许多静海家族都声称自己来自山西洪洞县。据史料记载，当时的明政府为了鼓励百姓迁移，不但在到达迁入地后免粮免税，而且发给数额不小的现金，用于添置生产资料等。

虽然如今已经没有直接的史料文字来佐证，但是，许多今天的静海村镇形成于明初当无疑问。在此次调研中，我们发现许多静海的家族在追溯自己的历史时将起源的时间指向明初永乐年间（1403—1424）。如果这些文献所述属实，将在一定程度上补充正史的不足。

以吕官屯村的有关姓氏为例。马氏家族族谱在太平天国时期散佚，虽无族谱，但据称其先祖来自山西洪洞马家林。王氏家族先祖据称，于洪武三年（1370）调补天津卫前所，洪武十八年（1385）居静海县唐官屯，入军籍。永乐二年（1404）

军屯于吕官屯,自此永久居此。冯氏家族据称永乐年间屯垦直隶冯口镇。清乾隆年间(1711—1799)因商业之通家,迁到吕官屯。朱氏族谱则记载,永乐二年,其族人由山东莱州府平度州新河镇朱家贯庄,迁来本邑。

这些都说明静海的发端与明初人口迁移有密切关系。当然,明初军屯只是静海人口迁入的重要来源之一,实际上静海的人口来源地远不止山西洪洞县,还包括山东、河北、安徽、湖北、江浙等地。仍以吕官屯为例,这里的杨氏家族一支据称是清嘉庆年间(1796—1820),从山东乐陵小屯村离家出走,永久定居于此。张氏一族,祖籍河北南皮,清光绪十年(1884)左右,逃荒至吕官屯。

乾隆御碑:见证京畿地方社会与中央王朝关系史

在2002年出版的《中国文物地图集·天津分册》“静海县文物分布图”中,梁头镇并没有引人注目的历史文化遗存标注,但我们在静海考察第一站还是选择了梁头镇的梁头村,因为那里有一座静海教育博物馆,收藏着静海境内几乎所有已发现的历史碑刻。

在漫长的历史长河中,遗存至今的碑铭文献,已经成为探寻地方历史文化脉络的重要史料来源。在筹备静海考察期间,我们从已经公开出版的各类天津地区碑刻目录中,整理出静海地区明、清、民国时期的各类碑刻铭文21通。抵达位于梁头镇中学北侧的教育博物馆时,园区内正在维修施工。在博物馆周俊起老师如数家珍般的介绍中,我们在略显杂乱的碑刻展厅,收获了一次又一次的欣喜。

静海教育博物馆内现收藏陈列了碑铭34通,远远多于我们之前掌握的情况。碑刻的内容也丰富多彩。置于馆内最醒目位置的,是原立于子牙河畔王口乡堤台村的《乾隆御制诗文碑》,她见证了因水利而交汇的京畿地方社会与中央王朝威权的历史。久闻其名而终得一见的《静邑东西双塘承办义渡永免杂差碑记》,还原了南运河畔因漕运而兴盛的地方士绅群像。新发现的几通碑刻,则令我们关于静海历史的认识更为生动而立体。“静海一怪——城隍庙在城外”是广为流传的一则民间传说,甚至吸引了专注中国明清城隍信仰研究的日本学者滨岛敦俊教授专程来访。根据民国县志记载,静海县城隍庙立于西门外,明万历二十四年(1596)由静海知县重修,后又有地方大族元氏捐田出资重修,在静海城区发现的《重修城隍庙两配殿山门土地五道等祠以及诸善举并志》碑文，则是清咸丰三年(1853)焚毁后再次重修时所立，深入探究这通碑文背后的故事，或许能对静海城隍信仰传说的建构过程，予以历史的分析与解读。从马厂减河畔唐官屯镇十八户村送来的《开成桥残碑》，与立于九宣闸的《南运减河靳官屯闸记》，以及陈列在陈官屯运河文化博物馆中的《盛军督造》铭文砖一起，无不在提醒我们，光绪年间(1871—1908)淮军屯驻京畿的历史影响，不仅仅局限于津南区的小站一隅，还涵括了从沧州的马厂沿运河、减河直至海河岸边的葛沽、新城一带，静海也概莫能外。最令考察团队成员感到兴奋的，是一块暂时无法推断立碑地点的《粮行买卖粮石行规旧章》碑，碑文中清晰可识“脚行”“铺家”“仁远堂”“人和号”“宝聚成”“永发斋”等字样，昔日商业集镇之繁华景象，溢于言表。

（特约记者 罗艳春 熊亚平 新报记者 喻满意）

原载《每日新报》2017 年 6 月 27 日，收录时略有删改。

“行走运河:天津大运河历史文化资源寻访”实地调研活动启动

津云新闻讯:近日,为进一步贯彻习总书记的指示精神,具体落实张国清市长关于“全面深入梳理大运河天津段遗址遗迹、历史文脉、产业布局、生态环境,高质量高标准编制规划,按照科学分类、专业分级的要求做好保护工作”的要求,更好地宣传与弘扬天津运河文化,同时,也是作为“不忘初心、牢记使命”主题教育活动的重要内容之一,天津社会科学院与津云新媒体集团联合发起了“行走运河:天津大运河历史文化资源寻访”的实地调研活动,并邀请天津市规划和自然资源局的相关专家共同参与。

调研组首站选择了素有“京津走廊”美誉的武清区,武清区历史悠久,有着上千年的文化底蕴,早在明清时期,作为漕运之冲的武清就已成为中国北方商贸枢纽和文化中心之一,是历代帝王将相惠顾驻足之地。

在武清区委宣传部的大力支持下,利用两天时间,调研组深入走访了津门首驿河西务、东西仓村、马头村、大龙庄村、下伍旗镇马神庙村、大良镇蒙村、后营村、大碱厂镇长屯村、老米店村以及郊野公园水工遗址、筐儿港八孔闸水利枢纽、运河景观长廊及武清区博物馆等村落、遗址与相关场所,并与武清区相关专家学者进行了座谈交流。

通过调研走访,大家一致认为,武清区运河历史文化资源丰富、区位优势显著,有着做大做强运河文化带的巨大潜力和发展前景,而近年来武清区也对北运河进行了筑坡、景观绿化、节点建设等大量工作,形成了南部休闲运动、中部夜景观光、北部休闲度假的63千米旅游带，沿岸建成了30千米长的骑行绿道和多个休闲旅游驿站项目，这些都为进一步挖掘、拓展大运河文化带建设奠定了良好的基础。专家们建议要充分利用武清区的优势资源，构建体系化、系统化的整体发展布局，形成融历史保护、生态建设、文化鉴赏、旅游休闲为一体的多元样态，使武清区再次成为联通京津冀运河的枢纽，成为运河文化带建设中的品牌与亮点。同时，专家学者也呼吁尽快成立天津大运河文化研究的相关组织协会，以便更好地整合本地研究团队，并与其他地区展开对接与合作。

（津云新闻记者　盛书琪　通讯员　任吉东）

原载津云2019-07-18 10:59，收录时略有删改。

“大运河历史文化遗产资源与运河文化带建设”研讨会在津召开

津云新闻讯：由天津社会科学院和天津市河北区人民政府合办，天津市人民政府参事室（天津市文史研究馆）指导，天津社会科学院天津历史文化研究中心和历史研究所、天津市河北区人民政府研究室和河北区文化旅游局共同承办的“大运河历史文化遗产资源与运河文化带建设”研讨会今日在津召开。来自运河沿线八省市的高校、科研院所、政府工作部门和新闻媒体的约100名代表参会。

会上，专家学者们探讨了诸多问题，如历史上运河与城镇乡村变迁之间的互动关系，运河沿线城镇乡村的变迁历史；探究了如何挖掘运河历史文化遗产资源，促进运河区域旅游业的发展；研究运河文化遗产资源与运河文化带建设的关系；运河学与运河文化研究；运河文化传播研究，运河文化遗产的价值认知与传播实践；沿线的非物质文化遗产传承调查与研究，非物质文化遗产品牌建设；运河沿线城镇及其工业遗产的活化、保护与利用情况；运河区域民俗文化演变、社区文化记忆与运河文献整理；运河沿线园林建筑历史与文献研究；运河沿线地区的文旅融合与红色文化景点的打造，等等。

这次研讨会是一次跨学科研究的尝试。参会学者各自从不同学科，如历史学、地理学、文学、人类学、社会学、经济学、传播学、文化遗产学、建筑学、城市规划、园林学等出发，阐述了大运河研究与运河文化带建设的理论与实践。

此次研讨会是宏观研究与微观研究相结合的尝试。学者们既从宏观视角出发，研究了运河学与运河文化，并提出了运河文化带建设的总体构想，探讨了大运河文化遗产的价值和运河文化传播,又从微观方面着手,小到运河镇水神物和一座运河园林的研究,一本文献中所绘的运河水系及城镇等等,探讨都引起了学者们的关注。

研讨会也是历史与现实的结合。研究者既有对运河及沿线城镇历史、文化、社会与经济的钩沉,也有对现实中运河文化资源的挖掘和运河文化带建设的研究构想;既有对运河管理体制、漕运与水环境功能的历史梳理,也有对运河经济功能、运河特色旅游圈的现实观照。

原载津云 2019 - 06 - 01 17:30,收录时略有删改。

从历史与现实建言大运河文化带建设

2019年6月1日由天津社会科学院和天津市河北区人民政府合办,由天津市人民政府参事室(天津市文史研究馆)指导,由天津社会科学院天津历史文化研究中心和历史研究所等单位共同承办的“大运河历史文化遗产资源与运河文化带建设”研讨会在天津召开。来自运河沿线八省市的高校、科研院所、政府工作部门和新闻媒体的100余名代表参加了研讨会。

一、探讨运河与沿线城乡变迁历史

关于运河学科研究、运河管理体系、运河水环境等的研究引起了与会学者的关注。聊城大学周嘉提出了“运河学”是以运河及其流经的区域社会为主要研究对象,研究运河历史与现实的发展规律,形成一套研究、保护与开发的理论和方法。天津财经大学的陈曼娜教授简略梳理了中国古代大运河管理体系,并讨论了运河管理系统在当代的传承与转换,重点探讨了“河长制”在促进运河管理运行机制传承与转换中的作用。中国人民大学赵珍教授从清代北运河水环境与漕运节点关系入手,揭示人们在利用水资源过程中是如何遵循趋利避害宗旨以及人与水、人与人之间的关系。河南大学王叶蒙和吴朋飞副教授系统整理了全国镇水神物的数量和空间分布,他认为,在数量、种类、空间上大运河是中国镇水神物高度密集区,蕴含了厚重的科学、历史、文化价值,应充分利用镇水神物载体,加强运河水文化研究。

运河也造就了沿线城乡经济社会文化变迁。枣庄学院吴元芳副教授等认为运河通过其流通性特征,使运河城镇之间产生相互作用,带来政治、经济和社会效益。天津社会科学院任吉东研究员分析了近代天津运河沿岸村镇衍变。河北师范大学康金莉教授和河北工业大学邵艳梅教授分析了沧州地区运河商业贸易与城镇经济变迁的关系。天津财经大学黑广菊副教授认为运河沿线临清等税关的设置，使所在城市成为区域的流通枢纽和商品集散中心，同时带动了沿岸城乡农业、手工业、商业以及服务业的发展。天津大学石铮和张龙副教授以康熙年间的《京杭道里图》为范本，通过对照同时期舆图、方志信息，判读图中所绘京津冀大运河流域的21条河流及34座城池名称，并选取代表性城市分析其绘制特点。

二、聚焦运河文化遗产与运河文化带建设的关系

运河文化遗产与运河文化带建设密切相关，引起了与会者的高度关注。《人民日报》（海外版）高级编辑齐欣以"大运河遗产小道"和"大运河主题邮局"为例，讨论了如何将公共文化产品，纳入到大运河沿岸城市和沿岸节点，尽快实现大运河文化带近期、中期和远景目标。北京大学城市与环境学院王长松研究员通过分析北运河沿岸4种类型文化遗产的社会感知，认为需要加强对北运河历史文化的宣传展示，增加相关文化活动内容，增强社会对运河文化的认同感和文化体验，提升北运河文化遗产的活力。

学者们还从各自专业角度和研究兴趣出发，围绕大运河文化带建设，提出了自己的真知灼见。淮北师范大学余敏辉教授对大运河文化带安徽段建设提出了保护与开发并重，传承与利用共生的建议，他认为一要因地制宜，做好"保护"文章；二要分类施策，做好"传承"文章；三要合作发展，做好"利用"文章。聊城大学郑民德副教授从统一管理制度的建立、遗产法规制定、文化宣传、遗产监控、旅游开发等方面阐述了"运河文化带"视阈下的遗产保护与利用。大运河文化带建设研究院王健研究员从建立统筹管理、科学评价、数字化信息管理和多主体广泛参与的协同管理机制等方面提出了推动大运河国家文化公园（江苏段）试点区建设的对策建议。天津社会科学院任云兰研究员以天津西青区为例，提出深入挖掘历史文化遗产资源，促进运河文化带建设的措施。天津市文化和旅游局邵波和天津市规划和自然资源局侯福志分别梳理了天津市和武清区的大运河历史文化遗产资源。河北工业大学张慧芝教授就"京杭大运河黄河以北片区"的地理空间范围、文化建设过程中对内（京津冀）"文化认同"作用与对外（其他片区）的

“文化识别”作用等进行了学理解读。

三、关注运河沿线民俗非遗与文化记忆

运河沿线民俗与非物质文化遗产传承调查研究、运河文化记忆与文献整理也是与会者重点关注的主要议题。中国社会科学院民族文学研究所毛巧晖研究员阐释了《红楼梦》对于张家湾地域叙事与文化景观的建构,他认为《红楼梦》是民众生活“社会情境”之参与构拟者,同时也模塑着当地新的文化传统及“民俗认同”。首都师范大学王铭副教授将京津冀区域运河沿线非遗文化类型归纳为具有一定呼应关系的四组:即人与神、贡与货、文与武、舞与戏,并梳理了京津冀运河非遗所体现的燕赵运河文脉。淮北师范大学的张秉政和余敏辉教授通过多年的实地调研,总结了隋唐大运河非物质文化遗产源远流长、形式多样、内容丰富、多元统一的特点。中央民族大学王卫华教授以北运河流域后寨府“宗约八条”碑为例,认为宗规的主要目的是维系家族秩序,但另一方面,也包含着国家观念,体现出制定者对国家秩序的敬重与维护,是维持传统乡土社会秩序与国家稳定的重要力量。中央民族大学张歆通过对皇木厂“漕运”记忆的访谈与漕运印迹的探寻,认为历史、记忆和运河不仅仅维持着一种自然的循环,而且三者构成一种互为补充的循环,形成一种共生关系。天津师范大学罗艳春副教授结合田野调查,梳理了元代以来与运河城镇独流有关的行旅诗文与调查报告等。

关于运河非物质文化遗产除了田野调查,更多的是文献的爬梳。聊城大学周广骞系统梳理了聊城方志中具有直观性、完整性特色的运河非物质文化遗产文献,涉及沿运特色工艺、民间信仰和士民风气等方面。北京体育大学黄二宁认为元代京杭大运河贯通以后,大运河诗歌创作呈现出繁荣趋势,形成了以京杭大运河为依托的南北向的诗歌创作纵轴,重构了元代诗歌的空间分布与地域构成,推动了元代诗风从南北对立走向南北融合。天津社会科学院罗海燕副研究员梳理了朝鲜士人眼中的天津大运河以及沿线的城镇、乡村、驿站、闸口等,认为他们的运河书写,促进了中国与朝鲜半岛的文化交流和文明互鉴。

大运河和漕运也造就了沿岸城镇独特的民风民俗,天津社会科学院桂慕梅分析了漕运与天津妈祖信俗的形成及发展,她认为天津妈祖信俗兼具河、海文化与内陆农耕文化的特点,主要表现在众神共处同一空间、皇会、春秋二祭、拴娃娃等几个方面。天津社会科学院万鲁建副研究员探讨了运河对天津饮食文化的影响,即“运河荟萃八方菜”,运河培育了独特的风味食品。天津财经大学艺术学院副教授孙志虹认为有赖于京杭大运河的贯通,杨柳青年画与江南地区绘画尤其是苏州桃花坞年画的渊源关系更为密切。

四、热议运河城镇活态保护与文旅融合

挖掘运河历史文化遗产资源,活化、保护与利用运河沿线城镇及其工业遗产,促进运河区域旅游业的发展是与会者关注的另一个主题。扬州大学刘怀玉副教授指出为彰显“千年运河”的底蕴,建议构建“天下淮盐”特色旅游圈。山东运河经济文化研究中心李金陵编审分析了大运河夏镇段文化遗产,提出了打造夏镇运河古镇和红色文化旅游景点的设想。浙江大学包玉叶以杭州西兴古镇为例,从文化景观视角出发,探讨了运河城镇的历史演变与活态保护。淮阴师范学院柳邦坤教授提出依托大运河文化资源建设小城镇,发展特色文化产业。聊城大学魏志阳以临清老街巷为例,分析了数字孪生技术在运河城镇保护、开发中应用的可能性及注意事项。浙江大学郑旬以浙江塘栖古镇为例,分析了大运河沿线古镇文化遗产的活化利用。

这次研讨会是一次跨学科研究的尝试,参会学者各自从不同学科,如历史学、地理学、文学、人类学、社会学、经济学、民俗学、传播学、文化遗产学、建筑学、城市规划、园林学等出发,阐述了大运河研究与运河文化带建设的理论与实践。

这次研讨会也是文献研究与实地调研成果的结合,学者们既有在书斋中钩稽史实、爬梳文献得出的研究成果,也有深入基层实地调研的研究心得,研究成果既非阳春白雪,也非下里巴人,真正实现了知行合一。

通过这次研讨,运河沿线区域专家学者聚集在一起,共同为大运河文化保护传承利用出谋划策,贡献智力。

(本文作者任云兰,原文发表于《中国社会科学报》2019 年 8 月 5 日,收录时略有删改。)

后　记

书的问世,首先应感谢天津社会科学院党组坚持多年的大调研大走访的决策,使我们常年习惯爬梳文献的科研人员有机会走出书斋,将实际调研与文献梳理结合起来,读万卷书,行万里路,服务社会。其次,应感谢天津社会科学院历史研究所原所长张利民研究员的动议,在我担任历史研究所所长期间,是他提议将大运河纳入历史研究所的调研计划,并参加了几次调研。从2013年到2019年七年期间,历史研究所科研人员先后参加大运河调研的有:张利民、任云兰、任吉东、熊亚平、张博、张献忠、成淑君、王静、万鲁建、丁芮、许哲娜、刘凤华、张弛、魏淑赟、王丽、杨楠,多数研究人员参加了调研成果的撰写,也发表了相关调研文章。有的科研人员虽已调离天津社会科学院,但本书也将他们在天津社会科学院工作期间的调研成果收入其中。

天津社会科学院党组书记、院长靳方华在百忙之中为本书作序,天津历史文化研究中心组织的专家评审会经过审议,将本书列入该中心的重点资助课题,天津社会科学院出版社社长张博研究员独具慧眼,将本书列入该社出版计划,责任编辑韩鹏先生也为此付出了诸多心血。感谢大家的倾情相助,该书得以问世。

任云兰

2019年12月